가지고 다니는 나만의 문법사전

핵심
일본어
문법 50 항목

JPLUS

머리말

일본어는 우리말과 어순이 거의 같고, 문법체계도 비슷하여 한국인이 배우기에 가장 쉬운 외국어임에는 틀림없습니다. 그래서 일본어를 아주 단시간에 정복할 수 있을 것이란 생각을 하기 쉬운데, 어느 정도 일본어를 공부하다보면 조사나 동사의 활용, 문형 등에 눈을 뜨게 되면서, 공부해야 할 사항들이 조금씩 생기기 시작할 것입니다. 물론 이 책을 찾으시는 독자 여러분도 아마 몇 개월 혹은 몇 년 정도 줄곧 일본어를 공부해오신 분이라 생각됩니다.

그런 학습자의 입장에서 일본어 문법에서 꼭 익혀야 할 사항과 우리말과의 차이점, 문형, 주의해야 할 사항 등 핵심만을 간추려 이 책을 펴내게 되었습니다.
예문은 실제 수업시간에 선생님들이 자주 언급하는 유용한 예문으로 엄선하였고, 소설이나 만화 등 일상생활에서 자주 쓰는 반말 표현들도 들어 있어, 딱딱한 문법이 아닌 실용예문으로 재미있게 익힐 수 있도록 하였습니다.

특히, 주의점과 보너스 부분은 선생님이 수업시간에 꼭 설명하고 싶어하고, 공부하다 보면 꼭 궁금증이 생기는 애매한 부분을 간명하게 정리한 것입니다. 또, 확인문제와 품사별 총정리문제는 간단한 활용연습에서부터 능력시험, 수능 등에 자주 출제되는 것들로서 자신의 실력을 체크해볼 수도 있습니다.

시험을 준비하는 분이라면 마무리단계로 품사별 총정리 문제를 풀면서 자신의 실력을 확인해 보시기 바랍니다. 수능의 경우는 이 책에서 벗어나는 문법사항은 아마 없을 것입니다. 일본어능력시험의 경우는 3, 4, 5급 혹은 1, 2급까지도 확인할 사항들이 정리되어 있으므로, 참고가 되리라 생각합니다.

모쪼록 이 책이 여러분의 일본어학습에 조금이나마 보탬이 되었으면 하는 바람입니다.

끝으로 바쁘신 중에 이 책의 감수를 맡아주시고 또 유용한 예문과 문제 등을 만들어주신 박유자 선생님께 지면으로나마 감사의 말씀을 전하고 싶습니다.

제이플러스 편집부

Contents

01. 명사의 기초

명사란?

명사에는 산, 바다와 같은 보통명사를 비롯하여 고유명사,대명사, 수사(数詞), 형식명사 등도 포함된다. 뒤에 문형설명에서 흔히 명사수식형 또는 명사라고 하는 것은 보통명사 뿐만 아니라 이들 다른 명사들도 모두 포함된 개념이다. 우리말에서는 흔히 체언이라고 하는데 일본어로도 이것을 「体言(たいげん)」이라고 한다.

1 보통명사

█ point 산, 바다와 같이 일반적인 사물을 나타내는 명사를 말한다.

고유일본어	···	山 산 やま	海 바다 うみ	木 나무 き 　　机 책상 つくえ
한자어	···	先生 선생님 せんせい	学生 학생 がくせい	電話 전화 でんわ 　　平和 평화 へいわ
외래어	···	ボールペン 볼펜		インターネット 인터넷

█ point 이밖에 동사나 형용사에서 생긴 것, 두 개 이상의 단어가 연결되어 생긴 것도 있다.

❶ 동사의 명사형 (ます형으로 명사로 쓰이는 경우)

晴れ 맑음 は	曇り 흐림 くも	お祝い 축하 いわ
疲れ 피로 つか	流れ 흐름 なが	考え 생각 かんが

❷ 형용사의 명사형

さ가 붙는 말	…	大きさ 크기	広さ 넓이	高さ 높이
		寒さ 추위	暑さ 더위	深さ 깊이
み가 붙는 말	…	楽しみ 즐거움	厚み 두께	おもしろみ 재미
く형	…	近く 가까운 곳	遠く 먼 곳	(*く형은 이 두 개뿐이다.)

❸ 두 단어가 결합된 경우 (복합명사) 乗り換え와 같이 동사는 ます형으로 접속한다.

朝 아침	+	ご飯 밥	→	朝ご飯	아침밥
好き 좋아함	+	嫌い 싫어함	→	好き嫌い	좋고 싫음, 편식
乗る 타다	+	換える 바꾸다	→	乗り換え	환승, 갈아타는 것
贈る 보내다	+	物 물건	→	贈り物	선물

2 고유명사

point 사람의 이름이나, 지명 등 오직 하나에만 붙여진 이름을 나타 내는 명사이다.

韓国 한국	日本 일본	富士山 후지산	トヨタ 도요타

명사

3 지시대명사

■ point 보통명사나 고유명사 대신 쓰이는 명사를 말한다. 기본개념인
「こ・そ・あ・ど」를 익혀 두자.

	근칭(近称)	중칭(中称)	원칭(遠称)	부정칭(不定称)
사물	これ 이것	それ 그것	あれ 저것	どれ 어느것
장소	ここ 이곳, 여기	そこ 그곳, 거기	あそこ 저곳, 저기	どこ 어디, 어느 곳
방향	こちら(こっち) 이쪽	そちら(そっち) 그쪽	あちら(あっち) 저쪽	どちら(どっち) 어느쪽

❶ 「こ・そ・あ・ど」의 기본개념은 우리말의 '이・그・저・어느'와 비
슷하기 때문에 그다지 어려운 점은 없다.

- こ … 말하는 사람에게 가까운 것

- そ … 듣는 사람 쪽에 가까운 것

- あ … 두 사람으로부터 멀리 떨어진 것

- ど … 의문을 나타낼 때

---

❷ '저곳'은 あこ가 아니라 あそこ라고 한다. 또, こっち, そっち,
あっち, どっち는 회화체 표현이다.

❸ これ, それ, こちら, どちら 등은 사람을 가리킬 때도 쓴다.

- **これは 私の むすこです。**　애는 제 아들이에요.

- **こちらは 鈴木さんです。**　이 쪽은 스즈키 씨예요. - 소개할 때

- **どちらさまですか。**
  누구시죠?/어디서 오셨어요? - 모르는 사람

❹ 이밖에 こ・そ・あ・ど가 들어간 말

- **金子さんが そう 言ったんですか。**
  가네코 씨가 그렇게 말했어요?

- **これは どうやって 食べるんですか。**
  이건 어떻게(해서) 먹는 거죠?

- **あんな ひどい 映画は はじめてだ。**
  저런 심한(재미없는) 영화는 처음이야.

	근칭(近称)	중칭(中称)	원칭(遠称)	부정칭(不定称)
연체사 (+명사)	この 이	その 그	あの 저	どの 어느
부사	こう 이렇게	そう 그렇게	ああ 저렇게	どう 어떻게
명사수 식형	こんな 이런	そんな 그런	あんな 저런	どんな 어떤
부사형	こんなに 이렇게, 이토록	そんなに 그렇게, 그토록	あんなに 저렇게, 저토록	どんなに 아무리

こ・そ・あ・ど는 우리말과 거의 비슷하게 쓰지만, 차이가 나는 것은 そ
の와 あの이다. その는 '그', あの는 '저'지만, 그 자리에 없는 사람에 대해
얘기할 때 화자가 둘 다 아는 사람이면 '그 사람'을 そのひと가 아니라 あ
のひと라고 한다.

4 인칭대명사

❶ 1인칭

わたくし	わたし보다 정중한 말로 보통 회화에서는 잘 쓰지 않고, 공적인 자리나 정중하게 말을 해야 하는 장소에서 쓰는 말이다. 남녀 모두 쓸 수 있다.
わたし	1인칭 대명사로 가장 일반적이고 무난하게 남녀 누구나 쓸 수 있는 말이다
ぼく	わたし와 같이 일반 회화에서 남자들이 쓰는 말이다. わたし보다는 약간 친근한 느낌이 든다.
おれ	남자들이 친한 친구 사이에 격의없이 쓰는 말이다.
あたし	여자들이 친구 사이에 쓰는 말이다. わたし와 발음이 비슷하므로 주의.

❷ 2인칭

さん	~씨, ~선생, ~님 등 상황에 따라 여러 가지 번역이 가능하다. 일반적으로 성(姓)에다 さん을 붙여서 たなかさん(다나카 씨)처럼 쓰는

것이 보통이다. 하지만 손아랫사람이 윗사람에게 ~さん이라고 막 부르는 것은 실례가 될 수도 있으므로 직함이 있다면 직함을 넣어 부르는 것이 무난하다.

あなた	부부사이에 아내가 남편을 부를 때 '여보', '당신'의 뜻으로 쓰거나, 윗사람이 아랫사람에게, 선생님이 학생에게 부르는 정도가 보통이다.
君(くん)	주로 선생님(또는 윗사람)이 학생을 부를 때「山田君」과 같이 쓴다. 참고로, 일본에서는 국회에서 의원을 부를 때도 쓴다.
君(きみ)	남녀모두 친구 사이에 쓰는 말로 노랫말에 자주 나온다. 또 윗사람이 아랫사람에게 쓸 때는 '자네'라는 뜻으로도 쓴다.

❸ 3인칭

彼(かれ)	영어의 he에 해당하는 인칭대명사. 彼女(かのじょ)와 쓰임새는 비슷하며 '애인' 또는 '남자친구'란 뜻으로 쓰일때는 彼氏(かれし)라고 말하기도 한다.
彼女(かのじょ)	영어의 she에 해당하는 인칭대명사. 손윗사람이 아랫사람을 가리켜 말할 때 흔히 쓴다. 보통은 ~さん이라고 하는 것이 무난하다. '애인' 또는 '여자친구'란 뜻도 있다.

彼・彼女 대신 쓰이는 표현들
① 보통 표현 : このひと, そのひと, あのひと, どのひと ひと : 사람
② 정중한 표현 : このかた, そのかた, あのかた, どのかた かた : 분

❹ **이밖에 사람을 가리키는 말** (아래로 내려갈수록 정중한 표현)

こいつ	そいつ	あいつ	どいつ
이놈	그놈	저놈	어느 놈
この子	その子	あの子	どの子
이 아이	그 아이	저 아이	어느 아이
このひと	そのひと	あのひと	どのひと=だれ
이 사람	그 사람	저 사람	누구
このかた	そのかた	あのかた	どのかた=どなた
이 분	그 분	저 분	어느 분

5 수사(数詞)

| point | 수사에는 순서를 나타내는 말과 수량을 나타내는 말 등이 있는데, 보통 한수사(漢数詞かんすうし)라고 해서 いち, に, さん과 같이 읽는 것과 ひとつ, ふたつ와 같이 읽는 和数詞(わすうし), 그리고 ～個(こ), ～冊(さつ), ～人(にん)과 같은 조수사가 있다. (자세한 내용은 부록의 조수사 읽는 법 참조)

6 형식명사

 point 형식명사란 문법적으로는 명사와 같은 성질을 가지지만 독립적으로는 쓸 수 없고, 항상 다른 말에 붙어 뜻을 추가하거나 그 단어를 명사로 만드는 역할을 하는 것을 말한다. (자세한 내용은 형식명사편 참조)

문장 부호

· 마침표 … 「。」 まる 또는 句点(くてん)이라고 한다.

· 쉼표 … 「、」 てん 또는 読点(うんてん)이라고 한다.

· 중간점 … 「·」 中点(なかてん)이라고 한다. 주로 명사를 나열할 때 쓴다.

· 물음표 … 「?」 일본어는 기본적으로 의문문에도 ?를 붙이지 않지만 특별히 강조할 때 쓴다. 疑問符(ぎもんぶ)라고 한다.

· 느낌표 … 「!」 만화나 소설 등에서 특별히 감탄을 강조하고 싶을 때 쓴다. 感歎符(かんたんふ)라고 한다.

· 인용부호 … 「 」 어구나 문장. 대화 등을 인용할 때 쓴다. かぎかっこ라고 한다. 책 이름이나 「 」안에 또 인용부호가 들어갈 때는 『 』(二重(にじゅう)かぎ)를 쓴다.

· 々 … 같은 한자가 반복될 때는 々로 표기한다. 時々(ときどき)

02. 명사의 필수문형

1 Aは Bだ/である   A는 B다

point

「は」는 우리말 '은, 는'에 해당하는 주격조사로 원래 발음은 [ha]지만 조사로 쓰일 때는 [wa]로 발음한다. 마찬가지로 「では」는 [dewa]로 발음한다. 「だ」는 '~이다'란 뜻으로 논문, 기사, 서술문 등 문장에서는 「である」를 쓰기도 한다.

- これは 本<ruby>本<rt>ほん</rt></ruby>だ。

  이것은 책이다.

- 日本<ruby>日本<rt>にほん</rt></ruby>の首都<ruby>首都<rt>しゅと</rt></ruby>は 東京<ruby>東京<rt>とうきょう</rt></ruby>である。

  일본의 수노는 도쿄이다.

2 Aは Bです／〜ですか／〜では(じゃ)ありません

A는 B입니다／〜입니까?／〜가 아닙니다

「です」는 '입니다'라는 뜻의 조동사로 거의 모든 말에 붙어 정중한 뜻을 나타낸다. 「ですか」는 「です」에 의문을 나타내는 종조사 「か」가 붙은 말로 '입니까?'란 뜻이다. 「じゃありません」은 「ではありません」의 회화체로 「じゃないです」, 「ではないです」라고도 한다.

명
사

* 私は 会社員です。 　저는 회사원입니다.

* 山田さんは 主婦ですか。 　야마다 씨는 주부입니까?

* 私は 高校生じゃありません。 　저는 고등학생이 아닙니다.

	반 말	정중한 말
현재긍정	명사+だ/である (〜이다)	〜です (〜입니다)
부정	〜ではない (〜이 아니다)	〜ではありません (〜이 아닙니다)
추측	〜だろう (〜이겠지)	〜でしょう (〜이겠지요)
과거	〜だった (〜이었다)	〜でした (〜이었습니다)
과거부정	〜ではなかった (〜이 아니었다)	〜ではありませんでした (〜이 아니었습니다)

Aじゃなくて Bです　A가 아니라 B입니다

文章では「ではなくて」로 쓰고, 会話에서는「じゃなくて」로 쓴다.(「じゃ」는「では」의 회화체)

・本<ruby>ほん</ruby>じゃなくて 辞書<ruby>じしょ</ruby>です。
　책이 아니라 사전입니다.

・日本<ruby>にほん</ruby>じゃなくて 韓国<ruby>かんこく</ruby>です。
　일본이 아니라 한국입니다.

・会社員<ruby>かいしゃいん</ruby>じゃなくて 学生<ruby>がくせい</ruby>です。
　회사원이 아니라 학생입니다.

4 **Aで、Bです　A이고, B입니다**

「～で」는「だ(이다)」의 중지형으로 '이고', '이어서'의 뜻이다.

・鈴木<ruby>すずき</ruby>さんは 男性<ruby>だんせい</ruby>で、 日本人<ruby>にほんじん</ruby>です。
　스즈키 씨는 남성이고, 일본인입니다.

・山田<ruby>やまだ</ruby>さんは 独身<ruby>どくしん</ruby>で、 キャリアウーマンです。
　야마다 씨는 독신이고, 캐리어우먼입니다.

5 AでもBでもありません A도 B도 아닙니다

> **point**
>
> 우리말의 'A도 아니고 B도 아니다'라고 할 때도 이 문형을 쓰면
> 된다.

명
사

• あの 人は 韓国人でも 中国人でも ありません。

  저 사람은 한국인도 중국인도 아닙니다.

• これは 本でも 雑誌でも ありません。辞書です。

  이건 책도 잡지도 아닙니다. 사전입니다.

であるは だ의 문장체 표현이다.

• ～である	～이다
• ～ではない ＝ ～でない	～이 아니다
• ～であります ＝ です	～입니다
• ～でございます	(です보다 정중한 표현)～입니다
• ～であり、～であり	～이고, ～이고

＊ 중지형

～だ　　(～이다)	→	～で　　　(～이고)
～である(～이다)	→	～であり (～이고)
～です　(～입니다)	→	～で　　　(～이고)

6 조사 「の」

「の」의 가장 대표적인 기능은 명사와 명사 사이에 붙어 '~의'라는
뜻으로 쓰이지만, 이밖에도 '~의 것' 등 다양하게 쓰이고 있다.
일본어에서는 명사와 명사 사이에는 꼭 「の」가 들어가지만, 우리
말로는 해석이 생략되는 경우가 많다.

❶ '~의'로 쓰이는 경우

• 때	土曜日の 夜	토요일 오후
	今朝の ニュース	오늘 아침 뉴스
• 장소	教室の 中	교식 안
	外国の 香水	외국 향수
• 사람	わたしの 本	나의 책
	山田さんの 誕生日	야마다 씨의 생일

 「日本(にほん)の友達(ともだち)」라고 하면 '일본에 사는 친구'란 뜻도 되
고, '일본인 친구'란 뜻도 된다.

❷ 상태를 나타내는 경우

• 雨の 日   비가 오는 날

• 病気の 時   아플 때

❸ 소유나 소속을 나타내는 경우 '~의 것'

• これは 田中さんのです。   이것은 다나카 씨 것입니다.

• この 車は 会社のです。   이 차는 회사 것입니다.

❹ 사람이나 물건 등 명사 대신 쓰이는 경우 '것'

• あの つくえの 上に あるのは 何ですか。   주로 뒷말을
  저 책상 위에 있는 것은 뭐예요?   꾸밀 때

• 大きいのと 小さいの   큰 것과 작은 것

❺ 주어를 나타내는 조사 「が」 대신 쓰이는 경우

• あの 背の 高い 人は だれですか。
  저 키 큰 사람은 누구예요?

• わたしの ほしい ものは デジタルカメラです。
  내가 갖고 싶은 것은 디지털카메라입니다.

• 田中さんの 好きな スポーツは なんですか。
  다나카 씨가 좋아하는 스포츠는 뭐예요?

❻ 동사나 명사구로 만들 경우

・わたしは 映画(えいが)を 見(み)るのが 好(す)きです。

　나는 영화 보는 것을 좋아합니다..

・インターネットは 情報(じょうほう)を 探(さが)すのに 便利(べんり)です。

　인터넷은 정보를 찾기에 편리합니다.

> 이 밖에 문장 끝에 쓰여 의문을 나타내기도 한다.
> どうしたの？ どうなった? どうなった？ 어떻게 된 거야?

7 조사 「は」와 「が」

point

> 「は」는 우리말 '은/는'에 해당하는 조사이고, 「が」는 '이/가'에 해당하는 주격조사이다. 쓰임은 우리말과 비슷하지만 우리말로는 '이/가'를 쓰는데 일본어에서는 「は」를 쓰는 경우가 많다.

・佐藤先生(さとうせんせい)は どの方(かた)ですか。　　　　　　佐藤先生が(X)

　사토 선생님은(이) 어느분입니까?

・どの方(かた)が 佐藤先生(さとうせんせい)ですか。

　어느분이 사토 선생님입니까?

・それは なんですか。　　　　그게(그것이) 뭐예요?　　それが(X)

> 위 예문과 같이 의문사가 문장 앞에 올 때는 조사 「が」를 써야 한다. 또한 뒤에 「何(なん)ですか」가 올 때는 앞에 오는 조사는 「は」를 쓴다는 것도 알아두자.

• これは 何^{なん}ですか。　　　　　　　　이것은 뭐예요? = 이게 뭐예요?

• 日本語^{に ほん ご}の先生^{せんせい}は どの方^{かた}ですか。　일본어 선생님은 어느분입니까?

• どれが 日本語^{に ほん ご}の本^{ほん}ですか。　　　어느것이 일본어 책입니까?

• どの方^{かた}が 日本語^{に ほん ご}の先生^{せんせい}ですか。　어느 분이 일본어 선생님입니까?

8 「なに」와「どれ」

point

의문문에서 「何^{なに}(무엇)」는 이름을 묻는 것이고, 「どれ(어느것)」는 여러가지(세 개 이상) 있는 것 중에서 어느 하나를 가리켜서 지적할 때 쓰는 말이다.

A : これは 何^{なん}ですか。　　　　이것은 무엇입니까?

B : それは 本^{ほん}です。　　　　　그것은 책입니다.

A : 本^{ほん}は どれですか。　　　　책은 어느것입니까?

B : 本^{ほん}は これです。　　　　　책은 이것입니다.

---

9 이름을 묻는 경우와 지적을 요구하는 경우

	물건	사람 (보통)	사람(경칭)	방향	장소
이름	何 なに 무엇	だれ 누구	どなた 어느분	どちら 어느쪽	どこ 어디
지적	どれ 어느것	どの人 ひと 누구	どの方 かた どなた 어느분	どちら 어느쪽	どこ 어디

point

이름을 묻는 것은 가령 「だれですか。(누구입니까?)」라고 물었을 때 「鈴木(すずき)さんです。(스즈키씨입니다.)」와 같이 이름을 대는 것을 말하고, 여러 사람 중에 「鈴木(すずき)さんは どなたですか。(스즈키 씨는 어느분입니까?)」라고 물었을 때 「鈴木(すずき)さんは あの方(かた)です。(스즈키 씨는 저분입니다.)」라고 가리켜서 말하는 것을 '지적'이라고 한다.

흔히 회화에서 정중하게 말할 때 「どちら」가 「どこ」의 뜻으로 쓰이기도 한다.

A : 会社は どちらですか。
かいしゃ

회사는 어디십니까? – 어느 회사에 다니냐고 물어볼 때

B : OK石油です。　　　　　OK석유입니다.
せきゆ

A : お住まいは どちらですか。
す

댁은 어디십니까? – 사는 곳을 물어볼 때

B : イルサンです。　　　　　일산입니다.

다음 빈칸을 완성하세요.

1. 내일 날씨는 맑습니다.

   明日の 天気は _____ です。

2. 다음주 소풍이 매우 기다려집니다.

   来週の ピクニックが とても _____ です。

3. 건강을 위해 편식을 해서는 안 된다.

   健康の ために _____ を しては いけない。

4. 그 가방의 가벼움에 놀랐다.

   その かばんの _____ に おどろいた。

5. 저는 학생입니다.　　　　　私は 学生_____。

6. 대학생이 아닙니다.　　　　大学生_____。

7. 저 신발은 제 것입니다.　　あの くつは 私_____ です。

8. 선생님은 어느분입니까?　先生_____ どの方ですか。

9. 지우개는 어느것입니까?　けしゴムは _____ ですか。

10. 고향은 어디십니까?　　　ご出身は _____ ですか。

정답 1. 晴(は)れ   2. 楽(たの)しみ   3. すききらい   4. かるさ
5. です   6. ではありません / じゃありません   7. の
8. は   9. どれ   10. どちら

#check

はい、そうです。 예, 그렇습니다.

명사문의 질문에 대해 '예 그렇습니다'라고 대답할 때만 쓰고 동사문이나 형용사문의
질문에는 쓸 수 없다. 「はい、そうです。」의 반대말은 「いいえ、そうではありま
せん。」 또는 「いいえ、ちがいます。」라고 한다.

学生(がくせい)さんですか。   학생이에요?

はい、そうです。   예, 그렇습니다. (O)

Jプラスに お勤(つと)めですか。   제이플러스에 근무하세요?

いいえ、ちがいます。   아뇨, 아닙니다. (O)

学校(がっこう)は 楽(たの)しいですか。   학교는 재미있어요?

はい、そうです。   예, 그렇습니다. (X)

---

03. イ형용사의 특징과 기능

형용사의 종류

　형용사란 명사에 대하여, 그 명사가 어떤 모습, 상태인지를 나타내거나, 사람이 느낀 기분 등을 나타내는 말을 가리킨다. 일본어의 형용사는 끝이 い형으로 수식하는 イ형용사와, 명사를 수식할 때 な가 붙는 ナ형용사의 두 가지가 있다. 우리말에서도 '좋다'가 '좋은', '좋아서', '좋았다'와 같이 어미가 바뀌듯이 일본어에서도 형용사나 동사, 조동사는 어미활용을 한다.

1 イ형용사의 특징과 기능

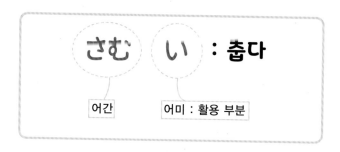

さむ　い ： 춥다

어간　　어미 : 활용 부분

❶ イ형용사의 특징

- 기본형의 어미가 い로 끝난다.

- 명사를 수식할 때 기본형으로 수식한다.

- 어미 활용을 한다.

❷ イ형용사의 기능

- **명사수식**   おもしろい 小説（しょうせつ） 재미있는 소설
- **술어**   この 小説（しょうせつ）は おもしろいです。
  이 소설은 재미있습니다.
- **동사수식**   おもしろく 読（よ）みました。
  재미있게 읽었습니다.

2   イ형용사의 활용

point

활용이란 뒤에 오는 말에 따라 어미 「い」가 바뀌는 것을 말한다.
그 형태에 따라 명사수식형, 과거형 등과 같이 말하는데, 그 용어
가 약간씩 다른데 용어에 너무 집착하지 말고 어떤 용도로 쓰이는
지를 파악하면 되겠다.

《イ형용사 활용표》

おおきい : 크다

		보통형	정중형
현재	긍정	おおき い 크다	おおき いです 큽니다
	부정	おおき くない 크지 않다	おおき くないです 크지 않습니다 おおき くありません 크지 않습니다
과거	긍정	おおき かった 컸다	おおき かったです 컸습니다
	부정	おおき くなかった 크지 않았다	おおき くなかったです 크지 않았습니다 おおき くありませんでした 크지 않았습니다
명사수식		おおき い りんご 큰 사과	
동사수식		おおき く なる 커지다	
て형		おおき く て 크게, 크고	
가정형		おおき けれ ば 크면	
추측형		おおきい だろう (회화체) おおき かろう (고어체)	おおきい でしょう 크겠지요

- おもしろい　재미있다　おもしろいです　재미있습니다
- つまらない　재미없다　つまらないです　재미없습니다

| point | 옆의 활용표와 같이 **イ**형용사는 기본형과 명사수식형이 같고, 어미가 く・かっ(た)・けれ(ば)로 바뀌는 것을 알 수 있다.

【주의】 「いい」와 「よい」는 '좋다'는 뜻의 형용사인데, 활용할 때는 「よい」로 활용한다.

- いいです　　　　　　좋습니다
- いい 本　　　　　　좋은 책
  　　　ほん
- よくないです　　　　좋지 않습니다　　いくないです　　（×）
- よかったです　　　　좋았습니다　　　　いかったです　　（×）
- よくなかったです　　좋지 않았습니다　いくなかったです（×）

　학교문법에서 말하는 **イ**형용사 활용표

기본형	미연형	연용형	종지형	연체형	가정형	명령형
おおきい 크다	おおきかろう 클 것이다	おおきかった おおきく 컸다 크게	おおきい 크다	おおきい 큰	おおきければ 크면	×

3 イ형용사 활용연습

> イ형용사는 이게
> 제일 중요함

❶ イ형용사의 부정형 くない

point 어미「い」를「く」로 바꾸고「ない」를 붙이면 된다. 즉 イ형용사에 부정을 나타내는「ない」가 붙을 때는 어미「い」가「く」로 바뀐다.

おおきい	크다	→	おおきくない	크지 않다
さむい	춥다	→	さむ＿ない	춥지 않다
おおい	많다	→	おお＿ない	많지 않다
たかい	비싸다	→	たか＿ない	비싸지 않다
ながい	길다	→	なが＿ない	길지 않다
*よい(いい)	좋다	→	よ＿ない	좋지 않다

❷ イ형용사의 과거형 かった

point 어미「い」를 떼고「かった」를 붙이면 된다. 즉, イ형용사에 과거를 나타내는「た」가 붙을 때는 어미「い」가「かっ」으로 바뀐다.

ひろい	넓다	→	ひろかった	넓었다
せまい	좁다	→	せま＿＿＿＿	좁았다
おもい	무겁다	→	おも＿＿＿＿	무거웠다
かるい	가볍다	→	かる＿＿＿＿	가벼웠다

| ふかい | 깊다 | → | ふか ＿＿＿ | 깊었다 |
| *よい | 좋다 | → | よ ＿＿＿ | 좋았다 |

#check

イ형용사의 과거형

일단 과거형으로 만들었으면 높임말은 「～かったです」 또는 「～かったんです」로
바꾸어주면 된다. 또 과거형 「～た」형은 뒤에 오는 명사를 꾸밀 수도 있다.

- よい　　　　　　좋다
- よかった　　　　좋았다　　　→　　よかった(ん)です　좋았습니다
- よかった 日(ひ)　좋았던 날

❸ イ형용사의 가정형 ければ

point　어미 「い」를 떼고 「ければ」를 붙이면 된다. 즉 イ형용사에 가정
을 나타내는 「ば」가 붙을 때는 어미 「い」가 「けれ」로 바뀌는 것
이다.

おもしろい	재미있다	→	おもしろければ	재미있으면
おいしい	맛있다	→	おいし ＿＿＿	맛있으면
やさしい	쉽다	→	やさし ＿＿＿	쉬우면
むずかしい	어렵다	→	むずかし ＿＿＿	어려우면
よい	좋다	→	よ ＿＿＿	좋으면

❹ イ형용사의 추측형 かろう

point 어미 「い」를 떼고 「かろう」를 붙이면 된다. 즉 형용사에 추측을 나타내는 「う」가 붙을 때는 어미 「い」가 「かろ」로 바뀌는 것이다. 하지만 「かろう」는 고어이고, 현내어에서는 「~だろう」나 「~でしょう」로 표현한다. 접속방법은 보통형에 「~だろう」나 「~でしょう」를 붙이면 된다.

よい	좋다	→	よかろう	좋을 것이다, 좋겠지
ない	없다	→	な_____	없을 것이다, 없겠지
つらい	괴롭다	→	つら_____	괴로울것이다, 괴롭겠지
いたい	아프다	→	いた_____	아플 것이다, 아프겠지

とおい	멀다	→	とおいだろう	멀 것이다, 멀겠지
ちかい	가깝다	→	ちかい_____	가까울 것이다, 가깝겠지
あまい	달다	→	あまい_____	달 것이다, 달겠지
からい	맵다	→	からい_____	매울 것이다, 맵겠지

いい	좋다	→	いいでしょう	좋겠지요
たかい	비싸다	→	たかい_____	비싸겠지요
やすい	싸다	→	やすい_____	싸겠지요
わるい	나쁘다	→	わるい_____	나쁘겠지요

#check

かろう와 だろう

① 「かろう」는 소설과 같은 문장에서는 표기하기도 한다. 단, 회화에서는 잘 쓰지 않는다.

② イ형용사에 「だろう」가 붙는다고 해서 '춥다'를 「さむいだ」로 잘못 쓰는 경우가 있는데, 기본형과 종지형은 「さむい」와 같이 「い」로 끝난다는 사실을 기억해야 한다.

확인문제 다음 문장에서 틀린 부분을 찾아 고쳐보세요.

---

1. 어제 새 가방을 샀습니다.

   きのう 新し かばんを 買いました。→

2. 너무 비쌌습니다.

   とても 高いでした。→

3. 하지만 기분은 좋았습니다.

   でも 気持ちは いかったです。→

4. 이 가방은 그다지 크지 않습니다.

   この かばんは あまり 大きいではありません。→

5. 어려우면 포기해도 돼.

   難しいば あきらめても よい。→

6. 생각보다 무거웠습니다.

   思ったより 重いかったです。→

7. 키는 크지만 다리는 길지 않다.

   背は 高いが、脚は 長いない。→

8. 온 세상을 찾아봐도 없을 것이다.

   世界中を 探しても ないかろう。→

9. 수술하면 아프겠지?

   手術したら 痛ろう。→

10. 이 냉면 맛있네.

    この冷麺 おいしね。→

정답 1. 新しい   2. 高かったです   3. よかったです   4. 大きくありません

5. 難しければ   6. 重かった   7. 長くない   8. なかろう

9. 痛いだろう / 痛かろう   10. おいしいね

4 자주 쓰이는 イ형용사

大きい	크다	小さい	작다
多い	많다	少ない	적다
いい/よい	좋다	悪い	나쁘다
長い	길다	短い	짧다
深い	깊다	浅い	얕다
重い	무겁다	軽い	가볍다
濃い	진하다	薄い	연하다
暖かい	따뜻하다	涼しい	시원하다
柔らかい	부드럽다	固い	딱딱하다
すばらしい	멋지다	みにくい	보기 싫다
広い	넓다	狭い	좁다
赤い	빨갛다	青い	파랗다
白い	하얗다	黒い	까맣다
太い	두껍다	細い	가늘다
厚い	두텁다	薄い	얇다
つらい	괴롭다	痛い	아프다
おいしい	맛있다	まずい	맛없다

あま 甘い	달다	から 辛い	맵다
やさ 優しい	쉽다	むずか 難しい	어렵다
あたら 新しい	새롭다	ふる 古い	오래되다
たか 高い	비싸다	やす 安い	싸다
とお 遠い	멀다	ちか 近い	가깝다
おもしろい	재미있다	つまらない	재미없다
うつく 美しい	아름답다	きたない	더럽다
あか 明るい	밝다	くら 暗い	어둡다
うれしい	기쁘다	かなしい	슬프다
たの 楽しい	즐겁다	さびしい	외롭다·쓸쓸하다
いそが 忙しい	바쁘다	もったいない	아깝다

イ형용사는 끝이 모두 「い」로 끝나지만, 좀더 세분화해보면 끝이 「～い·～しい·～かい」중 하나로 끝나는 것을 알 수 있다.

5 복합 형용사

point

동사의 ます형에 붙어 복합어를 만들 수 있다. 일단 복합어가 되면 끝이 い로 끝나므로, 형용사와 똑같이 활용한다.

❶ ～やすい ～하기 쉽다

書<ruby>書<rt>か</rt></ruby>く	+ やすい	→	書<ruby>書<rt>か</rt></ruby>きやすい	쓰기 쉽다
歩<ruby>歩<rt>ある</rt></ruby>く	+ やすい	→	歩<ruby>歩<rt>ある</rt></ruby>きやすい	걷기 쉽다
見<ruby>見<rt>み</rt></ruby>る	+ やすい	→	見<ruby>見<rt>み</rt></ruby>やすい	보기 쉽다
わかる	+ やすい	→	わかりやすい	알기 쉽다

❷ ～にくい ～하기 어렵다

書<ruby>書<rt>か</rt></ruby>く	+ にくい	→	書<ruby>書<rt>か</rt></ruby>きにくい 漢字<rt>かんじ</rt>	쓰기 어려운 한자
読<ruby>読<rt>よ</rt></ruby>む	+ にくい	→	読<ruby>読<rt>よ</rt></ruby>みにくい 本<rt>ほん</rt>	읽기 어려운 책
わかる	+ にくい	→	わかりにくい せりふ	알기 어려운 대사

❸ ~よい/いい　~하기 좋다

住む　+　よい　→　住みよい ところ　　　살기 좋은 곳

聞く　+　よい　→　聞きよい 音楽　　　듣기 좋은 음악

❹ ~づらい　~하기 거북하다 / ~하기 어렵다

見る　+　づらい　→　見づらい 字　　　보기 힘든 글자

わかる　+　づらい　→　わかりづらい 説明　이해하기 어려운 설명

원래 「つらい(괴롭다)」인데 복합어가 되면서 「づらい」로 발음한다.

#check

~づらい와 ~にくい

「~づらい」는 말하는 사람의 육체적·심리적인 이유로 '~하는 것이 거북하다'라는 뜻이고, 「~にくい」는 객관적인 상황으로 '~하기 어렵다'라는 뜻.

🚗=3

6 ない에 대해

| point | 「ない」는 단독으로 쓰면 '없다'는 뜻의 형용사지만, '아니다'란 뜻으로 부정을 나타내는 보조형용사로 쓰이기도 한다. |

※ 다음 예문에 나오는 **ない**의 뜻을 생각해보자.

---

① お金_{かね}が ない。   돈이 없다.

② 学生_{がくせい}ではない。   학생이 아니다.

③ 寒_{さむ}くない。   춥지 않다.

④ 行_いかない。   가지 않는다.

| point | ①번의 「ない」는 「ある(있다)」의 반대말인 '없다'는 뜻의 형용사이고, ②③은 '아니다'라는 뜻으로 부정을 나타내는 말이다. 이와 같이 원래의 뜻을 잃고 보조적으로 쓰이는 「ない」를 '보조형용사'라고 한다.
②④는 앞에 오는 「行(い)く」라는 동사의 부정을 나타내는 조동사이다. 부정을 나타내는것은 ②③과 같지만 동사를 도와주는 역할을 하므로 조동사로 분류되는 것이다. |

> 「ない」는 보조형용사이든 조동사이든 모양이 イ형용사와 똑같기 때문에 イ형용사 활용을 한다. 「ない」뿐만 아니라 「～たい(～하고 싶다)」나 「ほしい(갖고 싶다)」와 같은 말도 모양이 イ형용사와 같기 때문에 イ형용사식 활용을 한다.

04. イ형용사의 필수문형

1 【긍정문】~は ~です / かったです

~은 ~합니다 / ~했습니다

point

イ형용사의 가장 기본적인 문형이다. 과거문은 「い」를 떼고 「かった」를 붙이면 보통형(반말)이 되고 여기에 「です」를 붙이면 정중한 문장이 된다.

おもしろい	おもしろいです	おもしろかったです
재미있다	재미있습니다	재미있었습니다

A : 日本語の 勉強は おもしろいですか。

일본어 공부는 재미있어요?

B : ええ、とても おもしろいです。

네, 아주 재미있습니다.

A : 先週は 忙しかったですか。

지난주는 바빴어요?

B : ええ、とても 忙しかったです。

네, 아주 바빴습니다.

※ 다음 단어를 예와 같이 바꾸세요.

> <ruby>大<rt>おお</rt></ruby>きい   大きいです   大きかったです
> 크다   큽니다   컸습니다

<ruby>小<rt>ちい</rt></ruby>さい	작다	_____	_____
<ruby>多<rt>おお</rt></ruby>い	많다	_____	_____
<ruby>少<rt>すく</rt></ruby>ない	적다	_____	_____
いい/よい	좋다	_____	_____
<ruby>悪<rt>わる</rt></ruby>い	나쁘다	_____	_____
<ruby>長<rt>なが</rt></ruby>い	길다	_____	_____
<ruby>短<rt>みじか</rt></ruby>い	짧다	_____	_____
<ruby>深<rt>ふか</rt></ruby>い	깊다	_____	_____
<ruby>浅<rt>あさ</rt></ruby>い	얕다	_____	_____
<ruby>重<rt>おも</rt></ruby>い	무겁다	_____	_____
<ruby>軽<rt>かる</rt></ruby>い	가볍다	_____	_____
<ruby>濃<rt>こ</rt></ruby>い	진하다	_____	_____

イ형용사

2 【부정문】~は ~くないです / ~くなかったです

~은 ~지 않습니다 / ~지 않았습니다

イ형용사를 부정으로 바꿀 때는 어미「い」를「く」로 바꾸고「ない」를 붙여「~くない」형으로 만들면 된다. 여기에「です」를 붙이면 정중한 부정문이 된다.

	보통형	정중형
おもしろい 재미있다	おもしろくない 재미있지 않다	おもしろくないです 재미있지 않습니다
おもしろい 재미있다	おもしろくなかった 재미있지 않았다	おもしろくなかったです 재미있지 않았습니다

A : 高橋さん、この頃 忙しいですか。

다카하시 씨, 요즘 바쁩니까?

B : いいえ、あまり 忙しくないです。

아뇨, 별로 바쁘지 않습니다.

A : あの 映画は おもしろかったですか。

저 영화 재미있었어요?

B : いいえ、あまり おもしろくなかったですよ。

아뇨, 별로 재미없었어요.

※ 다음 단어를 부정형으로 바꾸세요.

<ruby>暖<rt>あたた</rt></ruby>かい 따뜻하다		暖かくないです 따뜻하지 않습니다	暖かくなかったです 따뜻하지 않았습니다
<ruby>易<rt>やさ</rt></ruby>しい	쉽다	_____	_____
<ruby>柔<rt>やわ</rt></ruby>らかい	부드럽다	_____	_____
<ruby>堅<rt>かた</rt></ruby>い	딱딱하다	_____	_____
すばらしい	멋지다	_____	_____
みにくい	보기 싫다	_____	_____
<ruby>広<rt>ひろ</rt></ruby>い	넓다	_____	_____
<ruby>狭<rt>せま</rt></ruby>い	좁다	_____	_____
<ruby>赤<rt>あか</rt></ruby>い	빨갛다	_____	_____
<ruby>青<rt>あお</rt></ruby>い	파랗다	_____	_____
<ruby>白<rt>しろ</rt></ruby>い	하얗다	_____	_____
<ruby>黒<rt>くろ</rt></ruby>い	까맣다	_____	_____

イ형용사

3 【복문】~は ~くて / くなくて

~은 ~하고 / ~지 않고

두 문장을 이어 줄 때는 「い」를 「く」로 바꾼 다음 「て」를 붙이면 된다. 부정형은 일단 「くない」로 바꾼 다음 「くない」를 다시 「くなくて」로 바꾸어 준다.

高い	비싸다	→	高くて	비싸고
高くない	비싸지 않다	→	高くなくて	비싸지 않고

- 髪は 短くて、背は 高いです。

  머리는 짧고, 키는 큽니다.

- 脚は 長くて、腰は 細いです。

  다리는 길고, 허리는 가늡니다.(※足:발)

- 前の 事務所は 古くて 暗かったですが、新しい 事務所は 暗くなくて 明るいです。

  이전 사무실은 오래되고 어두웠는데, 새 사무실은 어둡지 않고 밝습니다.

- 昨日は 風が 強くて、寒かったです。

  어제는 바람이 강하고 추웠습니다.

※ 다음 단어를 くて와 くなくて로 바꾸세요.

細い <small>ほそ</small> 가늘다	細くて 가늘고	細くなくて 가늘지 않고

厚い
<small>あつ</small> 두텁다 _____ _____

薄い
<small>うす</small> 얇다 _____ _____

つらい 괴롭다 _____ _____

痛い
<small>いた</small> 아프다 _____ _____

おいしい 맛있다 _____ _____

まずい 맛없다 _____ _____

甘い
<small>あま</small> 달다 _____ _____

辛い
<small>から</small> 맵다 _____ _____

易しい
<small>やさ</small> 쉽다 _____ _____

難しい
<small>むずか</small> 어렵다 _____ _____

新しい
<small>あたら</small> 새롭다 _____ _____

明るい
<small>あか</small> 밝다 _____ _____

暗い
<small>くら</small> 어둡다 _____ _____

イ형용사

4 【이중부정】~は ~くも ~くも ありません(ないです)

~은 ~지도 ~지도 않습니다

イ형용사의 부정은 「くない」이지만 이중으로 부정할 때는 조사 「も(~도)」를 넣어서 「~くも ~くもない」라고 한다.

- 私の 部屋は 広くも 狭くも ありません。
  私には ちょうど いいです。   = ないです

  내 방은 넓지도 좁지도 않습니다. 나한테는 딱 좋습니다.

- 成績は よくも 悪くも ありません。

  성적은 좋지도 나쁘지도 않습니다.

- 暑くも 寒くも ない 日が 続いています。

  춥지도 덥지도 않은 날이 계속되고 있습니다.

#check

우리말과 순서가 반대인 말들

• 춥지도 덥지도	→ 暑くも 寒くも
• 먹고 마시다가	→ 飲んで 食べて
• 왔다갔다	→ 行ったり 来たり
• 여기저기	→ あちら こちら(= あちこち)
• 이것저것	→ あれ これ
• 흑백	→ 白黒

※ 다음 단어를 이용하여 일본어로 말해보세요.

あたら
新しい
새롭다

ふる
古い
오래되다

新しくも 古くも ありません。
새롭지도 오래되지도 않았습니다

イ形容詞

たか
高い　비싸다

やす
安い　싸다

＿＿＿＿＿＿＿＿＿＿＿＿＿＿＿

たか
高い　높다

ひく
低い　낮다

＿＿＿＿＿＿＿＿＿＿＿＿＿＿＿

とお
遠い　멀다

ちか
近い　가깝다

＿＿＿＿＿＿＿＿＿＿＿＿＿＿＿

おもしろい 재미있다

つまらない 재미없다

＿＿＿＿＿＿＿＿＿＿＿＿＿＿＿

おお
大きい　크다

ちい
小さい　작다

＿＿＿＿＿＿＿＿＿＿＿＿＿＿＿

おお
多い　많다

すく
少ない　적다

＿＿＿＿＿＿＿＿＿＿＿＿＿＿＿

いい/よい 좋다

わる
悪い　나쁘다

＿＿＿＿＿＿＿＿＿＿＿＿＿＿＿

なが
長い　길다

みじか
短い　짧다

＿＿＿＿＿＿＿＿＿＿＿＿＿＿＿

ふか
深い　깊다

あさ
浅い　얕다

＿＿＿＿＿＿＿＿＿＿＿＿＿＿＿

おも
重い　무겁다

かる
軽い　가볍다

＿＿＿＿＿＿＿＿＿＿＿＿＿＿＿

こ
濃い　진하다

うす
薄い　연하다

＿＿＿＿＿＿＿＿＿＿＿＿＿＿＿

5 【명사수식】~い +명사

명사를 수식할 때는 기본형과 모양이 똑같다. 즉 기본형 「さむ
い」는 '춥다'라는 뜻도 있지만 뒷말을 꾸밀 때는 '추운'이란 뜻으
로 쓰이는 것이다. 이와 같이 명사를 꾸미는 형태를 문법용어로는
연체형이라고 한다.

A : こんにちは。 いい 天気ですね。

안녕하세요. 날씨 좋지요?

B : ええ、本当に いい 天気ですね。

네, 정말 날씨 좋네요.

A : もっと 大きい 用紙を ください。

좀 더 큰 용지를 주세요.

B : すみません。 これより 大きい 用紙は ありません。

죄송해요. 이것보다 큰 용지는 없네요.

※ 다음 빈칸을 채우세요.

大きい	크다 / 큰	大きい 家	큰 집

小さい _{ちい}	작다 / 작은	＿＿＿＿＿＿ 家 _{いえ}	작은 집
いい	좋다 / 좋은	＿＿＿＿＿＿ 人 _{ひと}	좋은 사람
悪い _{わる}	나쁘다 / 나쁜	＿＿＿＿＿＿ 人 _{ひと}	나쁜 사람

#check

イ形容詞

いい 天気_{てんき} 좋은 날씨

① '날씨가 좋다'는 「天気(てんき)が いい」보다는 「いい 天気」라고 하는 것이 일본어다운 표현이다.

② 「多(おお)い」는 '많다'는 뜻인데, '많은 ～'이라고 할 때 「多い～」라고는 하지 않는다. 대신 「多くの～」, 「たくさんの ～」라고 해야 한다. 단, 대상이 사람인 경우 「大勢(おおぜい)の 人(ひと)」라고 하기도 한다.

③ 「少(すく)ない」(적다)의 경우도, 명사를 꾸밀 때 「少(すこ)しの～」(적은～)로 말하는 것이 일반적이다.

※ 다음 중 「おおい」의 쓰임이 가장 자연스러운 것은? (능시 3급 수준)

① 日本には おおい 外国人 が 住んでいます。

② ここは 車が おおくて あぶないです。

③ 今日は おおく つかれました

④ 私は おおいの 子供が いて 大変です。

정답　② 1번은 おおくの, 3번은 とても, 4번은 おおくの 또는 たくさんの로 바꾸어야 한다.

6 【동사수식】~く + 동사

point

'~하게'의 뜻으로 イ형용사를 부사로 만들 때는 어미 「~い」가 「~く」로 바뀐다. 또한 「~くなる(~해지다)」나 「~くする(~하게 하다)」와 같은 문형으로 쓰일 때도 「~く」로 바뀐다.

A : サインは これで いいですか。
사인은 이거면 됩니까?

B : すみません。もっと 大きく 書いてください。
죄송하지만, 좀더 크게 써주세요.

A : 急に 暗く なりましたね。
갑자기 어두워졌지요?

B : そうですね。今にも 雨が 降りそうですね。
그러게요. 당장이라도 비가 쏟아질 것 같은데요.

A : 彼に もう 少し 優しく して下さい。
그에게 좀더 친절하게 대해 주세요.

B : わかりました。
알았어요.

※ 다음 형용사를 くなる·くする로 바꾸고 뜻을 쓰세요. (なる : 되다 する : 하다)

<ruby>大<rt>おお</rt></ruby>きい 크다	大きくなる 커지다	大きくする 크게 하다

<ruby>小<rt>ちい</rt></ruby>さい	작다	_____	_____
<ruby>暗<rt>くら</rt></ruby>い	어둡다	_____	_____
<ruby>明<rt>あか</rt></ruby>るい	밝다	_____	_____
いい / よい	좋다	_____	_____
<ruby>悪<rt>わる</rt></ruby>い	나쁘다	_____	_____
<ruby>長<rt>なが</rt></ruby>い	길다	_____	_____
<ruby>短<rt>みじか</rt></ruby>い	짧다	_____	_____
<ruby>甘<rt>あま</rt></ruby>い	달다	_____	_____
<ruby>辛<rt>から</rt></ruby>い	맵다	_____	_____
<ruby>高<rt>たか</rt></ruby>い	비싸다	_____	_____
<ruby>安<rt>やす</rt></ruby>い	싸다	_____	_____

05. ナ형용사의 특징과 기능

1 ナ형용사의 특징과 기능

❶ ナ형용사의 특징

- 형용동사라고도 한다.

- 사전에는 어간만 나오기 때문에 사전형에 「だ」를 붙인 형태를 기본형으로 본다.

- 명사를 수식할 때 끝의 「だ」가 「な」로 바뀐다.

- 명사와 같은 활용을 한다. (활용이 명사와 비슷하여 명사형용사라고도 한다.)

❷ ナ형용사의 기능

- **명사수식**　しずかな 部屋　조용한 방

- **술어**　　　この 部屋は　しずかです。

　　　　　　이 방은 조용합니다.

- **동사수식**　しずかに 勉強します。

　(부사형)　조용히 공부합니다.

2 ナ형용사의 활용

가장 포인트가 되는 것은 명사를 꾸밀 때는 「な」, '~하게'의 뜻으로 동사를 꾸밀 때는 「に」로 바뀐다는 것이다. 나머지 활용은 명사와 비슷하다.

《ナ형용사 활용표》

しずかだ : 조용하다

		보통형	정중형
현재	긍정	しずか だ 조용하다	しずか です 조용합니다
	부정	しずか ではない 조용하지 않다	しずか ではありません 조용하지 않습니다
과거	긍정	しずか だった 조용했다	しずか でした 조용했습니다
	부정	しずか ではなかった 조용하지 않았다	しずか ではありませんでした 조용하지 않았습니다
명사수식		しずか な かぞく　조용한 가족	
동사수식		しずか に はなす　조용히 얘기하다	
て형		しずか で　　　조용하고	
가정형		しずか なら　　조용하다면	
추측형		しずか だろう 조용하겠지	しずか でしょう 조용하겠지요

3 ナ형용사 활용연습

ナ형용사는 이게
제일 중요함

❶ ナ형용사의 부정형 じゃ (では) ない

| point | 어미「だ」를「では(じゃ)」로 바꾼 다음「ない」를 붙이면 된다.
즉 ナ형용사에 부정을 나타내는「ない」가 붙을 때는 어미「だ」
가「では(じゃ)」로 바뀐다.

しずかだ	조용하다	→	しずかでは(じゃ)ない	조용하지 않다
きれいだ	깨끗하다	→	_____	깨끗하지 않다
にぎやかだ	번화하다	→	_____	번화하지 않다
ひまだ	한가하다	→	_____	한가하지 않다
らくだ	편하다	→	_____	편하지 않다

 일단 부정형으로 바뀌면「い」로 끝나므로 イ형용사식 활용을 한다.

❷ ナ형용사의 과거형 だった

| point | 어미「だ」를 떼고「だった」를 붙이면 된다.

しんせつ 親切だ	친절하다	→	親切だった	친절했다
ゆうめい 有名だ	유명하다	→	_____	유명했다
べんり 便利だ	편리하다	→	_____	편리했다
あんぜん 安全だ	안전하다	→	_____	안전했다
ふあん 不安だ	불안하다	→	_____	불안했다

❸ ナ형용사의 명사수식형 ~な

| point | 기본형의 「だ」를 떼고 「な」를 붙이면 된다.

真面目だ	성실하다 + 人	→	真面目な 人	성실한 사람

ほがらかだ	명랑하다	→	_____ 人	명랑한 사람
変だ	이상하다	→	_____ 人	이상한 사람
生意気だ	건방지다	→	_____ 人	건방진 사람
かわいそうだ	불쌍하다	→	_____ 人	불쌍한 사람

ナ형용사

학교 문법에서 말하는 ナ형용사 활용표

기본형	미연형	연용형	종지형	연체형	가정형	명령형
ひまだ 한가하다	ひま だろう 한가할 것이다	ひま だった/で 한가했다/ 한가하고	ひまだ 한가하다	ひまな 한가한	ひまなら 한가하다면	×

- 「~だ」로 끝나는 말, 즉 「명사+だ」나 「ナ형용사」 모두 이렇게 활용하는데, 차이점은 명사는 뒤에 체언을 꾸밀 때 「の」가 붙는다는 점이다.

  - 명사 : 私の 本　나의 책 (○)　　　　· ナ형용사 : きれいな へや　깨끗한 방 (○)
  　　　　 私な 本　　　　(×)　　　　　　　　　　　 きれいの へや　　　　(×)
  　　　　　　　　　　　　　　　　　　　　　　　　　 ※きれいだ는 ナ형용사임.

- 다음과 같은 표현에서는 「~だと」도 가능하다.

  · 母が 元気だと いいんですが…。　엄마가 건강하면 좋겠어요. (○)

  · 母が 元気なら いいんですが…。　　　　　　　　　　(○)

---

4 자주 쓰이는 ナ형용사

【고유어】

<ruby>好<rt>す</rt></ruby>きだ	좋아하다	<ruby>嫌<rt>きら</rt></ruby>いだ	싫어하다
<ruby>上手<rt>じょうず</rt></ruby>だ	잘하다, 능숙하다	<ruby>下手<rt>へた</rt></ruby>だ	못하다
<ruby>得意<rt>とくい</rt></ruby>だ	자신있다	<ruby>苦手<rt>にがて</rt></ruby>だ	서툴다
<ruby>静<rt>しず</rt></ruby>かだ	조용하다	にぎやかだ	번화하다
<ruby>真面目<rt>まじめ</rt></ruby>だ	성실하다	<ruby>不真面目<rt>ふまじめ</rt></ruby>だ	성실하지 못하다
<ruby>大事<rt>だいじ</rt></ruby>だ	중요하다	<ruby>大切<rt>たいせつ</rt></ruby>だ	소중하다
<ruby>暇<rt>ひま</rt></ruby>だ	한가하다	たいくつだ	따분하다
<ruby>丁寧<rt>ていねい</rt></ruby>だ	정중하다	りっぱだ	훌륭하다, 멋있다
<ruby>素敵<rt>すてき</rt></ruby>だ	멋지다, 근사하다	<ruby>幸<rt>しあわ</rt></ruby>せだ	행복하다
きれいだ	깨끗하다, 예쁘다	<ruby>大変<rt>たいへん</rt></ruby>だ	큰일이다, 힘들다
<ruby>楽<rt>らく</rt></ruby>だ	편하다	<ruby>変<rt>へん</rt></ruby>だ	이상하다
<ruby>平気<rt>へいき</rt></ruby>だ	태연하다	<ruby>元気<rt>げんき</rt></ruby>だ	건강하다
でたらめだ	엉터리다	<ruby>無鉄砲<rt>むてっぽう</rt></ruby>だ	무모하다
せっかちだ	성급하다	<ruby>派手<rt>はで</rt></ruby>だ	화려하다
<ruby>不思議<rt>ふしぎ</rt></ruby>だ	희한하다	ばかだ	멍청하다, 어리석다

【한자어 + だ】

有名^{ゆうめい}だ	유명하다	無理^{む り}だ	무리다
親切^{しんせつ}だ	친절하다	不親切^{ふ しんせつ}だ	불친절하다
便利^{べん り}だ	편리하다	不便^{ふ べん}だ	불편하다
自由^{じ ゆう}だ	자유롭다	不自由^{ふ じ ゆう}だ	자유롭지 못하다
安全^{あんぜん}だ	안전하다	不安^{ふ あん}だ	불안하다

ナ형용사

【的^{てき}가 붙는 말】

積極的^{せっきょくてき}だ	적극적이다	消極的^{しょうきょくてき}だ	소극적이다
具体的^{ぐ たいてき}だ	구체적이다	合理的^{ごう り てき}だ	합리적이다
経済的^{けいざいてき}だ	경제적이다	政治的^{せい じ てき}だ	정치적이다
安定的^{あんていてき}だ	안정적이다	精神的^{せいしんてき}だ	정신적이다

【외래어 + だ】

スマートだ	스마트하다	シンプルだ	심플하다
ハンサムだ	핸섬하다	モダンだ	모던하다

06. ナ형용사의 필수문형

1 【긍정문】 ~は ~です / でした　~은 ~합니다 / 했습니다

> **point**
>
> 가장 기본적인 문형이다. ナ형용사의 어간에 「だ」를 붙이면 '~하다'라는 뜻의 기본적인 단정형이 되고, 「です」를 붙이면 '~합니다', 「でした」를 붙이면 '~했습니다'라는 정중한 말이 된다.

❶ ~です　　　しずかだ → しずかです

* 地下鉄は とても 便利です。

  지하철은 매우 편리합니다

* いつもは 静かですが、週末は にぎやかです。

  보통때는 조용하지만, 주말에는 붐빕니다.

* 佐藤さんは とても 親切です。

  사토 씨는 아주 친절합니다.

❷ ~でした　　　しずかだ → しずかでした

* 地下鉄は とても 便利でした。

  지하철은 매우 편리했습니다.

- 佐藤さんは とても 親切でした。

  사토 씨는 매우 친절했습니다

- いつもは 静かでしたが、週末は にぎやかでした。

  보통때는 조용했는데, 주말에는 붐볐습니다.

ナ형용사

※ 다음 단어를 예와 같이 바꾸세요.

好きだ	好きです	好きでした
좋아하다	좋아합니다	좋아했습니다

きらいだ	싫어하다	_____	_____
上手だ	잘하다, 능숙하다	_____	_____
下手だ	못하다	_____	_____
得意だ	자신있다	_____	_____
苦手だ	서툴다	_____	_____
真面目だ	성실하다	_____	_____

2 【부정문】 ~は ~では ありません   ~은/는 ~지 않습니다

~は ~では ありませんでした   ~은/는 ~지 않았습니다

ナ形容詞の否定形は終의「だ」를 떼고「~ではない(~지 않다)」를 붙이면 된다. 이 말은 반말표현이고, 정중한 부정형은「~ではありません(~지 않습니다)」또는「~ではないです」를 붙이면 된다.

しずかだ   しずかではありません   しずかではありませんでした
조용하다   조용하지 않습니다   조용하지 않았습니다

• 地下鉄は あまり 便利ではありません。

   지하철은 별로 편리하지 않습니다.

• いつもは 静かですが、週末は 静かではありません。

   보통 때는 조용한데, 주말에는 조용하지 않습니다.

• 佐藤さんは あまり 親切ではありませんでした。

   사토 씨는 별로 친절하지 않습니다.

※ 다음 단어를 예와 같이 바꾸세요.

りっぱだ りっぱではありません りっぱではありませんでした
훌륭하다   훌륭하지 않습니다   훌륭하지 않았습니다

^{す てき}
素敵だ
멋지다

^{じ み}
地味だ
수수하다

^{は で}
派手だ
화려하다

^{しあわ}
幸せだ
행복하다

^{たいへん}
大変だ
큰일이다

^{らく}
楽だ
편하다

💬 **보통체와 경어체**

보통체	しずかだ 조용하다	しずかではない 조용하지 않다	しずかではなかった 조용하지 않았다
경어체	しずかです 조용합니다	しずかではありません 조용하지 않습니다	しずかではありませんでした 조용하지 않았습니다

3 【복문】 ~で / ~ではなくて ~(하)고 / ~(하)지 않고

> **point**
>
> 두 문장을 이어 줄 때는 「だ」를 「で」로 바꾸면 된다. 부정형은
> 일단 「ではない」로 바꾼 다음 「ではない」를 다시 「ではなく
> て」로 바꾸어 준다.

❶ ~で　　　　　　しずかだ → しずかで

- ここは きれいで 明るいですね。

  여기는 깨끗하고 밝군요.

- 地下鉄は 便利で 安全です。

  지하철은 편리하고 안전합니다.

- この 魚は 新鮮で おいしいです。

  이 생선은 신선하고 맛있습니다.

❷ ~ではなくて　　　しずかだ →しずかではなくて

- 静かではなくて うるさいです。

  조용하지 않고 시끄럽습니다.

- ひまじゃなくて 忙しいです。

  한가하지 않고 바쁩니다.

※ 다음 단어를 예와 같이 바꾸세요.

<ruby>平気<rt>へいき</rt></ruby>だ	平気で	平気ではなくて
태연하다	태연하고	태연하지 않고

<ruby>気楽<rt>きらく</rt></ruby>だ
마음편하다, 홀가분하다 　　_____　　_____

<ruby>真面目<rt>まじめ</rt></ruby>だ
성실하다 　　_____　　_____

<ruby>元気<rt>げんき</rt></ruby>だ
건강하다 　　_____　　_____

きちょうめんだ
꼼꼼하고 빈틈이 없다 　　_____　　_____

ナ형용사

4 【이중부정】 ~でも ~です ありません

~지도 ~지도 / 않습니다

point

부정문은 「~ではない」인데, 이중으로 부정할 경우에는 조사 「は」 대신 「も」를 넣어 「~でも ~でもない(~지도 ~지도 않다)」와 같이 표현하고, 정중한 표현은 「~でも ~でもないです」 또는 「~でも ~でもありません」으로 바꾸면 된다.

ナ형용사끼리만 이중부정으로 쓰이는 것은 아니며 イ형용사문
과 같이 쓸 수도 있다. 물론 과거문은 뒤에 「~でした」를 붙여
「~でも~でもありませんでした」로 만들어주거나 「~でも
~でもなかったです」로 해도 된다.

・ 私の 結婚生活は 幸せでも 不幸でもありません。

나의 결혼생활은 행복하지도 불행하지도 않습니다.

・ その 部屋は きたなくも きれいでも ありませんでした。

그 방은 더럽지도 깨끗하지도 않았습니다.

・ ないです ＝ ありません
・ なかったです ＝ ありませんでした

5 【명사수식】 ~な ＋ 명사 ~한

point

명사를 수식할 때는 사전형(어간)에 「な」를 붙여 주면 된다. 이렇게
명사를 수식할 때 「な」가 붙기 때문에 ナ형용사란 이름이 붙었다.

・ ここは 安くて 親切な スーパーですから、人が いつも 多いです。

이곳은 싸고 친절한 슈퍼마켓이라서 사람이 언제나 많습니다.

・ 私たちも 合理的な 方法を さがしています。

저희들도 합리적인 방법을 찾고 있습니다.

6 【동사수식】~に + 동사 ~하게

point

ナ형용사가 동사를 수식할 때, 즉 부사적으로 쓰일 때는 「だ」를 떼고 「に」를 붙여 주면 된다.

・うるさいですね。少(すこ)し 静(しず)かに して 下(くだ)さい。
  시끄럽군요. 조금 조용히 해 주세요.

・正直(しょうじき)に 言(い)って あまり 行(い)きたくないですよ。
  솔직히 말해서 별로 가고 싶지 않아요.

・なによりも 体(からだ)を 大事(だいじ)に しなければなりません。
  무엇보다도 몸을 소중히 하지 않으면 안 됩니다.

#check

おなじ에 대해

おなじ는 ナ형용사이지만, 예외로 명사를 수식할 때 な가 붙지 않는다. 가령 「おなじいろ(같은 색)」와 같이 어간 만으로 그대로 명사를 꾸밀 수 있다. 단, 뒤에 조사 「ので, のに」가 오면 「なのに」, 「なので」와 같이 「な」가 붙는다.

・おなじのを ください。 똑같은 것을 주세요.
・いろは おなじなのに 大(おお)きさは ちがう。 색은 같은데 크기는 다르다.
・場所(ばしょ)は おなじなので、あそこで 会(あ)いましょう。
  장소는 같으니까, 거기서 만나요.

다음 문장의 틀린곳을 찾아 바르게 고치세요.

---

1. 날씨가 좋으면 갑시다.

   天気が いければ 行きましょう。 →

2. 이 가방은 그렇게 비싸지 않다.

   この かばんは そんなに 高いない。→

3. 그의 마음의 상처는 깊었다.

   彼の 心の 傷は 深いかった。→

4. 알기 쉬운 설명

   わかりいい 説明 →

5. 좀 더 크게 써 주세요.

   もう 少し 大きい 書いて 下さい。→

6. 부모님을 잃은 불쌍한 아이

   両親を 失った かわいそうの 子供 →

7. 번잡한 곳

   にぎやか ところ →

8. 도서관에서는 조용히 합시다.

   図書館では 静かな しましょう。→

9. 지하철은 편리하고 빠릅니다.

地下鉄は 便利だ 速いです。→

10. 어제는 별로 안 더웠습니다.

昨日は あまり 暑いじゃなかったです。→

11. 딸아이는 피아노를 잘하지 못했습니다.

娘は ピアノが 上手ではないでした。→

12. 한가하면 갑시다.

暇だら 行きましょう。→

13. 정말 깨끗한 색이군요.

本当に きれい 色ですね。→

ナ형용사

정답
1. いければ→よければ   2. 高いない→高くない
3. 深いかった→深かった   4. わかりいい→わかりやすい
5. 大きい→大きく   6. かわいそうの→かわいそうな
7. にぎやか→にぎやかな   8. 静かな→静かに
9. 便利だ→ 便利で   10. 暑いじゃなかった→ 暑くなかった
11. 上手ではないでした→ 上手ではありませんでした /上手ではなかったです
12. 暇だら→ 暇なら   13. きれい→きれいな

07. 연체사에 대해

연체사(連体詞)란?

연체사(連体詞)란 체언(体言)을 수식하는 말, 즉 명사를 수식하는 형태로만 쓰이는 단어를 말한다. 활용도 하지 않고 오직 명사를 꾸미는 역할밖에 하지 않는다. 명사를 꾸미는 형태를 보고 イ형용사인지, ナ형용사인지 또는 동사인지를 가려낼 수도 있는데, この・その와 같이 어떤 규칙에도 따르지 않고 한가지 형태로만 명사를 수식하는 단어들이 여기에 해당한다.

1 この・その・あの・どの 이・그・저・어느

가장 대표적인 연체사이다.

- **この** ケータイは だれのですか。
  이 핸드폰은 누구 거예요?

- **その** ケータイは 私のです。
  그 핸드폰은 제 것입니다.

- **あの** ビルは 韓国で いちばん 高い ビルです。
  저 빌딩은 한국에서 가장 높은 빌딩입니다.

- 田中さんの 会社は **どの** ビルですか。
  다나카 씨의 회사는 어느 빌딩이에요?

2 こんな・そんな・あんな・どんな

이런・그런・저런・어떤

point

회화체에서는 위와 같이 쓰지만, 문장에서는 각각 「このような (이러한)・そのような(그러한)・あのような(저러한)・どのような(어떠한)」와 같이 쓰인다.

- **こんな** ことは はじめてだ。
  이런 일은 처음이다.

- **そんな** ことは 知りません。
  그런 건 모릅니다.

- **どんな** 方法が あると 思いますか。
  어떤 방법이 있다고 생각해요?

- **このような** 事件が 各地で 次々と 起こっている。
  이러한 사건이 각지에서 잇달아 일어나고 있다.

- **どのような** 方法で 解決したら よいのか わからない。
  어떠한 방법으로 해결하면 좋을지 모르겠다.

3 그 외 자주 쓰는 말

① 大きな 커다란

• 乾杯 今 君は 人生の 大きな 大きな 舞台に 立ち…

건배 지금 너는 인생의 커다란 무대에 서서 … (노래가사)

• もう 少し 大きな やかんを 持って おいで。

좀더 커다란 주전자를 갖고 와라.(～て おいでと 반말투 명령)

② 小さな 작은, 자그마한

• そんな 小さな ことに いちいち 干渉しないで ください。

그런 자그마한 일에 일일이 간섭하지 마세요

• 小さな 器を 1つ ください。

작은 그릇을 하나 주세요.

③ いろんな 여러가지의

• 今回の ゴルフ大会には いろんな 国の 有名な 選手たちが 集まる。

이번 골프 대회에는 여러 국가의 유명한 선수들이 모인다.

• あの 動物園には いろんな 動物が いる。

저 동물원에는 여러 동물들이 있다.

④ **大した** 　별, 대단한

・ 大した 衝撃(しょうげき)は なかった。

별 충격은 없었다.

・ 彼(かれ)の 中国語(ちゅうごくご)の 実力(じつりょく)は 大した ことない。

그의 중국어 실력은 대수롭지 않다.

⑤ **あらゆる** 　모든, 온갖

연
체
사

・ あらゆる サービスを 受(う)ける ことが できる。

온갖 서비스를 받을 수 있다.

・ あらゆる 知恵(ちえ)を 絞(しぼ)って 作(つく)り出(だ)す。

온갖 지혜를 짜내서 만들어낸다.

⑥ **いわゆる** 　소위

・ いわゆる専門出版社(せんもんしゅっぱんしゃ)だと 称(しょう)するに 適(てき)するところは、 3、 4

ヶ所(かしょ)に 過(す)ぎない。

소위 전문 출판사라고 일컬을 만한 곳은 서너 곳에 불과하다.

・ 彼(かれ)は いわゆる「知識人(ちしきじん)」と 呼(よ)ばれる 人(ひと)だ。

그는 소위 '지식인'이라고 불리는 사람이다.

⑦ **ある** 어떤

- むかしむかし ある 村に 金太郎という 人が 住んでいました。
  옛날 옛날 어느 마을에 킨타로라는 사람이 살고 있었습니다.

- ある 日 山へ たきぎを とりに 出かけた 時の ことです。
  어느 날 산에 나무를 하러 갔을 때의 일입니다.

⑧ **明くる** 다음의

- 明くる 日 目を 覚ました おばあさんは びっくりしました。
  다음날 잠에서 깨어난 할머니는 깜짝 놀랐습니다.

- 明くる 年に かわいい 男の子が 生まれました。
  이듬해에 귀여운 사내아이가 태어났습니다.

大きい・小さいと 大きな・小さな

① 「大きい・小さい」는 형용사로 '크다/작다'란 뜻이고 「大きな・小さな」
는 '커다란/자그마한'이라는 뜻의 연체사이다.

② 「大きな・小さな」가 ナ형용사의 명사수식형과 같은 형태를 하고 있어서
'크다・작다'를 「大きだ・小さだ」로 잘못 쓰는 경우가 많으므로 주의해
야 한다.

3 どんな ~ですか 어떤 ~입니까?

point

「どんな」는 '~어떤'이란 뜻으로 사물의 모양이나 특징을 물을 때
쓰는 말인데, 사람에 대해 쓰면 그 사람의 외모나 성격 등을 묻는
말이 된다.

A : 先生は どんな 方ですか。

선생님은 어떤 분입니까?

B : とても 親切で やさしい 方です。

매우 친절하고 자상하신 분입니다.

A : キムチは どんな 食べ物ですか。

김치는 어떤 음식이에요?

B : 白菜に ヤンニョムを 加えて 発酵させた 食べ物です。

배추에 양념을 해서 발효한 음식이에요.

| たいした | どんな | こんな | いろんな | だれの |

1. 이 가방은 누구 것이에요?

   この かばんは ＿＿＿＿＿＿ですか。

2. 여자친구는 어떤 사람이에요?

   彼女(かのじょ)は ＿＿＿＿＿＿ 人(ひと)ですか。

3. 이런 사건은 처음이다.

   ＿＿＿＿＿＿ 事件(じけん)は 初(はじ)めてだ。

4. 여러 국가로부터 참가 신청이 이어졌다.

   ＿＿＿＿＿＿ 国(くに)から 参加申請(さんかしんせい)が 相次(あいつ)いだ。

5. 대단한 것도 아닌데… 쑥스럽다.

   ＿＿＿＿＿＿ ことでもないのに… 照(て)れるな。

08. 부사에 대해

부사(副詞)란?

동사나 형용사에 대해 상태나 상황, 정도 등을 나타내는 말을 부사라고 한다. 우리말의 '매우', '퍽'과 같은 말로 흔히 동사나 형용사만을 수식한다고 생각하지만, 의외로 명사나 다른 부사를 수식하기도 한다.

1 일반적인 부사

point 동사나 형용사를 수식하는 일반적인 부사를 말한다.

- 急に 暗く なりました。(「急だ」의 부사형)

 갑자기 어두워졌습니다.

- ゆっくり 話して ください。

 천천히 말해 주세요.

- コンピューターは たいへん 便利です。

 컴퓨터는 매우 편리합니다.

- 健康の ために 水を たくさん 飲んだ 方が いいですよ。

 건강을 위해 물을 많이 마시는 편이 좋아요.

2 뒷말과 짝을 이루는 부사

point 부사 다음에 오는 말이 정해져 있는 경우다. 우리말에도 '결코 …할 수 없다'처럼 서로 짝을 이루는 말이 있는데 관용구로 같이 외워두는 것이 좋다.

- けっして 忘れる ことは でき<ruby>忘<rt>わす</rt></ruby>れる ことは できません。
  결코 잊을 수는 없습니다.

- 田中さんも たぶん 来るでしょう。
  다나카 씨도 아마 올 거에요.

- どうか/とうぞ ご了承ください。
  부디 양해해 주십시오.

- ここで 見ると 自動車が まるで おもちゃのようですね。
  여기서 보니까 자동차가 마치 장난감 같아요.

- もし、雨が 降ったら やめましょう。
  만약 비가 오면 하지 맙시다.

- このままで 行くと 失業率は おそらく 5%に 上がるだろう。
  이대로 가면 실업률이 아마 5%로 오를 것이다.

- あの 映画は ぜんぜん おもしろくない。
  저 영화는 전혀 재미있지 않다.

- 今度は ぜひ 私の 家に 遊びに 来てください。
  다음에는 꼭 우리 집에 놀러 오세요.

- とても ありえない ことだ

  도저히 있을 수 없는 일이다.

  (とても는 긍정에서는 '아주', 부정에서는 '도저히'란 뜻.)

- 彼の 話は とうてい 理解できない。

  그의 얘기는 도저히 이해할 수가 없다.

- 準備万端ですから、まさか 失敗する ことは ないでしょう。

  준비완료이니까 설마 실패하는 일은 없겠지요.

- たとえ 両親が 反対しても、私は 彼と 結婚する。

  설령 부모님이 반대하더라도 난 그와 결혼할 거야.

おそらくと たぶん

「おそらく」와 「たぶん」은 둘 다 '아마'라는 뜻이지만, 「おそらく」는 그런 일이 일어나지 않았으면 좋겠지만 아마 (필시)그럴 것이라는 약간 부정적인 뉘앙스가 들어 있다. 여기에 비해 「たぶん」은 긍정, 부정 상관없이 일반적인 추측을 나타낼 때 쓸 수 있다.

3 명사를 수식하는 경우

point 부사 중에는 명사를 수식하는 부사도 있는데, 이 때 명사에는
주로 장소나 방향, 수량 등을 나타내는 말이 온다. 명사를 수
식하는 부사라고 해서 명사만을 수식하는 것은 아니며 일반적
으로 동사를 수식하지만, 명사도 수식할 수 있다는 뜻이다.

• 事務所は 銀行の すぐ となりに あります。
사무실은 은행 바로 옆에 있습니다.

• 山の 頂に 着いたのは たった(わずか) 3人でした。
산 정상에 도착한 것은 겨우 세 사람이었습니다.

> たった(겨우)는
> 동사를 수식하기보다는 주
> 로 명사를 수식한다. 이밖에
> 「たったいま(지금 막)」도
> 자주 쓰인다.

A : ここですか。
여기요?

B : いいえ、もっと 右側です。
아뇨, 좀더 오른쪽이에요.

A : 田中さんは 佐藤さんと おないどしですか。
다나카 씨는 사토 씨랑 동갑이에요? (おないどし : 동갑)

B : いいえ、佐藤さんの 方が ずっと 上です。
아뇨, 사토 씨가 훨씬 위에요.

4 부사를 수식하는 경우

point 부사가 또 다른 부사를 꾸미는 경우이다.

- もっと ゆっくり 話してください。
  좀더 천천히 말해 주세요.

- むしめがねで 見ると ずっと はっきり 見えます。
  현미경으로 보면 훨씬 분명하게 보입니다.

5 형용사의 부사형

point 「い」를 떼고 「く」를 붙인 형태, ナ형용사는 「だ」를 떼고 「に」를 붙인 것이 부사형이다. 동사를 수식한다.

| イ형용사 | → | 早い | 빠르다, 이르다 | → | 早く | 빨리, 일찍 |
| ナ형용사 | → | きれいだ | 예쁘다, 깨끗하다 | → | きれいに | 예쁘게, 깨끗하게 |

- さくらの 花が きれいに 咲いている。
  벚꽃이 예쁘게 피어 있다.

- もっと 早く 走れ。
  더 빨리 달려라.

#check

「近く」와「遠く」

모양은 부사형이지만「近く」는 '근처, 가까이',「遠く」는 '멀리'란 뜻으로 명사로 쓰인다.

・学校の 近くに 公園が あります。　학교 근처에 공원이 있습니다.

・コンタクトを すると 遠くまで よく 見えます。
　콘텍트렌즈를 끼면 멀리까지(먼 곳까지) 잘 보인다.

확인문제　다음 빈칸에 들어갈 말을 써 넣으세요.

もし	とても	まさか	たぶん	もっと
けっして	たった	まるで	ぜひ	ても

1. 지하철은 매우 편리합니다.

　地下鉄は ＿＿＿＿＿ 便利です

2. 비가 내려도 아마 갈 거예요.

　雨が 降っても ＿＿＿＿＿ 行くでしょう。

3. 더 큰 소리로 말해 주세요.

　＿＿＿＿＿ 大きい 声で 話して ください。

4. 이번 시험에 합격한 사람은 겨우 두 명밖에 없었다.

今回の 試験に 合格した 人は ＿＿＿＿＿＿ 二人しか いなかった。

5. 마치 자기가 위인인 것 같은 말투로 말한다.

＿＿＿＿＿＿ 自分が 偉人の ような 口調で 話す。

6. 설령 제가 희생이 되더라도 자식만은 살리고 싶어요.

たとえ 私が 犠牲に なっ＿＿＿＿＿＿ 子供だけは 助けたいです。

7. 설마 그가 우리를 배신할 일은 없겠지요.

＿＿＿＿＿＿ 彼が 私 達を 裏切る ことは ないでしょう。

8. 결코 포기할 수는 없습니다.

＿＿＿＿＿＿ あきらめる ことは できません。

9. 결혼식에는 꼭 참석해 주세요.

＿＿＿＿＿＿ 結婚式には 参席して ください。

10. 만약 성적이 오르면 뭐든지 사 주마.

＿＿＿＿＿＿ 成績が 上がったら、何でも 買って あげよう。

 정답 1. とても   2. たぶん   3. もっと   4. たった
5. まるで   6. ても   7. まさか
8. けっして   9. ぜひ   10. もし

09. 존재문 あります와 います

	물건	동물	사람
의문	なにが　무엇이	なにが　무엇이	だれが　누가
설명	あります　있습니다	います　있습니다	います　있습니다
	ありません 없습니다	いません 없습니다	いません　없습니다

1 존재문의 구성 ~は ~に あります/います

> **point**
>
> 우리말에서는 사람이나 사물이나 모두 '있다'로 표현하는데, 일본어에서는 사람이나 동물처럼 살아 움직이는 것은 「いる(있다)」, 책상이나 의자와 같은 사물은 「ある(있다)」로 표현하는 것이 우리말과 다르다.

> **point**
>
> 「に」는 '~에'라는 뜻의 조사로, 조사 앞에는 장소를 나타내는 말이 온다.

《장소나 위치를 나타내는 말》

ここ	こっち	こちら	이곳, 이쪽
そこ	そっち	そちら	그곳, 그쪽
あそこ	あっち	あちら	저곳, 저쪽
上^{うえ}	下^{した}		위 · 아래
前^{まえ}	後ろ^{うし}		앞 · 뒤
右^{みぎ}	左^{ひだり}		오른쪽 · 왼쪽
横^{よこ}			옆
側^{そば}			곁
隣^{となり}			옆, 이웃
所^{ところ}			(~이 있는) 곳

존재문

よこ · となり · そば

모두 '옆'이란 뜻인데, 「よこ」는 횡적인 느낌, 즉 가로선상에 있는 것을 말할 때 쓰고, 「となり」는 '이웃'이란 뜻도 있는데, 비슷한 크기의 것이 늘어서 있을 때 주로 건물이나 가구, 사람 등에 쓴다. 「そば」는 방향과 상관 없이 '곁'에, 즉 가까이 있다는 느낌이 강하다.

· よこに 立って^た ください。	옆으로 서 주세요.
· となりの 人^{ひと}	옆 사람
· となりの トトロ。	이웃집 토토로
· あなたの そばに いるわ。	당신 곁에 있겠어요.

2 존재문의 기본문형

point 부정으로 답할 때는 조사「は」가 들어간다.

A : あの 新しい ビルの 地下に 何が ありますか。
저 새 빌딩 지하에 무엇이 있습니까?

B : 駐車場が あります。
주차장이 있습니다.

A : あの ビルの 後ろにも 駐車場が ありますか。
저 빌딩 뒤에도 주차장이 있습니까?

B : いいえ、後ろには 何も ありません。
아뇨, 뒤에는 아무것도 없습니다.

A : ポストは どこに ありますか。
우체통은 어디에 있습니까?

B : 銀行の すぐ 前に あります。
은행 바로 앞에 있습니다.

'~에 있습니다'라고 위치를 말할 때「~に あります」대신 간단하게「~です」라고도 할 수 있다. 물론 질문도「どこに ありますか」대신「どこですか」(어디예요?)로 하기도 한다.

A : トイレは どこですか。   화장실은 어디예요? / 어디에 있어요?
B : あそこです。   저기예요.

---

3 행사, 동작, 활동의 존재

| point | 물건의 존재를 나타낼 때는 장소를 나타내는 말 뒤에 조사 「に (에)」가 오지만, 행사나 동작 등을 나타낼 때는 조사 「で(에서)」를 쓴다.

・会議室(かいぎしつ)に ビデオカメラが あります。
　회의실에 비디오 카메라가 있습니다.

・会議室(かいぎしつ)で ビデオの 撮影(さつえい)が あります。
　회의실에서 비디오촬영이 있습니다.

・家(いえ)に 犬(いぬ)が 1匹(いっぴき) います。
　집에 개가 한 마리 있습니다.

・家(いえ)で 犬(いぬ)を 1匹(いっぴき) 飼(か)っています。
　집에서 개를 한 마리 키우고 있습니다.

4 소유를 나타낼 때

| point | 자식이나, 형제, 친구 등이 있다, 없다고 할 때(소유문)는 사람이라 하더라도 「ある」를 쓸 수 있다.

・私(わたし)には 弟(おとうと)1人(ひとり)と 妹(いもうと)2人(ふたり)が あります/います。
　나에게는 남동생 한 명과 여동생 두 명이 있습니다.

・彼(かれ)は 奥(おく)さんも 子供(こども)も ある/いる 身(み)だ。
　그는 부인도 자녀도 있는 몸이다.

※ ある・いる 중 적당한 말을 넣으세요.

1. 집에는 게임기가 있다.

家には ゲーム機が _____。

2. 여기에 귀신이 있다는 소문이 있다.

ここに 幽霊が _____という うわさが ある。

3. 의자 밑에 지우개가 있습니다.

椅子の 下に けしゴムが _____。

4. 집에는 어머니가 있습니다.

家には お母さんが _____。

5. 나에게는 언니(누나)가 두 명 있습니다.

私には 姉が 二人 _____。

정답 1. ある   2. いる   3. あります   4. います   5. あります/います

5 「何が ありますか」와 「何か ありますか」

point

「何が」는 '무엇이'라는 뜻으로, 무엇이 있냐고 물어볼 때 쓰는 말이고, 「何か」는 '무엇인가'라는 뜻으로 있는지 없는지 존재여부를 묻는 표현이다. 「に」는 '~에'라는 뜻의 조사로, 조사 앞에는 장소를 나타내는 말이 온다.

❶ 「何が」의 질문과 「何か」의 질문

point 「何が~」로 물었을 때는 직접 「~が」로 대답하고, 「何か~」로 물었을 때는 일단 「はい/いいえ」로 대답해야 한다.

何が 질문
A : 何が ありますか。
무엇이 있습니까?
B : 電話が あります。
전화가 있습니다.

何か 질문
A : 何か ありますか。
무언가 있습니까?
B : はい、あります。
예, 있습니다.

존재문

❷ 부정의 경우

point 「～か」의 질문에 대해 부정으로 대답할 때는 조사 「～が」대신 「も」를 쓴다.

A : ひきだしの 中<small>なか</small>に 何<small>なに</small>か ありますか。
서랍 속에 무언가가 있습니까?

B : いいえ、何<small>なに</small>も ありません。
아니요, 아무것도 없습니다.

---

❸ 부정의 대답에 쓰이는 「も」

A : 部屋<small>へ や</small>の 中<small>なか</small>に だれか いますか。
방 안에 누군가 있습니까?

B : いいえ、だれも いません。
아니요, 아무도 없습니다.

A : テニスコートに だれか いますか。
테니스 코트에 누군가 있습니까?

B : いいえ、だれも いません。
아니요, 아무도 없습니다.

A : どこかに いい 喫茶店が ありますか。
어디 좋은 찻집이 있습니까?

B : いいえ、どこにも ありません。
아니요, 아무데도 없습니다.

질 문		대 답	
なにか(が)	무엇인가	なにも	어떤 것도/아무것도
なにか(を)	무엇인가를	なにも	어떤 것도/아무것도
なにかに	무엇인가에	なににも	어떤 것에도/아무것에도
なにかから	무언가로부터	なにからも	어떤 것으로부터도
だれか(が)	누군가가	だれも	아무도, 누구도
だれか(を)	누군가를	だれも	아무도, 누구도
だれかに	누군가에게	だれにも	아무에게도, 누구에게도
だれかから	누군가로부터	だれからも	아무에게도, 누구로부터도
どこか(が)	어딘가	どこも	아무데도
どこか(を)	어딘가를	どこも	아무데도
どこかに	어딘가에	どこにも	어디에도
どこかへ	어딘가에	どこへも	어디에도
どこかから	어딘가로부터	どこからも	아무곳으로부터도

존재문

다음 빈칸에 들어갈 말을 써 넣으세요.

---

1. A : 部屋の 中に _____ いますか。

   방 안에 누구 있어요?

   B : いいえ、_____ いません。

   아뇨, 아무도 없어요.

2. A : 田中さん、_____ 飲みませんか。

   다나카 씨, 뭐 마실래요?

   B : ええ、いいですよ。何を 飲みましょうか。

   네, 좋아요. 무엇을 마실까요?

3. A : 今日、_____ チョコレート もらったの?

   오늘 누구한테서 초콜릿 받았어?

   B : いや、_____ もらわなかった。

   아니, 아무한테도 안 받았어.

4. A : こんな 日には、_____ 行きたくなりますね。

   이런 날에는 어딘가 가고 싶어지죠?

   B : そうですね、_____ 行きましょうか。

   그러게요. 어딘가 갈까요?

5. A : _____ 変な 音が 聞こえない?

어딘가로부터 이상한 소리가 들리지 않니?

B : いや、_____ 聞こえないけど…。

아니, 아무곳으로부터도 안 들리는데….

6. A : バレンタインデーの 日 _____

チョコレート あげますか。

발렌타인데이 날, 누군가에게 초콜릿을 줄 거예요?

B : いいえ、_____ あげませんけど…。

아니, 아무한테도 안 줄 건데요.

7. A : 夏休みに _____ 行ってきましたか。

여름방학 때 어디 다녀왔어요?

B : いいえ、_____ 行きませんでした。

아니요, 아무데도 안 갔어요.

8. A : 机の 上に _____ ありますか。

책상 위에 뭐가 있어요?

B : 教科書と 写真が あります。

교과서와 사진이 있어요.

정답 1. だれか/だれも   2. 何(なに)か
3. だれかから/だれからも   4. どこか/どこか
5. どこかから/どこからも   6. だれかに/だれにも
7. どこかへ(どこかに)/どこへも(どこにも) 8. 何(なに)が

10. 동사문

일본어 동사의 특징

일본어의 동사는 끝음이 모두 [u]음으로 끝난다. 즉, 동사의 끝부분(어미:바뀌는 부분)은 「う・く(ぐ)・す・つ・ぬ・ぶ・む・る」 중의 하나로 끝나는데, 동사는 다시 형태에 따라 1류동사와 2류동사 그리고 3류동사(변격동사)로 분류된다. 동사의 형태를 보고 어느 그룹에 속하는지를 알아야 한다.

1 동사의 종류와 구별법

▌point   일본어의 동사는 끝음이 모두 [u]음으로 끝나는데 동사의 모양에 따라 세 가지로 나눌 수 있다.

1류동사(5단동사)
「る」로 끝나지 않는 모든 동사와 「る」 앞의 음이 [i]나 [e]가 아닌 것.
買う(사다) 待つ(기다리다) 売る(팔다) 등.

2류동사(1단 동사) … 「る」로 끝나고 앞의 음이 [i]나 [e]인 것.
見る(보다) 食べる(먹다) 등.

3류동사(불규칙동사) … 활용이 불규칙적이다. 변격동사라고도 하는데 「来る」와 「する」 두 개 뿐이다.

《동사의 활용법》

	1류동사(5단동사)	2류동사(상1단 · 하1단)		3류동사(불규칙동사)	
기본형	かく 쓰다	みる 보다	たべる 먹다	来る 오다	する 하다
ます형	かきます	みます	たべます	きます	します
ない형	かかない	みない	たべない	こない	しない
명사수식형	かく 時	みる 時	たべる 時	くる 時	する 時
가정형	かけば	みれば	たべれば	くれば	すれば
명령형	かけ	みろ	たべろ	こい	しろ
의지형	かこう	みよう	たべよう	こよう	しよう

① 학교문법에서는 ない를 미연형, ます형을 연용형, 명사수식형을 연체형 이라고 부른다.

② 「あう」와 같이 「う」로 끝나는 동사는 ない형으로 바뀔 때 「ああない」가 아니라 「あわない」가 되는 점에 주의하자.

③ ます(~니다) ない(~지 않다) ば(~면) う · よう(~하자 ~할까)는 조 동사로서, 동사에 연결될 때 어미가 바뀌는 모양에 따라 ます형, ない 형, 가정형, 의지형 등의 이름이 붙은 것이다.

2 1류동사(5단동사)

point

1류동사는 흔히 5단동사라고도 하는데, 5단동사라고 하는 이유는 あ・い・う・え・お의 5단에 걸쳐 어미가 활용하기 때문이다. 「る」로 끝나지 않는 모든 동사와 「る」로 끝나지만 「iる」나 「eる」로 끝나지 않는 동사가 여기에 해당한다.

買_かう 사다	行_いく 가다	脱_ぬぐ 벗다
話_{はな}す 말하다	立_たつ 서다	死_しぬ 죽다
飛_とぶ 날다	読_よむ 읽다	売_うる 팔다

point 예외로 다음 동사는 「iる」 「eる」로 끝나지만 1류동사에 속하는 것들이다.

知_しる 알다	走_{はし}る 달리다	切_きる 자르다
帰_{かえ}る 돌아오다	減_へる 줄다	照_てる 비추다

별색은 시험에
잘 나오는
단골 단어

2 1류동사(5단동사)

point

1류동사는 흔히 5단동사라고도 하는데, 5단동사라고 하는 이유는 あ・い・う・え・お의 5단에 걸쳐 어미가 활용하기 때문이다. 「る」로 끝나지 않는 모든 동사와 「る」로 끝나지만 「iる」나 「eる」로 끝나지 않는 동사가 여기에 해당한다.

買(か)う 사다	行(い)く 가다	脱(ぬ)ぐ 벗다
話(はな)す 말하다	立(た)つ 서다	死(し)ぬ 죽다
飛(と)ぶ 날다	読(よ)む 읽다	売(う)る 팔다

point 예외로 다음 동사는 「iる」 「eる」로 끝나지만 1류동사에 속하는 것들이다.

知(し)る 알다	走(はし)る 달리다	切(き)る 자르다
帰(かえ)る 돌아오다	減(へ)る 줄다	照(て)る 비추다

별색은 시험에
잘 나오는
단골 단어

3 2류동사(상1단동사·하1단동사)

point

「iる」나 「eる」로 끝나는 동사가 여기에 해당한다. 「iる」로 끝나는 것은 상1단동사라고도 하고, 「eる」로 끝나는 동사는 하1단동사라고도 하는데, あ・い・う・え・お단에서 う단을 중심으로 위에 있는 것(상1단)과 아래에 있는 것(하1단)에서 나온 말이다.

「iる」	…	見る 보다	いる 있다	起きる 일어나다
「eる」	…	食べる 먹다	開ける 열다	かける 걸다

4 3류동사(불규칙동사)

point

활용형이 불규칙하다고 해서 불규칙동사, 또는 변격동사라고 한다. 「来る(오다)」와 「する(하다)」 두 개밖에 없는데, 단 「한자어 + する」로 된 단어도 여기에 포함된다.

来る 오다	する 하다
勉強する 공부하다	ひっこしする 이사하다

동
사

書く　(①) … る로 끝나지 않았으므로 1류동사

取る　(①) … る로 끝나지만 る 앞의 음이 [i]나 [e]가 아니므로 1류동사

1. 読む　(　　　)

2. 話す　(　　　)

3. かける　(　　　)

4. しめる　(　　　)

5. 飛ぶ　(　　　)

6. 立つ　(　　　)

7. 帰る　(　　　)

8. 勉強する　(　　　)

9. 行く　(　　　)

10. 切る　(　　　)

동사의 기본형을 보고
어느 그룹에 속하는지 알아야, ます형
이나 음편형 등 헤매지 않습니다.
첫번째는 법칙을 익히고
예외 단어를 외워두면
두고두고 편합니다.

정답　1. ①　　　2. ①　　　3. ②　　　4. ②　　　5. ①
　　　6. ①　　　7. ①　　　8. ③　　　9. ①　　　10. ①

5 ます형(연용형)

A	あ	か(が)	さ	た	な	ば	ま	ら
I	い	き(ぎ)	し	ち	に	び	み	り
U	う	く(ぐ)	す	つ	ぬ	ぶ	む	る
E	え	け(げ)	せ	て	ね	べ	め	れ
O	お	こ(ご)	そ	と	の	ぼ	も	ろ

➡ ます형

【도표보는 법】

う단을 기준으로 동사의 '어미 음'을 정리한 것이다. く・ぐ는 行く처럼 く나 ぐ로 끝나는 동사, ぶ는 呼ぶ처럼 ぶ로 끝나는 동사를 나타낸다. 고어에서는 ふ로 끝나는 말도 있었지만 현대어에서는 ふ로 끝나는 동사는 잘 쓰이지 않는다.

> **point** ます형은 동사 활용에서 가장 기본적인 활용으로, 조동사 ます가 올 때 앞의 동사의 모양이 바뀌는데 이 형태를 ます형(또는 연용형)이라고 한다. 동사의 ます형에는 ます뿐만 아니라 ました, ません, ませんでした, ませんか 등 ます형에 붙는 말들이 올 수 있다.

동
사

#check

ます형에 붙는 말 ex)買う 사다

買います	삽니다	買いました	샀습니다
買いません	사지 않습니다	買いませんか	사지 않겠어요?
買いませんでした	사지 않았습니다	買いましょう	삽시다
買いながら	사면서	買いたい	사고 싶다

❶ 「～ます」 (～니다)의 의미

- 반복, 습관적 동작이나 작용
- 일반적인 진리
- 가까운 미래의 동작이나 작용

> 일반적으로 「～ます」는 현재형이라고도 부르지만, 엄밀히 말하면 「～ます」가 꼭 현재의 시제를 나타내는 것은 아니다.

❷ ます형으로 바꾸는 방법

point **1류동사** : 끝음 [u]음을 [i]음으로 바꾼다.

買う	사다	→	買います	삽니다
行く	가다	→	行きます	갑니다
呼ぶ	부르다	→	呼びます	부릅니다
帰る	돌아가다	→	帰ります	돌아갑니다

point **2류동사** : 끝의 「る」를 떼고 「ます」를 붙인다.

借りる	빌리다	→	借ります	빌립니다
食べる	먹다	→	食べます	먹습니다

point **3류동사** : 불규칙하므로 다음 형태를 외우면 된다.

来る	오다	→	来ます	옵니다
する	하다	→	します	합니다
勉強する	공부하다	→	勉強します	공부합니다

※ 다음 동사를 예와 같이 바꾸어 보세요.

行く → 行きます → 行きません → 行きました → 行きませんでした
가다   갑니다   가지 않습니다   갔습니다   가지 않았습니다

1. 飲む → _____ → _____ → _____ → _____
   마시다

2. 書く → _____ → _____ → _____ → _____
   쓰다

3. 泳ぐ → _____ → _____ → _____ → _____
   헤엄치다

4. 遊ぶ → _____ → _____ → _____ → _____
   놀다

5. 聞く → _____ → _____ → _____ → _____
   묻다, 듣다

6. 寝る → _____ → _____ → _____ → _____
   자다

7. 起きる → _____ → _____ → _____ → _____
   일어나다

8. する → _____ → _____ → _____ → _____
   하다

9. 来る → _____ → _____ → _____ → _____
   오다

11. 동사문의 기본구조

1 타동사의(구체적 동작) 문형

point 타동사는 목적어를 필요로 하는 동사를 말한다.

행위자	시간	장소	타동사(동작)
だれが (누가)	何時<ruby>なんじ</ruby>に 몇 시에 いつ 언제	どこで 어디에서	何<ruby>なに</ruby>を 무엇을
田中さんは 다나카 씨는	7時<ruby>じ</ruby>に 7시에	レストランで 레스토랑에서	食事<ruby>しょくじ</ruby>を します 식사를 합니다

- 毎晩<ruby>まいばん</ruby> 8時<ruby>じ</ruby>から 9時<ruby>じ</ruby>まで テレビを 見<ruby>み</ruby>ます。

  매일 밤 8시부터 9시까지 TV를 봅니다.

- 昨日<ruby>きのう</ruby> ソウルランドで 写真<ruby>しゃしん</ruby>を 撮<ruby>と</ruby>りました。

  어제 서울랜드에서 사진을 찍었습니다.

- 先週<ruby>せんしゅう</ruby>の 土曜日<ruby>どようび</ruby>に デパートで 買<ruby>か</ruby>い物<ruby>もの</ruby>を しました。

  지난주 토요일에 백화점에서 쇼핑을 했습니다.

2 동사문의 기본 구조

point 동사문은 '~가 ~을 합니다'와 같은 구조를 이루고, 많이 쓰이는 조사는 다음과 같다.

【주제】	は	은/는	【동작동사】	
【대비】	も	도	~ます	합니다
【주체】	が	이/가	~ません	하지 않습니다
【특정시간】	に	에	~ました	했습니다
【시간과 장소의 출발점】	から	에서/부터	~ますか	합니까?
【시간과 장소의 도착점】	まで	까지	~ませんでした	하지 않았습니다
【방향】	へ, に	에/로	~ませんか	하지 않겠습니까?
【함께】	と	와/과	~ましたか	했습니까?
【행위의 대상】	に	에게	~ませんでしたか	하지 않았습니까?
【행위의 목적】	に	하러	~ましょう	합시다
【이유/원인】	で	에서	~ましょうか	할까요?
【수단】	で	로		
【장소】	で	에서		
【목적】	を	을/를		

꼭 알아두어야 할 조사들!!

동
사

12. 자동사(이동을 나타내는 말)

1 왕래

~へ ~에, 로	行^いく 가다
~から 로부터	来^くる 오다
~まで 까지	帰^{かえ}る 돌아가다

point '~에 가다, 오다, 돌아가다(돌아오다)'와 같은 왕래를 나타내는 문형인데, 출신이나 출발점을 나타낼 때에는 「~から来る」(~에서/로부터 오다)와 같이 조사 「から」를 쓴다.

- 友達^{ともだち}と いっしょに 福岡^{ふくおか}へ 行^いきます。
  친구들과 함께 후쿠오카에 갑니다.

- 東京^{とうきょう}から 名古屋^{なごや}まで 新幹線^{しんかんせん}で 行^いきました。
  도쿄에서 나고야까지 신칸센으로 갔습니다.

- 九州^{きゅうしゅう}から 来^きました。
  큐슈에서 왔습니다.

2 왕래의 목적

~は ~은　(장소) へ 에　~に ~하러　行_いきます 갑니다
　　　　　　　　　　　　　　　　来_きます 옵니다
　　　　　　　　　　　　　　　　帰_{かえ}ります 돌아갑니다

■ point 「Nに」의 조사 に는 '~하러'라는 뜻으로 목적을 나타낸다. N에
　　　는 동사의 ます형이 오거나 「する」를 붙여서 동사가 되는 명사
　　　가 오는데 대개 한자어이다.

• 私_{わたし}は 明日_{あした} サッカーの ゲームを 見_みに オリンピック競技場_{きょうぎじょう}へ

　行_いきます。

　나는 내일 축구게임을 보러 올림픽 경기장에 갑니다.

• 鈴木_{すずき}さんは 韓国_{かんこく}へ 何_{なに}を しに 来_きましたか。

　스즈키 씨는 한국에 무엇을 하러 왔습니까?

• 韓国語_{かんこくご}を 勉強_{べんきょう}しに 来_きました。

　한국어를 공부하러 왔습니다.

동
사

A：ミナさんは 日本へ 何を しに 行きましたか。
　　미나 씨는 일본에 무엇을 하러 갔습니까?

B：日本語を 勉強しに 行きました。
　　일본어를 공부하러 갔습니다.

3 「勉強を する」와 「勉強する」

point　「勉強を する(공부를 하다)」・「勉強する(공부하다)」와 같이
　　　　　조사를 넣어도 되고 안 넣어도 되는 말은 「に(~하러)」가 연결
　　　　　될 때 각각 다음과 같이 바뀐다.

- 私は　　　日本語の 勉強を　　　　します。
　나는　　　일본어 공부를　　　　　합니다.

- 私は　　　日本語を　　　　　　　勉強します。
　나는　　　일본어를　　　　　　　공부합니다.

- 私は　　　日本語の 勉強に　　　　日本へ 行きます。
　나는　　　일본어 공부하러　　　　일본에 갑니다.

- 私は　　　日本語を 勉強しに　　　日本へ 行きます。
　나는　　　일본어를 공부하러　　　일본에 갑니다.

4 조사 「に」와 함께 쓰는 자동사

point 조사 「に」는 주로 '~에'라는 뜻으로 쓰이지만, 「~に乗る(~을 타다)」, 「~に会う(~를 만나다)」와 같이 '~을/를'의 뜻으로 해석되는 것도 있다.

~に	立つ	~에 서다	~に	勤める	~에 근무하다
~に	すわる	~에 앉다	~に	着く	~에 도착하다
~に	とまる	~에 멈추다	~に	乗る	~을 타다
~に	住む	~에 살다	~に	会う	~를 만나다
~に	入る	~에 들어가다	~に	のぼる	~에(을) 오르다
~に	出る	~가 나오다	~に	おく	~에 두다

> 별색은 시험에 잘 나오는 단골 단어

• 私は 銀行に 勤めて います。
  나는 은행에 근무하고 있습니다.

• 毎朝 バスに 乗って 学校へ 行きます。
  매일 아침 버스를 타고 학교에 갑니다.

• ここを まっすぐ 行くと 駅に 出ます。
  여기를 곧장 가시면 역이 나옵니다.

동
사

1. 내일 친구를 만나러 서울에 갑니다.

　明日 友達 _____ 会いに ソウルへ 行きます。

2. 저는 신촌에 살고 있습니다.

　私は シンチョン_____ 住んでいます。

3. 극장에 영화를 보러 왔습니다.

　映画館へ 映画を 見 _____ 来ました。

4. 친구가 TV에 나왔습니다.

　友達が テレビ _____ 出ました。

5. 다음 코너에서 왼쪽으로 가면 역이 나옵니다.

　つぎの 角を 左に 行けば 駅 _____ 出ます。

6. 백화점에 쇼핑하러 갑니다.

　デパートへ 買い物 _____ 行きます。

7. 여기까지 뛰어 왔습니다.

　ここ _____ 走って 来ました。

정답	1. に	2. に	3. に	4. に
	5. に	6. に	7. まで	

13. 권유 · 제안표현

1 권유표현 : ~ませんか · ~ましょうか · ~ましょう

point 상대방에게 '~하자'고 권유하는 표현이다. 동사의 ます형에 접속하며, 표에서 아래로 내려갈수록 적극적인 권유표현이 된다고 보면 된다.

강제성	권유표현	같이 쓸 수 있는 의문사
임의 ↓ 강제	~ませんか ~하지 않으실래요?	何か · どこか … 뭔가 · 어딘가
	~ましょうか ~할까요?	いつ · どこで … 언제 · 어디서
	~ましょう ~합시다	

point 「~ませんか」로 물었을 때 긍정대답은 「ええ、~ましょう。」또는 「ええ、いいですよ。」(네, 좋아요)로 하고, 부정대답은 다음과 같이 표현한다.

OK! 「ええ、~ましょう。」   네, ~합시다.

NO! 「~は ちょっと… 」   ~은 좀…

「~は ちょっと 都合が 悪いんですが…」

~은 조금 사정이 나쁩니다만…

회화의 흐름상 「~ませんか(~하지 않겠어요?)」로 상대방에게 Yes인지 No인지를 확인하고, 상대방의 Yes를 확인하고 나서 「~ましょうか(~할까요?)」하고 상대방에게 의견을 묻는 것이 자연스럽다.

❶ YES의 경우

A : 今度の日曜日に 友達と 一緒に テニスを するんですが、
森さんも 行きませんか。
이번 일요일에 친구와 함께 테니스를 합니다만, 모리 씨도 가지 않을래요?

B : いいですね。
좋습니다.

A : じゃ、どこで 会いましょうか。
그럼, 어디에서 만날까요?

B : どこでも いいですよ。
어디라도 좋아요.

❷ NO의 경우

A : あさって 映画を 見に 行きませんか。
모레 영화를 보러 가지 않겠습니까?

B : すみません。あさっては、ちょっと 都合が 悪いんです。
죄송해요. 모레는 좀 시간이 안 되는데요.

A : もう12時ですね。昼ごはんを 食べに 行きませんか。
벌써 12시네요. 점심식사하러 가지 않겠습니까?

YES의 경우	NO의 경우
B : ええ、行きましょう。 네, 가요.	B : まだ ちょっと…。 아직 좀….
A : おすしは どうですか。 초밥은 어떻습니까?	どうぞ おさきに。 먼저 가세요.
B : いいですね。 좋아요.	A : じゃ、おさきに。 그럼 먼저 갈게요.
A : それじゃ、行きましょう。 그럼, 갑시다.	

동
사

A : 何時が いいですか。

몇 시가 좋겠습니까?

B : 何時でも いいですけど…。

몇 시라도 좋습니다만….

A : どこへ 行きましょうか。

어디로 가시겠습니까?

B : どこでも いいですよ。

어디라도 좋아요.

#check

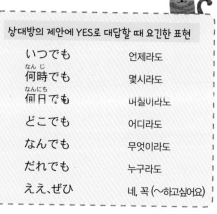

상대방의 제안에 YES로 대답할 때 요긴한 표현	
いつでも	언제라도
何時でも	몇 시라도
何月でも	며칠이라도
どこでも	어디라도
なんでも	무엇이라도
だれでも	누구라도
ええ、ぜひ	네, 꼭 (~하고싶어요)

'좋아요'라는 뜻으로 「いいですけど」라고 하면 썩 좋지는 않은데, 할 수 없이 그렇게 하는 것 같은 느낌이 든다. 흔쾌히 말할 때는 「いいです(よ)」라고 한다.

2 　제안의 「~ましょうか」

point 　「~ましょうか」는 상대방을 위해서 자신이 어떤 행동을 해 드리겠다고 할 때도 쓸 수 있다. '~해 드릴까요?'라고 할 때 「~てあげますか」라고 하면 상대방을 위해 은혜를 베푼다는 뉘앙스가 들어 있기 때문에 「~ましょうか」로 표현하는 것이 무난하다.

A : 手伝いましょうか。
てつだ

도와 드릴까요?

B : すみません、お願いします。
ねが

미안해요. 부탁드립니다.

A : ドアを 閉めましょうか。
し

문을 닫을까요?

B : いいえ、けっこうです。

아니요, 괜찮습니다.

A : どこに 置きましょうか。
お

어디에 놓을까요?

B : すみません。テーブルの 上に 置いて ください。
うえ お

죄송하지만, 테이블 위에 놓아 주십시오.

3 충고나 부드러운 명령의 「~ましょう」

- #### 大きな 声で 練習しましょう。
  큰 목소리로 연습합시다.

- #### たばこを 吸いすぎない ように 注意しましょう。
  담배를 지나치게 피우지 않도록 주의합시다.

- #### 1年に 1回は 健康診断を 受けましょう。
  1년에 한 번은 건강진단을 받읍시다.

- #### 運転する 時は、必ず シートベルトを 締めましょう。
  운전할 때는 반드시 안전벨트를 맵시다.

14. 동사의 て형

て형이란?

동사의 て형은 1류동사에서 음편(音便)이라는 현상이 일어나는데, 글자 그대로 발음을 쉽게 내기 위해 앞의 음이 일정한 규칙에 따라 바뀌는 것을 말한다. 가령「か う(사다)」의 경우, て가 붙으면 원래는「かいて」가 되어야 하는데「かって」로 바뀌는 현상이다. 또 て형이란 て, た, たり 등「て, た」로 연결되는 형태를 말한다.

て형에 붙는 말

~て	~하고, ~해
~た	~했다
~たり	~하기도 하고

> 문법책을 찾는 가장 큰 이유중의 하나는 바로 이 '음편'에서 헤매기 때문입니다. 일단, 음편에서 확실히 하고 넘어가면 그 다음은 일사천리입니다.

동사.

1류동사	う・つ・る → **って** 어미 う・つ・る에 て가 붙을 때는 어미가 っ로 바뀐다.	買^かう 사다	→ 買って 사고, 사서
		待^まつ 기다리다	→ 待って 기다리고
		よる 들르다	→ よって 들러서
	ぬ・ぶ・む → **んで** 어미 ぬ・ぶ・む에 て가 붙을 때는 어미가 ん으로 바뀌고 뒤의 て도 で로 바뀐다.	飲^のむ 마시다	→ 飲んで 마시고
		飛^とぶ 날다	→ 飛んで 날아
		死^しぬ 죽다	→ 死んで 죽어서
	く → **いて** く는 いて로 바꾸면 된다.	書^かく 쓰다	→ 書いて 써서
		(예외) 行^いく 가다	→ 行って 가고
	ぐ → **いで**	急^{いそ}ぐ 서두르다	→ 急いで 서둘러
	す → **して**	話^{はな}す 말하다	→ 話して 말하고
2류동사	る → **て** 어미 る를 떼고 て를 붙이면 된다.	見^みる 보다	→ 見て 보고
		食^たべる 먹다	→ 食べて 먹고
3류동사	각각의 활용형을 외워두면 된다.	する 하다	→ して 하고, 해서
		来^くる 오다	→ 来^きて 오고, 와서

① 「行く」는 「く」로 끝나지만 예외로 て형은 「行いて」가 아니라 「行って」이다.
② 「す」로 끝나는 동사는 음편현상이 일어나지 않고 ます형과 같기 때문에 「して」가 된다.

2 「동사+て」

| point | 「동사 + て」는 다음 몇 가지 용법이 있는데, 번역은 '~하고'나 '~해서'로 하면 된다.

❶ **동작의 순서**　　～してから、～する　　　～하고 나서 ～하다

| point | 어떤 동작이 이루어진 다음에 다른 동작이 뒤따르는 것을 말한다.

• 朝6時に 起きて、散歩を します。

아침 6시에 일어나서 산책을 합니다.

• 朝ご飯を食べて、家を 出ます。

아침을 먹고 집을 나옵니다.

❷ **병행동작**　　　～した状態で ～する　　　～한 상태로 ～하다

| point | 하나의 동작을 하면서 동시에 다른 동작을 하는 경우이다. 일부 문장의 경우는 「ながら(~하면서)」와 바꿀 수 있다.

• 白い シャツを 着て 立っています。

흰 셔츠를 입고 서 있습니다.

• かがみを 見て(=見ながら) ひげを そります。

거울을 보고 수염을 깎습니다.

❸ 원인/이유　　　のので/から　　　　~하니까, ~해서

- 風邪を ひいて 寝ています。
  감기에 걸려 자고 있습니다.

- 用事が あって ソウルへ 行きました。
  볼일이 있어서 서울에 갔습니다.

❹ 나열

- 田中さんは 新聞を 読んで、山田さんは コーヒーを 飲んでいます。
  다나카 씨는 신문을 읽고, 야마다 씨는 커피를 마시고 있습니다.

❺ 수단/방법　　　~することによって、する　　　~함으로써, ~하다

- 働いて、借金を 返しました。
  일을 해서 빚을 갚았습니다.

- タクシーに 乗って、駅へ 行きます。
  택시를 타고 역에 갑니다.

확인문제 문장을 읽고 보기와 같은 て를 고르세요.

---

1. 雨が 降って 遅れた。

   ① シャワーを して 外出した。

   ② 熱が 出て 起きれなかった。

   ③ バスに 乗って ここまで 来た。

2. 大きな 帽子を かぶって 歩いている。

   ① あなただけを 信じて 生きている。

   ② ご飯を 食べて 勉強を する。

   ③ 電話を して 確認した。

3. 船に 乗って 済州島に 行った。

   ① 何回も CDを 聞いて おぼえた。

   ② 学校に 行って 勉強した。

   ③ 屋根から 落ちて ケガを した。

동사

정답 1. ② 원인/이유　　　　2. ① 병행동작　　　　3. ① 수단/방법

15. 동사의 「ている」형

「ている」에 대해

동사의 て형에 접속하여 보통 '~하고 있다'는 뜻으로 동사의 진행을 나타내지만, 앞에 오는 동사의 성격에 따라 상태를 나타내기도 하고, 경험을 나타내기도 한다. 또한 항상 진행형으로만 쓰는 말이 있는가 하면 진행형을 쓸 수 없는 동사도 있다.

「~ている」를 사용하는 동사	계속동사	→ 동작의 진행
	순간동사 ⎤ 결과동사 ⎦	→ 결과의 상태
「~ている」를 쓸 수 없는 동사	要る(필요하다), ある(있다)	
	できる(할 수 있다)	
	동사의 가능형	

* 순간동사 : 死ぬ(죽다), 落ちる(떨어지다), 開く(열다)와 같은 말
  계속동사 : 歩く(걷다), 飛ぶ(날다), 行く(가다)와 같은 말.

1 「~ている」의 용례

❶ 진행

• ユミさんは 今 宿題を しています。
  유미 씨는 지금 숙제를 하고 있습니다.

- 二日前から ずっと 雨が 降っています。

  이틀 전부터 줄곧 비가 내리고 있습니다.

- ゆうべは 夜 12時ごろまで 江南で 酒を 飲んでいました。

  어제 저녁은 밤 12시경까지 강남에서 술을 마시고 있었습니다.

❷ 결과의 상태

- 駐車場に 車が たくさん 止まっています。

  주차장에 차가 많이 서 있습니다.

- どの 製品にも 保証書が ついています。

  어느 제품에나 보증서가 붙어 있습니다.

- この 道路は 釜山まで 続いています。

  이 도로는 부산까지 연결되어 있습니다.

❸ 단순한 상태

> 여기 예문은
> 항상 「ている」로
> 쓰인다.

- 山が そびえています。

  산이 솟아 있습니다.

동
사

- あの 人は ビジネスマンとして 本当に 優れています。

  그 사람은 비즈니스맨으로서 정말 뛰어납니다.

- あの 子は お父さんに よく 似ていますね。

  저 아이는 아빠를 매우 닮았군요.

④ 경험

- その 話は 前から 聞いています。

  그 이야기는 전부터 들었습니다.

  > 우리말에는 없는 표현이므로 주의!

- あの 映画ですか。私は もう 見ていますよ。

  저 영화요? 나는 벌써 봤어요.

⑤ 반복적인 행동이나 습관

- 毎朝 ジョギングを しています。

  매일 아침 조깅을 하고 있습니다.

- 私は 毎日 日記を 書いています。

  나는 매일 일기를 쓰고 있습니다.

#check

> **'~하지 않고 있다'는?**
>
> '~하고 있다'는 「~している」 이다. 그렇다면 '~하지 않고 있다'는 어떻게 표현할까? 이 때는 「~しないでいる」로 표현한다.
>
> 宿題を している。 → 宿題を しないでいる。 숙제를 하지 않고 있다.
>
> コーヒーを 飲んでいる。 → コーヒーを 飲まないでいる。
>
> 커피를 마시지 않고 있다.

2 항상 「ている」를 쓰는 표현

> • 〜を 知っています 　　　 〜을 알고 있습니다
>
> • 〜に 住んでいます 　　　 〜에 살고 있습니다
>
> • 結婚しています 　　　　　 결혼했습니다

point 위와 같은 표현은 항상 「ている」형으로 쓰는 말이다.

❶ 知っている

A : CCMMビルを 知っていますか。

CCMM빌딩 알아요?

B : はい、知っています。 　/　いいえ、知りません。

예, 알아요. 　　　　　　　　아니요, 몰라요.

❷ 結婚している

A : 田中さんは 結婚していますか。

다나카 씨는 결혼하셨어요?

B : はい、結婚しています。

예, 결혼했습니다.

A : いつ 結婚しましたか。

언제 결혼했습니까?

B : 去年の11月に 結婚しました。

작년 11월에 결혼했습니다.

동
사

❸ 住んでいる

A : どこに 住んでいますか。
어디서 살고 계세요?

B : ブンダンに 住んでいます。
분당에(서) 살아요.

#check

부정형은 이렇게 바뀝니다

• ～を 知りません   ～을 모릅니다

• ～に 住んでいません   ～에 살고 있지 않습니다

• 結婚していません   결혼 안 했습니다

3 착용을 나타내는 말

point 착용을 나타내는 말은 대개 「〜ている」형으로 표현한다. 실제로 진행을 나타낼 수도 있지만, 보통 현재의 상태를 나타낸다.

帽子(모자) ·················· かぶる(쓰다)
→ かぶっています

上着(상의) スーツ(슈트) ··············
着る(입다)
→ 着ています

セーター(스웨터) ブラウス(블라우스)

シャツ(셔츠) ワンピース(원피스) ·········

ズボン(바지) ジーンズ(청바지)

スカート(치마) ストキング(스타킹) ········
はく(신다, 입다)
→ はいています

靴下(양말) 靴(신)

めがね(안경) ·················· かける(쓰다, 걸치다)
→ かけています

イヤリング(귀걸이) ネックレス(목걸이)

ネクタイ(넥타이) ベルト(벨트) ··········
する(하다)
→ しています

時計(시계) 指輪(반지)

コンタクトレンズ(콘택트렌즈) ·········

 바지나 치마도 「はく」로 표현한다는 것! 넥타이는 「しめる」(매다), 귀걸이나 목걸이와 같은 장신구는 「つける」로 표현하기도 한다.

16. 동사의 「~てある」형

타동사 + てある

자동사는 「~ている」형으로 상태를 나타내지만, 타동사는 「~てある」형으로 상태를 나타낸다. 뜻은 '~해져 있다'이다. 「자동사 + ている」는 단순히 눈앞에 보이는 상태를 말한 것이고, 「타동사 + てある」는 누군가가 어떤 목적을 가지고 의도적으로 그렇게 해두었다는 뉘앙스가 들어 있다.

1 「てある」의 용법

	~ている	~てある
타동사 (かたづける)	部屋を かたづけています。 방을 치우고 있습니다. 진행	部屋が かたづけてあります。 방이 치워져 있습니다. 상태
자동사 (かたづく)	部屋が かたづいています。 방이 치워져 있습니다. 상태	X

▌point 「~てある」는 의지성이 있는 타동사에 접속하며, 조사는 「が」를 쓴다. 「타동사 + てある」는 누군가가 의도적으로 한 행위(~ておく)가 현재 결과로 남아있는 인위적인 상태를 나타낸다. 그래서 번역은 '~해 두다'로 하는 것이 자연스러운 경우가 많다.

今晩の パーティーの ために ビールを 買っておきました。　買っておく

오늘 밤 파티를 위해 맥주를 사 두었습니다.　↓

→ ビールは 買ってあります。　買ってある

맥주는 사 두었습니다.

- 部屋の 窓が 開けてあります。

  방 창문이 열려 있습니다. 〈누군가가 열어두었는지〉

- 壁に 地図が 張ってあります。

  벽에 지도가 붙여져 있습니다. 〈누가 붙였는지 몰라도〉

- ベッドの 上に 本が 置いてあります。

  침대 위에 책이 놓여 있습니다. 〈누군가가 두었는지〉

- かさは 入り口に 置いてあります。

  우산은 입구에 놓여 있습니다.

동사

2 자동사와 타동사가 짝을 이루는 말

―a る

上(あ)がる	오르다
止(と)まる	멈추다
集(あつ)まる	모이다
始(はじ)まる	시작되다
閉(し)まる	닫히다
変(か)わる	변하다
掛(か)かる	걸리다
決(き)まる	결정되다
曲(ま)がる	구부러지다

―e る

上(あ)げる	올리다
止(と)める	세우다
集(あつ)める	모으다
始(はじ)める	시작하다
閉(し)める	닫다
変(か)える	바꾸다
掛(か)ける	걸다
決(き)める	결정하다
曲(ま)げる	구부리다

―う

開(あ)く	열리다
そろう	정돈되다
進(すす)む	전진하다
つく	붙다
立(た)つ	서다
届(とど)く	도착하다
入(はい)る	들어오다
乗(の)る	타다
並(なら)ぶ	나란히 서다

―e る

開(あ)ける	열다
そろえる	정돈하다
進(すす)める	나아가게 하다
つける	붙이다
立(た)てる	세우다
届(とど)ける	보내다
入(い)れる	넣다
乗(の)せる	태우다
並(なら)べる	나란히 세우다

−る		−す	
出(で)る	나오다	出(だ)す	내다
冷(さ)める	식다	冷(さ)ます	식히다
ぬれる	젖다	ぬらす	적시다
冷(ひ)える	식다	冷(ひ)やす	식히다
増(ふ)える	늘다	増(ふ)やす	늘이다
倒(たお)れる	넘어지다	倒(たお)す	넘어뜨리다
現(あらわ)れる	드러나다	現(あらわ)す	드러내다
壊(こわ)れる	부서지다	壊(こわ)す	부서뜨리다
消(き)える	꺼지다	消(け)す	끄다
起(お)きる	일어나다	起(お)こす	일으키다
落(お)ちる	떨어지다	落(お)とす	떨어뜨리다
直(なお)る	고쳐지다	直(なお)す	고치다
戻(もど)る	되돌아오다	戻(もど)す	되돌리다
伸(の)びる	늘다	伸(の)ばす	늘리다
減(へ)る	줄다	減(へ)らす	줄이다
回(まわ)る	돌다	回(まわ)す	돌리다

−く		−かす	
動(うご)く	움직이다	動(うご)かす	움직이게 하다
乾(かわ)く	마르다	乾(かわ)かす	말리다

−れる		−る	
切(き)れる	잘리다	切(き)る	자르다
売(う)れる	팔리다	売(う)る	팔다

동사

다음 동사의 타동사를 쓰세요.

---

1. 止まる | 멈추다 | →
2. 始まる | 시작되다 | →
3. 閉まる | 닫히다 | →
4. 開く | 열리다 | →
5. 立つ | 서다 | →
6. 片づく | 정돈되다 | →
7. 乗る | 타다 | →
8. 出る | 나오다 | →
9. 消える | 꺼지다 | →
10. 落ちる | 떨어지다 | →
11. 減る | 줄다 | →
12. 乾く | 마르다 | →
13. 動く | 움직이다 | →
14. 切れる | 잘리다 | →
15. 売れる | 팔리다 | →

---

17. 동사의 과거형 (~た형)

동사의 て형과 た형은 모양은 같고 뒤에 て가 오느냐 た가 오느냐에 따라 붙여진 이름이다.

1 동사의 과거형 만드는 법

point 앞에서 익힌 동사의 て형에 「た」를 붙여주면 된다.

1류동사	う·つ·る → った	買^かう 사다 → 買った 샀다	
		待^まつ 기다리다 → 待った 기다렸다	
		よる 들르다 → よった 들렀다	
	ぬ·ぶ·む → んだ	飲^のむ 마시다 → 飲んだ 마셨다	
		飛^とぶ 날다 → 飛んだ 날았다	
		死^しぬ 죽다 → 死んだ 죽었다	
	く→ いた	書^かく 쓰다 → 書いた 썼다	
		行^いく 가다 → 行った 갔다 *예외	
	ぐ→ いだ	急^{いそ}ぐ 서두르다 → 急いだ 서둘렀다	
	す→ した	話^{はな}す 말하다 → 話した 말했다	
2류동사	る → た	見^みる 보다 → 見た 보았다	
		食^たべる 먹다 → 食べた 먹었다	
3류동사		する 하다 → した 했다	
		来^くる 오다 → 来^きた 왔다	

동사

2 ~た ことが ある ~한 적이 있다 (과거의 경험)

point 동사의 과거형에 접속하여 '~한 적이 있다(없다)'는 뜻으로
과거의 경험을 나타내는 표현이다. 대개 빈도를 나타내는 말과
함께 쓴다.

・わたしは 富士山を 見た ことが あります。
　나는 후지산을 본 적이 있습니다.

・あなたは スキーを した ことが ありますか。
　당신은 스키를 타 본 적이 있습니까?

・ここへ 来た ことが あります。
　여기 와 본 적 있어요.

A : 交通事故を 起こした ことが ありますか。
　교통 사고를 낸 적이 있습니까?

B : いいえ、まだ 一度も ありません。
　아니오, 아직 한번도 없습니다.

A : クレジットカードを なくした ことが ありますか。
　신용카드를 잃어버린 적이 있습니까?

B : はい、一度 なくした ことが あります。
　예, 한 번 잃어버린 적이 있습니다.

---

3 빈도를 나타내는 말

point 경험 표현과 함께 쓰이는 빈도 표현은 다음과 같다.

・私は 一度も 負けた ことが ありません。
   나는 한번도 진 적이 없습니다.

・私は 一度だけ 負けた ことが あります。
   나는 딱 한 번 진 적이 있습니다.

・私は 一度しか 負けた ことが ありません。
   나는 한 번밖에 진 적이 없습니다.

・私は 何度も 負けた ことが あります。
   나는 여러 번 진 적이 있습니다.

・あなたは 何度 負けましたか。
   당신은 몇 번 졌습니까?

・3度 負けました。   세 번 졌습니다.

#check

부정으로 대답할 때 주의할 점

① 「日本へは 行った ことが ありません。」 일본에는 간 적이 없습니다.
→ 「日本へは~」는 다른 나라에는 가 봤으나 일본에는 아직 가 보지 않았다는 뜻.

② 「日本へ 行った ことは ありません。」 일본에 간 적은 없습니다.
→ 「行ったことは~」는 일본에 대해서 알고는 있지만, 아직 가 본 적은 없다는 뜻.

동
사

0회	→	一度も 한번도 ＋ 부정형
1회	→	一度(一回) 한 번, 一度だけ 딱 한 번 ＋ 긍정형
		一度しか 한 번밖에 ＋ 부정형
2회이상	→	〜度 〜번, 〜度ぐらい 〜번 정도
많을 때	→	何度も 몇 번이나, 수차례
질문할 때	→	何度 몇 번

18. 동사의 「たり」형

1 「たり」형으로 만드는 방법

point 「~たり」는 과거형에 접속하여 어떤 행위나 상태가 교대로 일어나거나 시간적인 순서와 상관없는 것에 쓴다. 동사의 경우는 「~たり」다음에 반드시 「する」가 온다.

	기본형	과거형	「たり」형
명사	休<ruby>やす</ruby>み 휴일	休<ruby>やす</ruby>みだった	休<ruby>やす</ruby>みだったり 휴일이기도 하고
ナ형용사	静<ruby>しず</ruby>かだ 조용하다	静<ruby>しず</ruby>かだった	静<ruby>しず</ruby>かだったり 조용하기도 하고
イ형용사	高<ruby>たか</ruby>い 비싸다	高<ruby>たか</ruby>かった	高<ruby>たか</ruby>かったり 비싸기도 하고
1류동사	書<ruby>か</ruby>く 쓰다	書<ruby>か</ruby>いた	書<ruby>か</ruby>いたり 쓰기도 하고
2류동사	食<ruby>た</ruby>べる 먹다	食<ruby>た</ruby>べた	食<ruby>た</ruby>べたり 먹기도 하고
3류동사	する 하다	した	したり 하기도 하고
	来<ruby>く</ruby>る 오다	来<ruby>き</ruby>た	来<ruby>き</ruby>たり 오기도 하고

동
사

2 「たり」의 용법

❶ 대표적인 것을 열거할 때

• 朝食<ruby>ちょうしょく</ruby>は ご飯<ruby>はん</ruby>だったり パンだったりです。

아침 식사는 밥이기도 하고, 빵이기도 합니다.

- 退社時間は 早かったり 遅かったり します。

  퇴근 시간은 빠르기도 하고 늦기도 합니다.

- 休みの 日には 友達に 会ったり 映画を 見たり します。

  쉬는 날에는 친구와 만나기도 하고 영화를 보기도 합니다.

- わからない 漢字は 人に 聞いたり 辞書を ひいたり します。

  모르는 한자는 다른 사람에게 묻기도 하고 사전을 찾기도 합니다.

❷ 서로 반대되는 표현을 세트로 써서 이랬다가 저랬다가 하는 것을 나타낼 때

- 今日は 雨が 降ったり やんたり している。

  오늘은 비가 오락가락 하고 있다.

- 仕事で ソウルと 釜山を 行ったり 来たり しています。

  일루사 서울과 부산을 오가고 있습니다.

- 体の 具合が 悪くて、寝たり 起きたり しています。

  몸이 안 좋아서 자다 깨다 하고 있습니다.

- 株価が 上がったり 下がったり しています。

  주가가 오르락 내리락 하고 있습니다.

19. 동사의 부정형 (~ない형)

1 ない형

A	あ	か(が)	さ	た	な	ば	ま	ら	→ ない형
I	い	き(ぎ)	し	ち	に	び	み	り	→ ます형
U	う	く(ぐ)	す	つ	ぬ	ぶ	む	る	→ 사전형
E	え	け(げ)	せ	て	ね	べ	め	れ	
O	お	こ(ご)	そ	と	の	ぼ	も	ろ	

point 「~ない」형은 부정의 조동사 「ない」가 올 때 동사가 바뀌는 모양을 말하는데, 동사의 ない형에는 ない뿐만 아니라, 사역의 조동사 せる・させる, 존경 및 수동의 れる・られる 등이 접속한다.

#check

~ない와 ~ません

「동사+ない」는 '~하지 않는다'는 뜻의 보통형으로, 이대로 쓰면 반말이 되지만, 「동사+ません」은 '~하지 않습니다'의 뜻으로 정중한 부정을 나타낸다.

· 行かない。　　안 가.　　　　· 行きません。　　안 갑니다.

2 ない형 만드는 방법

1류동사	어미 앞의 음을 あ단으로 바꾼다.	買う 사다	→ 買わない 사지 않다
		よる 들르다	→ よらない 들르지 않다
		待つ 기다리다	→ 待たない 기다리지 않다
		飲む 마시다	→ 飲まない 마시지 않다
		飛ぶ 날다	→ 飛ばない 날지 않다
		書く 쓰다	→ 書かない 쓰지 않다
		死ぬ 죽다	→ 死なない 죽지 않다
		行く 가다	→ 行かない 가지 않다
		急ぐ 서두르다	→ 急がない 서두르지 않다
		話す 말하다	→ 話さない 말하지 않다
2류동사	る를 떼고「ない」를 붙인다.	見る 보다	→ 見ない 보지 않다
		食べる 먹다	→ 食べない 먹지 않다
3류동사		する 하다	→ しない 하지 않다
		来る 오다	→ 来ない 오지 않다

う로 끝나는 동사는 ない가 접속할 때 〜わない로 바뀐다.

	X	O
かう →	かあない →	かわない
あう →	あぁない →	あわない

20. 부정형의 필수문형

~ないで(=ずに)

「~ないで」는 부정의 조동사 「ない」의 중지형으로, 동사의 ない형에 접속하여 다음과 같은 문형으로 쓰이는 것이 보통이다. 「~ずに」는 같은 뜻이며, 접속방법도 같지만, 회화보다는 문장에서 주로 쓰는 표현이다.

1 ~ないで ください ~하지 마세요

> point '~하지 말아 주세요', '~하지 마세요'의 뜻으로 정중한 부정 명령문이다.

- 作品に さわらないで ください。
  작품에 손대지 말아 주십시오.

- ここで たばこを 吸わないで ください。
  이곳에서 담배를 피지 말아 주십시오.

- しばふには 入らないで ください。
  잔디밭에는 들어가지 마세요.

- ここに ごみを 捨てないで ください。
  이곳에 쓰레기를 버리지 말아 주십시오.

🚗=3

2 ~ないで ほしい   ~하지 않았으면 좋겠다

point '~하지 말았으면 좋겠다', '~하지 않길 바란다'는 뜻이다.

- 税金を むだに 使わないで ほしい。
  세금을 쓸데없이 사용하지 말길 바란다.

- 私が いいと 言うまでは この 部屋に 入らないで ほしいです。
  내가 좋다고 말할 때까지는 이 방에 들어가지 말아 주십시오.

3 ~ないで + 동사   ~하지 않고 ~하다

- 今日は 食事を しないで 授業に 出ました。
  오늘은 식사를 하지 않고 수업에 갔습니다.

- これ以上 待たないで 帰りましょう。
  더 이상 기다리지 말고 돌아갑시다.

- 教科書を 見ないで 答えてください。
  교과서를 보지 말고 대답해 주세요.

- アメリカへ 行かずに ヨーロッパへ 行った。
  미국에 안 가고 유럽에 갔다.

- けさ ご飯を 食べずに 学校へ 行った。
  오늘 아침에 밥을 안 먹고 학교에 갔다.

なに=ないで
ないまま

- 人に させずに 自分で やりなさい。
  다른 사람에게 시키지 말고 스스로 해라.

4 「~ないで」와 「~なくて」

point 「ないで」는 동사에만 쓰이고 「なくて」는 명사와 형용사에도 쓸
수 있다. 「동사 + ないで」는 '~하지 않고', '~하지 말고'의
뜻이고, 「동사 + なくて」는 '~하지 않아서'의 뜻으로 원인을
나타낸다.

	なくて	ないで
명사 / ナ형용사	-では(じゃ)なくて	X
イ형용사	-くなくて	X
동사	V-なくて	V-ないで

• 必要なのは 才能ではなくて 熱意と 努力です。

필요한 것은 재능이 아니고 열의와 노력입니다.

• この キムチは 辛くなくて 食べやすいですね。

이 김치는 맵지 않아 먹기 좋군요.

• 親切じゃなくて 不親切です。

친절하지 않고 불친절합니다.

• 最近、雨が 降らなくて 心配です。

최근, 비가 내리지 않아 걱정입니다.

동
사

20. 부정형의 필수문형 139

- 日本に 初めて 行った 時は、日本語が わからなくて 困りました。

  일본에 처음 갔을 때는 일본어를 몰라서 힘들었어요.

- 辞書を 使わないで 書いてみてください。

  사전을 사용하지 말고 써 보세요.

- 本を 見ないで CDを 聞いてください。

  책을 보지 말고 CD를 들어 주세요.

ないでと なくて 중 적당한 말을 넣으세요.

---

1. 教科書を 見 _____ して ください。

   교과서를 보지 말고 해 보세요.

2. 私の 彼氏は この 人では _____ あの 人です。

   내 남자친구는 이 사람이 아니라 저 사람입니다.

3. ここは 暑く _____ ちょうど いいです。

   여기는 덥지 않고 딱 좋네요.

4. 日本へ 行か _____ 中国へ 行きましょう。

   일본에 가지 말고 중국으로 갑시다.

5. 最後まで リーダーが 決まら _____ 大変でした。

   마지막까지 리더가 정해지지 않아서 큰일이었습니다.

동사

정답 **1.** ないで **2.** なくて **3.** なくて **4.** ないで **5.** なくて

---

21. 의뢰표현 「~て ください/~ないで ください」

의뢰표현이란?

의뢰표현이라고 하면 「~て ください(해 주세요)」가 가장 대표적인 표현이다. 반대
표현은 「~ないでください(~하지 마세요.)」가 된다.

· 동사 て형   + ~て ください   ~해 주세요 / 하세요

· 동사 ない형 + ~ないで ください ~하지 말아 주세요 / ~하지 마세요

의뢰의 여러가지 표현(아래로 내려갈수록 정중해진다)

동사   + ~て ください   ~해 주세요 / ~하세요

동사   + ~て くださいますか   ~해 주시겠습니까?

          ~て くださいませんか   ~해 주시지 않겠습니까?

동사   + ~て いただけますか   ~해 주실 수 있겠습니까?

          ~て いただけませんか   ~해 주실 수 없겠습니까?

          ~て いただきたいのですが   ~해 주셨으면 합니다만

- ボールペンで 書^かいて ください。

  볼펜으로 써 주세요.

- 1階^{いっかい}の ロビーで 待^まって ください。

  1층 로비에서 기다리세요.

- 明日^{あした}、もう 一度^{いちど} 来^きて くださいますか。

  내일, 다시 한번 와 주시겠습니까?

- 前^{まえ}の 人^{ひと}は 座^{すわ}って くださいませんか。

  앞 사람은 앉아 주시지 않겠습니까?

- ここで 待^まって いただけますか。

  여기서 기다려 주시겠습니까?

- すこし 静^{しず}かに して いただけませんか。

  조금 조용히 해 주실 수 없을까요?

- ちょっと 話^{はなし}を 聞^きいて いただきたいのですが。

  잠깐 이야기를 들어 주셨으면 합니다만.

- ここは 禁煙^{きんえん}ですから、たばこを 吸^すわないでください。

  이곳은 금연이니까, 담배를 피우지 마세요.

동사

1. 여기에 사인해 주세요. (サインする)

   → _____ 。

2. 테이블을 닦아 주시겠습니까? (ふく)

   → _____ 。

3. 7층을 눌러 주시지 않겠습니까? (押す)

   → _____ 。

4. 신분증(身分証)을 제시해 주실 수 있겠습니까? (提示する)

   → _____ 。

5. 이 옷(服)을 그 옷과 바꿔 주실 수 없겠습니까? (換える)

   → _____ 。

6. 이 영수증(領収証)을 좀 봐 주셨으면 합니다만….(見る)

   → _____ 。

정답
1. ここに サインして ください。
2. テーブルを ふいて くださいますか。
3. 7階を 押して くださいませんか。
4. 身分証を 提示して いただけますか。
5. この 服を その 服と 換えて いただけませんか。
6. この 領収証を 見て いただきたいのですが…。

22. 허가 및 금지표현

「~ても いい / ~ては いけない」

1 허가와 금지

| point | 허가와 금지를 나타내는 대표적인 문형은 「~ても いい」(~해도 좋다)와 「~ては いけない」(~해서는 안 된다)가 있다. 동사뿐만 아니라 명사, 형용사의 て형에도 적용할 수 있으므로 각 품사의 て형을 확인할 필요가 있다.

명사	~ で
ナ형용사	~ で
イ형용사	~ くて
동사	~ て

+ ~(も)いいです　~해도 좋습니다/됩니다 〈허가〉
  ~は いけません ~해서는 안 됩니다 〈금지〉

❶「~ても いいですか(~해도 됩니까?)」에 대한 대답

【긍정】はい、どうぞ。　　　　　　　　예, 그러세요.

【부정】いいえ、~ては いけません。　아뇨, ~해서는 안 됩니다.

❷「~ても いいです」=「~ても かまいません」

　　~해도 됩니다　　　　　~해도 상관없습니다

| point | 「~ても いいです」 대신에 「~ても かまいません(~해도 상관없습니다)」을 쓸 수도 있는데, 후자가 좀더 가벼운 느낌이 든다.

동

사

- もう お昼ですから 休んでも いいです。

  이제 점심시간이니까 쉬어도 됩니다.

- 作文の 試験は 鉛筆でも いいです。

  작문시험은 연필도 괜찮습니다.

❸ 「~ては いけません」 대신 쓸 수 있는 표현

~ては なりません : '~해서는 안됩니다'.

규칙이나 규범 등에 자주 사용된다.

~ては だめです : '~하면 안돼요'.

구어적인 느낌이 드는 말이다.

~ては こまります : '~하면 곤란해요'.

구어적이며, 약간 소극적인 느낌이 드는 말이다.

❹ 「~ては いけません」의 축약형 「~ちゃいけません」

- 切っては いけません。 → 切っちゃいけません。

  자르면 안 됩니다.

A : けいたいを 使っても いいですか。

휴대폰을 사용해도 좋습니까?

B : ええ、どうぞ。　네, 쓰세요.

A : ここに 車を とめても いいですか。

여기에 주차해도 돼요?

B1 : ええ、どうぞ。네, 그러세요.

B2 : いいえ、ここに とめては いけません。
あそこの 駐車場に とめて ください。

아니요, 이곳에 세우면 안 됩니다.
저쪽 주차장에 세우세요.

A : 交通が 不便では いけませんか。교통이 불편하면 안 됩니까?

B1 : ええ、不便では いけません。　예, 불편하면 안 됩니다.

B2 : いいえ、少し 不便でも かまいません。

아니요, 조금 불편해도 괜찮습니다.

A : 部屋を 借りたいんですが…。

방을 빌리고 싶은데요….

B : 10万円以上でも いいですか。

10만엔 이상이라도 괜찮습니까?

A : いいえ、10万円以上では 困ります。

아니오, 10만엔 이상이면 곤란합니다.

2 허가를 구하는 다른 표현

	정중한 표현	보통표현
의뢰	ここを 通して くださいませんか。 이곳을 지나가게 해 주시지 않겠습니까?	ここを 通っても いいですか。 이곳을 지나가도 좋습니까?
희망	使わせて いただきたいんです。 사용하게 해 주셨으면 합니다.	使っても いいですか。 사용해도 좋습니까?
가능	これを 借りられますか。 이것을 빌릴 수 있습니까?	これを 借りても いいですか。 이것을 빌려도 좋습니까?
사역	休ませてください。 쉬게 해 주세요.	休んでも いいですか。 쉬어도 좋습니까?

3 금지를 나타내는 말

point　다음 도표에서 아래로 내려갈수록 금지의 강도가 강해진다. 특히 아래 칸의 세 가지 표현은 매우 강한 금지명령을 나타낸다.

표현	예문
~ない方がいいでしょう ~하지 않는 편이 좋겠지요	行かない方がいいでしょう。 가지 않는 편이 좋겠지요.
~ないようにしてください ~하지 않도록 해 주세요	行かないようにしてください。 가지 않도록 해 주세요.
~ないでください ~하지 마세요	行かないでください。 가지 말아 주세요.
~てはいけません ~해서는 안 된다	行ってはいけません。 가서는 안 됩니다.
~べきではない ~해서는 안 된다	行くべきではない。 가서는 안 된다.
~ないこと ~하지 말 것	行かないこと。 가지 말 것.
~な ~하지 마	行くな 가지 마.

#check

べきと な

① 「べき」는 '당위'를 나타내는 조동사로 동사의 기본형에 접속한다.

· 行くべきだ。 가야 한다.　　· 行くべきではない。 가서는 안 된다.

② 「な」는 '금지'를 나타내는 종조사로 동사의 기본형에 접속한다.

· 行くな。　　가지 마.　　· 言うな。　　말하지 마.

4 필요·의무·당연 표현

명사	～で	┄┄	なければならない(～지 않으면 안 된다.) 의무
ナ형용사	～で		なくてはいけない
イ형용사	～て	+	
동사	～(ない형)	┄┄	なくてもいい(～지 않아도 된다.) 불필요

point 「～なければならない」가 「～なくてはいけない」보다 필연성
이 높고 회피불가능한 경우에 쓴다. 따라서 법률이나 규범 등
에 많이 쓰인다.

※「～なければ」의 축약형:「～なきゃ」,「～ねば」「～なくては」의 축약형:「～なくちゃ」

A : 飲み物は ビールでなくても いいですか。
음료수는 맥주가 아니라도 됩니까?

B1: ええ、いいです。 예, 괜찮습니다.

B2: いい、ビールでなくては いけません。
아니요, 맥주가 아니면 안 됩니다.

A : 大きくなくても いいですか。 크지 않아도 되나요?

B : いいえ、大きくなくては いけません。
아니요, 크지 않으면 안 됩니다.

---

1. <ruby>何<rt>なに</rt></ruby>が あっても <ruby>舞台<rt>ぶ たい</rt></ruby>に <ruby>立<rt>た</rt></ruby>つ べきだ。

   → _____ 。

2. <ruby>正直<rt>しょうじき</rt></ruby>に <ruby>謝<rt>あやま</rt></ruby>る べきだ。

   → _____ 。

3. その <ruby>会議<rt>かい ぎ</rt></ruby>には <ruby>絶対<rt>ぜったい</rt></ruby> <ruby>出席<rt>しゅっせき</rt></ruby>する べきだ。

   → _____ 。

4. <ruby>何事<rt>なにごと</rt></ruby>も <ruby>一生懸命<rt>いっしょうけんめい</rt></ruby> やる べきだ。

   → _____ 。

5. <ruby>最後<rt>さい ご</rt></ruby>まで <ruby>耐<rt>た</rt></ruby>える べきだ。

   → _____ 。

동
사

정답 1. 何が あっても 舞台に 立つ べきではない。

2. 正直に 謝る べきではない。

3. その 会議には 絶対 出席する べきではない。

4. 何事も 一生懸命 やる べきではない。

5. 最後まで 耐える べきではない。

23. 동사의 충고표현 「~たほうがいい」

1 충고표현의 형태

point 「ほうが いい」와 「ない ほうが いい」는 동사의 대표적인 충고표현이다. 동사뿐만 아니라 명사, 형용사에도 접속하므로 연결형태를 확인해두어야 한다.

명사	～の	
ナ형용사	～な	**+ ほうが いい**
イ형용사	～い	～하는 편이 좋다
동사	～た	

명사	～で	
ナ형용사	～で	**+ ない ほうが いい**
イ형용사	～く	～하지 않는 편이 좋다
동사	～ない형	

❶ 「~た方がいい / ~ない方がいい」

point '~하는 편이 좋다 / ~하지 않는 편이 좋다'. 할까 말까 망설이는 상대방에게 확신을 가지고 충고하거나 권고할 때 쓰는 표현이다.

- お酒は ビールの 方が いいです。
  술은 맥주가(맥주 쪽이) 좋습니다.

- 一回だけ 使いますから、高くない 方が いいです。

  한 번만 사용할 거니까 비싸지 않은 편이 좋습니다.

- 事務室は 交通が 不便でない 方が いいです。

  사무실은 교통이 불편하지 않은 편이 좋습니다.

- 風邪を ひいたんですか。じゃ、すぐ 薬を 飲んだ 方が いいですよ。

  감기에 걸렸어요? 그럼, 당장 약을 먹는 게 좋아요.

> 동사의 경우, 긍정문으로 표현할 때는 과거형 「ーた」형에 「方がいいです」
> 가 붙지만, 부정문에서는 현재형의 「ない」형에 접속한다. 「~た方がいいで
> す」는 단지 접속할 때 과거형에 붙는 것일 뿐 과거의 뜻은 전혀 없다.

❷ 「~た方がよかった / ~ない方がよかった」

| point | '~하는 편이 좋았다/~하지 않는 편이 좋았다'. 과거문은 이미 끝난 사실에 대하여 말하는 사람의 후회의 기분을 나타낼 때 쓴다.

- もう 少し 早く 家を 出た 方が よかった。

  좀 더 빨리 집을 나오는 편이 좋았다. (좀 더 빨리 집을 나올걸….)

- ああ、成績の ことは 話さない 方が よかった。

  아, 성적에 대한 얘기는 하지 않는 게 좋았어. (말하지 말걸….)

동
사

24. 희망을 나타내는 말

1 ~たい

point 「~たい」는 동사의 ます형에 접속하여 '~하고 싶다'는 뜻을 나타내는 조동사인데 이 때 목적격 조사는 「ほしい」와 마찬가지로 조사 「が」가 온다. 기본적으로 1인칭과 2인칭에 쓰지만, 3인칭에 쓸 경우에는 「~を ほしがる(~을 갖고 싶어하다)」, 「~を ~たがる(~을 ~하고 싶어하다)」, 「~が ~たいと言っている(~를 ~하고 싶다고 말하다)」와 같이 표현한다.

私は 나는	映画を/が 영화를/가	見たいです 보고 싶습니다
	映画は 영화는	見たくないです 보고 싶지 않습니다
田中さんは 다나카씨는	映画を/が 영화를/가	見たいと 言っています 보고 싶다고 했습니다
	映画は 영화는	見たくないと 言っています 보고 싶지 않다고 했습니다
	映画を 영화를	見たがっています 보고 싶어합니다
	映画は 영화는	見たがっていません 보고 싶어하지 않습니다

- お金が あったら 車を 買いたいです。

  돈이 있으면 차를 사고 싶습니다.

- 家内は 3Dテレビを 買いたいと 言っていますが、高かったので 買いませんでした。

  아내는 3DTV를 사고 싶다고 했지만, 비싸서 안 샀습니다.

- 娘は 新婚旅行で 日本へ 行きたがっています。

  딸은 신혼여행으로 일본에 가고 싶어합니다.

#check

부정으로 대답할 때는 대개 조사 「は」를 쓴다.

A : 私は ビールが 飲みたいです。田中さんも ビールを 飲みますか。

  나는 맥주를 마시고 싶어요. 다나카 씨도 맥주 마실래요?

B : いいえ、私は ビール<u>は</u> 飲みたくないです。ワインが 飲みたいです。

  아뇨, 난 맥주는 마시고 싶지 않아요. 와인이 마시고 싶어요.

2 ～が ほしい

동
사

| point | 「～が ほしい」는 '～을 갖고 싶다, 사고 싶다, 필요하다'는 뜻이다. 주로 1인칭이나 2인칭에 쓰지만 3인칭에 쓸 경우에는 「ほしがる(갖고 싶어하다)」로 표현하거나 「～が ほしいと 言っています(～가 갖고 싶다고 합니다)」와 같이 표현한다. 조사 「が」의 사용에 유의.

私は 나는	Nが 〜가	ほしいです。 갖고 싶습니다
	Nは 〜는	ほしくないです。 갖고 싶지 않습니다
田中さんは 다나카 씨는	Nが 〜가	ほしいと 言っています。 갖고 싶다고 했습니다
	Nは 〜는	ほしくないと 言っています。 갖고 싶지 않다고 했습니다
	Nを 〜을	ほしがっています。 갖고 싶어합니다
	Nは 〜는	ほしがっていません。 갖고 싶어하지 않습니다

A : ユミさんは 何が ほしいですか。

유미 씨는 무엇을 갖고 싶어요?

B : デジタル カメラが ほしいです

디지털 카메라가 갖고 싶어요.

• 私は 今 何も ほしくないです。

나는 지금 아무것도 필요하지 않아요.

• お金は ほしくない。自分の 時間が ほしい。

돈은 갖고 싶지 않아. 내 시간이 필요해.

- 60インチの テレビが ほしかったですが、高(たか)かったので 45イン

  チに しました。

  60인치 TV를 사고 싶었지만, 비싸서 45인치로 했습니다.

- うちの 息子(むすこ)は パソコンが ほしいと 言(い)っていますが、娘(むすめ)は ピ

  アノを ほしがっています。

  우리 아들녀석은 컴퓨터를 갖고 싶다고 하지만, 딸애는 피아노를 갖고
  싶어해요.

- 若者(わかもの)たちは 自由(じゆう)を ほしがっている。

  젊은이들은 자유를 원하고 있다.

がるが 붙는 말

(〜)たい	→	(〜)たがる	(〜하고) 싶어하다
ほしい	→	ほしがる	갖고 싶어하다
寒(さむ)い	→	寒がる	추워하다
さびしい	→	さびしがる	외로워하다
恥(は)ずかしい	→	恥ずかしがる	부끄러워하다
悲(かな)しい	→	悲しがる	슬퍼하다
嫌(いや)だ	→	嫌がる	싫어하다

#check

「ほしい」와 「たい」의 차이

① 「ほしい」는 형용사이고, 「たい」는 조동사이다. 하지만, 모양이 イ형용사와 같기
   때문에 활용은 똑같이 한다.

② 1인칭이 주어로 올 때는 「〜が ほしい」「〜が 〜たい」와 같이 조사 「が」를 쓰지
   만, 주어가 3인칭일 때는 「〜を ほしがっている」「〜を 〜たがっている」와
   같이 조사 「を」를 쓴다.

3 ~て ほしい

| point | 다른 사람이 나에게(나를 위해) 어떤 행동을 해 주었으면 하고 바랄 때 쓰는 표현이다. 이 때 행동을 하는 주체가 조사 「に」 앞에 온다. 직역하면 '~에게 해 받고 싶다' 즉 '~가 해 주었으면 좋겠다'는 뜻이다. 주로 다음 세 가지 표현이 쓰이는데 아래로 갈수록 정중해진다. |

~に	동사 ーて ほしい	~가 해 주었으면 좋겠다
	동사 ーて もらいたい	~가 해 주었으면 좋겠다
	동사 ーて いただきたい	~가 해 주셨으면 좋겠다

・あなたに 話を 聞いて ほしいのですが。
당신이 이야기를 들어 주면 좋겠어요.

・早く 元気に なって ほしいです。
빨리 쾌유했으면 좋겠어요.

・図書館に いい 本を そろえて ほしいです。
도서관에 좋은 책을 비치해 뒀으면 좋겠어요.

・先生にも パーティーに 来て いただきたいですね。
선생님도 파티에 오시면 좋겠습니다.

※ 다음 문장을 서로 비교해 보세요.

ⓐ 私（わたし）は あなたを 手伝（てつだ）いたい。

　나는 당신을 돕고 싶다.

ⓑ 私（わたし）は あなたに 手伝（てつだ）ってほしい。

　나는 당신이 나를 도와주면 좋겠다

→ ⓐ는 내가 돕는 것이고. ⓑ는 '당신'이 나를 돕는 것이다.

ⓐ 私（わたし）は あなたを 愛（あい）したい。

　나는 당신을 사랑하고 싶다.

ⓑ 私（わたし）は あなたに 愛（あい）して もらいたい。

　나는 당신이 (나를) 사랑해줬으면 좋겠다.

→ ⓐ는 내가 '당신'을 사랑하는 것이고, ⓑ는 '당신'이 나를 사랑하는 것이다.

동
사

1. 私は あなたと 結婚 _____。

   나는 당신과 결혼하고 싶다.

2. 約束を 守って _____。

   약속을 지켜 줬으면 좋겠다.

3. 納得が いく ように 説明して _____。

   납득할 수 있게 설명해 주셨으면 좋겠습니다.

4. 娘は 留学を _____。

   딸은 유학을 하고 싶어한다.

5. 息子が ケータイを _____。

   아들이 휴대폰을 갖고 싶어한다.

6. 運動後、学生達が 冷たい 水を _____。

   운동후에, 학생들이 차가운 물을 마시고 싶어한다.

7. 今週は 忙しかったので、週末は ゆっくり 休み_____。

   이번주는 바빴기 때문에, 다음주는 느긋하게 쉬고 싶다.

8. 誕生日プレゼントには デジカメが _____。

   생일선물로는 디지털카메라가 갖고 싶다.

25. 「～んです」

「～んです」의 번역은?

「～んです」는 「～のです」의 변형으로 주로 회화체에서 설명이나, 이유, 확인, 강조하는 기분을 나타낼 때 쓰인다. 뜻은 논문과 같이 딱딱한 문장에서는 '～것입니다'가 될 수도 있고, ます형과 별 차이없이 번역될 수도 있지만, 그 뉘앙스는 다르다. 「の」에 연결되는 것이기 때문에 앞에 명사수식형이 온다.

	동사	イ형용사	ナ형용사/명사
현재긍정	書くんです	大きいんです	きれいなんです
현재부정	書かないんです	大きくないんです	きれいではないんです
과거긍정	書いたんです	大きかったんです	きれいだったんです
과거부정	書かなかったんです	大きくなかったんです	きれいではなかったんです

❶ 의문사와 함께 쓰는 경우

▌point 「～んですか」는 설명을 요구하는 질문문으로 주로 의문사와 같이 쓰는 경우가 많다. 이때 대답도 「～んです」로 하면 되는데, 질문에 대해 이유를 설명하거나 강조하는 느낌이 들어 있다.

동사

> A : すてきな シャツですね。どこで 買ったんですか。
>
>   셔츠 멋지네요. 어디서 샀어요?
>
> B : タイで 買ったんです。
>
>   태국에서 샀어요.
>
> A : そうですか。いつ タイに 行ったんですか。
>
>   그래요? 언제 태국에 갔었죠?
>
> B : 今年の 2月です。
>
>   올해 2월에요.

❷ 회화 도입부에서 「〜んですが、」형으로 쓰이는 경우

- ソウル市庁へ 行きたいんですが、どう 行ったら いいですか。

  서울시청에 가고 싶은데, 어떻게 가면 돼죠?

- 山本さんに 聞いたんですが、よく 分かりませんでした。

  야마모토 씨한테 물었는데, 잘 모르던데요.

> 뒷 문장에 부탁이나 권유, 허가를 요청하는 표현과 같이 쓸 때는 뒷 문장을 생략하고 「〜んですが…」까지 말하기도 한다.

26. 추측의 「~でしょう」

추측을 나타내는 표현

「でしょう」는 「です」의 추량형으로 「たぶん~でしょう」와 같이 쓰인다. 「たぶん」은 '아마'라는 뜻의 부사로 「でしょう(겠지요)」나 「だろう(~일 것이다)」와 짝을 이루는 말이다. 「でしょう」는 「です」의 추측형이지만 「です」 앞에 오는 형태는 약간 다르다. 동사에는 「です」가 연결될 수 없지만, 「でしょう」는 연결될 수 있기 때문이다.

명사	ナ형용사	
사전형(어간)	~い	
~ではない	~くない	
~だった	~かった	
~ではなかった	~くなかった	
ナ형용사	**동사**	**+** でしょう(~겠지요)
사전형(어간)	사전형	だろう(~겠지)
~ではない	~ない	
~だった	~た	
~ではなかった	~なかった	

「~でしょう」의 용법

❶ 추측을 나타낼 때

▌point 대개 「たぶん」과 함께 쓰여 추측을 나타낸다. 보통 회화에서도 쓰지만 일기예보에서도 쓴다.

동
사

- 明日は 曇り、時々 雨でしょう。

  내일은 흐리고 때때로 비가 내리겠습니다.

- ゆうべは 人も 多くて、大変だったでしょう。

  어젯밤은 사람도 많고 힘들었지요?

❷ 상대방에게 확인하거나 동의를 구할 때(끝을 약간 올려서 발음한다.)

> A : 鈴木さんも 行くでしょう。
>
> 스즈키 씨도 가지요?
>
> B : もちろんですよ。/ たぶん 行くでしょう。/ たぶんね。
>
> 물론이에요. / 아마 갈거예요. / 아마 그럴걸요.
>
> A : 昨日、梅雨入り したんでしょう。
>
> 어제부터 장마였죠?
>
> B : らしいね。
>
> 그렇다고 하네.

❸ だろうと 思う ～일거라고 생각하다

- 今度は ぜひ 勝つだろうと 思います。

  이번에는 꼭 이길거라 생각합니다.

> A : ゆき、アメリカに 行くって 言っていたけど、本当に 行くのかな。
>
> 유키가 미국에 간다고 하던데, 진짜로 가는 건가?
>
> B : だろうと 思うけど…。
>
> 갈거라고 생각하는데….(그럴걸….)

27. 동사의 보통형

보통형이란?

보통형이라고 하면 '～하다, ～이다'와 같은 형태를 말한다. 사전에 나오는 기본형뿐만 아니라 부정형, 과거형, 과거부정형도 모두 포함된다.

1 보통형 만드는 방법

	です·ます형	보통형	
명사 ナ형용사	～です ～ではありません ～でした ～ではありませんでした	～だ ～ではない ～だった ～ではなかった	～이다 ～아니다 ～였다 ～지 않았다
イ형용사	～いです ～くないです ～かったです ～くなかったです	～い ～くない ～かった ～くなかった	～하다 ～하지 않다 ～하였다 ～지 않았다
동사	～ます ～ません ～ました ～ませんでした	사전형 ～ない ～た ～なかった	～하다 ～지 않다 ～했다 ～하지 않았다
그 외	～ありません ～ありませんでした	～ない ～なかった	없다 없었다

동
사

「ありません(없습니다)」의 기본형은 「ある(있다)」이지만 부정형은 あらない가 아니라 '없다'는 뜻의 형용사 「ない」가 따로 있다.

ある 있다　ない 없다　　あります 있습니다　ありません 없습니다
いる 있다　いない 없다　います 있습니다　いません 없습니다

❶ 명사

本 책　※ 보통형으로 바꾸어 보세요.

本です　　　　　　　　　　　＿＿＿＿＿＿＿＿＿＿　책이다

本ではありません　　　　　＿＿＿＿＿＿＿＿＿＿　책이 아니다

本でした　　　　　　　　　＿＿＿＿＿＿＿＿＿＿　책이었다

本ではありませんでした　　＿＿＿＿＿＿＿＿＿＿　책이 아니었다

❷ ナ형용사

すてきだ 멋있다

すてきです　　　　　　　　　　　　＿＿＿＿＿＿＿＿＿＿　멋있다

すてきではありません　　　　　　　＿＿＿＿＿＿＿＿＿＿　멋있지 않다

すてきでした　　　　　　　　　　　＿＿＿＿＿＿＿＿＿＿　멋있었다

すてきではありませんでした　　　　＿＿＿＿＿＿＿＿＿＿　멋있지 않았다

❸ イ형용사

あつい 덥다

あついです　　　　　　　　　＿＿＿＿＿＿＿＿＿＿　덥다

あつくないです　　　　　　　＿＿＿＿＿＿＿＿＿＿　덥지 않다

あつかったです　　　　　　　＿＿＿＿＿＿＿＿＿＿　더웠다

あつくなかったです　　　　　＿＿＿＿＿＿＿＿＿＿　덥지 않았다

④ 동사

行く 가다

行きます	_____	간다
行きません	_____	가지 않는다
行きました	_____	갔다
行きませんでした	_____	가지 않았다

#check

동사의 **ます**형을 보고 기본형으로 바꾸는 방법

· 1류동사는 ます를 떼었을 때, ます앞에 오는 글자의 모음은 i음이므로 i음을 u음으로 바꾸어주면 된다.

· 2류동사는 ます를 떼고 る를 붙이면 기본형이 된다.

2 ~と 思います ~라고 생각합니다

point ~부분에는 보통형이 온다. 말하는 사람의 추측이나 의견을 나타낼 때 쓴다. 보통 「私」가 주어가 되지만, 상대방의 의견을 물어볼 때는 「どう 思いますか。」, 「あべさんも 来ると 思いますか。」와 같이 쓸 수도 있다.

흔히 イ형용사를 「いいだと 思う」(좋다고 생각합니다)처럼 쓰는 경우가 있는데, 이것은 잘못된 표현이다. イ형용사는 「いいと 思う」로 써야 한다. イ형용사에 「~だ」가 붙는 경우는 추측의 「だろう」뿐이다.

· いいだろう。 좋겠지, 좋을 것이다.

❶ 추측

- 妹は 今 家に いないと 思います。

  여동생은 지금 집에 없을 겁니다.

- 彼は もうすぐ 結婚すると 思います。

  그는 곧 결혼할 거예요.

- 今週中に 山田さんから 連絡が あると 思います。

  이번 주중에 야마다 씨로부터 연락이 있을 거예요.

❷ 의견

- これは ちょっと 無理な スケジュールだと 思います。

  이건 좀 무리한 스케줄이라고 생각합니다.

- 本当に 残念だと 思います。

  진심으로 유감스럽게 생각합니다.

- このまま だまっていては いけないと 思います。

  이대로 가만히 있어서는 안 된다고 생각합니다.

3 ~と 言いました　~라고 했습니다

❶ ~と 言いました　'~라고 말했습니다'(뉴스나 보도 등)

- 田中さんは また 韓国に 来たいと 言いました。

  다나카 씨는 한국에 또 오고 싶다고 했습니다.

❷ **~と 言います** 정의할 때 쓰는 표현으로 '~라고 합니다'의 뜻.

- 日本(にほん)では お正月(しょうがつ)に 食(た)べる 料理(りょうり)を おせち料理(りょうり)と 言(い)います。
  일본에서는 설날에 먹는 음식을 오세치요리라고 합니다.

❸ **~と 言っています** '~라고 말했습니다'(다른 사람의 말을 전할 때 쓰는 표현.)

- 山田(やまだ)さんは 来年(らいねん) また ソウルに 来(き)たいと 言(い)っています。
  야마다 씨는 내년에 또 서울에 오고 싶다고 합니다.

#check

~という

「AというB」(A라는 B)와 같이 뒤의 명사를 수식하는 형태로도 많이 쓰인다.

- 田中という 人から 電話(でんわ)が あった。 다나카라는 사람으로부터 전화가 왔었다.
- 「もの」という 字(じ)は 漢字(かんじ)で どう 書(か)くんですか。
  もの라는 글자는 한자로 어떻게 쓰죠?
- なぜかと 言うと 왜냐하면
- どちらかと 言うと 어느쪽이냐 하면

이 밖에 다음과 같이 문장의 앞부분에서 앞 말을 정리하고 다음 말을 이어갈 때도 쓴다.

- ということで 그러한 사실로 인해
- というもので 그런 것이어서(추상적)
- というわけで 그런 연유로(구체적)

28. 명사수식(연체수식)에 대해

명사수식?

명사를 꾸미는 형태는 각 품사의 명사수식형 또는 명사구(句)가 있다. 앞에서 명사수식형에 대해 언급했지만, 현재형에 연결되는 것뿐만 아니라 현재부정, 과거, 과거부정에 연결되는 것 등 명사를 꾸미는 형태를 말한다.

1 연체수식문 만들기

❶ **명사　の / だった + 명사**

- 今は 日本語の 時間です。
  지금은 일본어 시간입니다.

- その 建物は ソウル駅の 前に あります。
  그 건물은 서울역 앞에 있습니다.

❷ **イ형용사　보통형 + 명사**

- とても おいしい コーヒーですね。
  매우 맛있는 커피네요.

- とても いい ニュースが あります。
  아주 좋은 뉴스가 있습니다.

- きのうまで 高かった 株価が 急に 下がってきた。
  어제까지 높았던 주가가 갑자기 내려갔다.

❸ ナ형용사　な / だった + 명사

- どこか　静_{しず}かな　ところへ　行って、話_{はな}しましょうか。

  어딘가 조용한 곳으로 가서 얘기하실까요?

- 幸_{しあわ}せだった　大学時代_{だいがく じ だい}。

  행복했던 대학시절.

❹ 동사　기본형 + 명사

- 英語_{えい ご}が　できる　人_{ひと}は　何人_{なんにん}ぐらい　いますか。

  영어가 가능한 사람은 몇 명 정도 있습니까?

- 本_{ほん}を　かりる　人_{ひと}は　12時_じまでに　来_きてください。

  책을 빌릴 사람은 12시까지 와 주세요.

❺ 동사　～ている + 명사

- あそこで　たばこを　吸_すっている　人_{ひと}は　だれですか。

  저기서 담배를 피우고 있는 사람은 누구입니까?

- 私_{わたし}は　きのう　銀行_{ぎんこう}に　勤_{つと}めている　友達_{ともだち}に　会_あいました。

  나는 어제 은행에 근무하고 있는 친구와 만났습니다.

- あの　電気_{でん き}が　ついている　部屋_{へ や}が　私_{わたし}の　部屋_{へ や}です。

  저 불이 켜져 있는 방이 제 방입니다.

동
사

⑥ 동사 ～た + 명사

- これは 先生（せんせい）に 借（か）りた 本（ほん）です。

  이건 선생님한테 빌린 책이에요.

- きのう 見（み）た アニメは とても おもしろかったです。

  어제 본 애니메이션은 아주 재미있었어요.

- この 間（あいだ） 行（い）った ところへ 行きましょう。

  요전에 갔던 곳으로 갑시다.

---- Word ----

～に 借（か）りる : ～에게 빌리다 ↔ 貸（か）す   この間（あいだ） : 요전에

⑦ 동사 ～ていた + 명사

- 高校（こうこう）の 頃（ころ） していた スポーツは テニスです。

  고교 시절 했던 운동은 테니스입니다.

- 昨日（きのう） あそこで ギターを ひきながら 歌（うた）っていた 人（ひと）は だれですか。

  어제 저기서 기타를 치면서 노래하던 사람은 누구입니까?

- 朝（あさ）から 降（ふ）っていた 雨（あめ）が さっき やみました。

  아침부터 내리던 비가 아까 그쳤습니다.

---- Word ----

ギターを ひく : 기타를 치다   ピアノを ひく : 피아노를 치다

2 조사 「が」가 「の」로 바뀌기도 한다.

point 연체수식어(구)의 주어는 「の」로 바꿀 수 있다.

- 私の 飲んだ コーヒーは あまり おいしくなかった。

  (← 私が 飲んだ コーヒー)

  내가 마신 커피는 그다지 맛이 없었다.

3 연체수식문과 그 밖의 표현

❶ **～という (～라는)** : 사람이나 책, 장소 등 이름을 말할 때 쓴다.

- 田中さんという 人から 電話が ありました。

  다나카 씨라는 사람한테서 전화가 왔었습니다.

- 韓国へ 来るまで 浦和という ところに 住んでいました。

  한국에 올 때까지 우라와라는 곳에 살았습니다.

- 「タイタニック」という 映画を 見た ことが ありますか。

  '타이타닉'이라는 영화를 본 적이 있습니까?

- 木村さんが 会社を やめたという 話を 聞きました。

  기무라 씨가 회사를 그만두었다는 이야기를 들었습니다.

- この 会社に 勤めたいという 人に 会いました。

  이 회사에 근무하고 싶다는 사람을 만났습니다.

❷ ~のは~です (~것은 ~입니다)

- 会議が 終わったのは、夜の 10時でした。

  회의가 끝난 것은 밤 10시였습니다.

- 私が 昨日 買ったのは、この 本です。

  내가 어제 산 것은 이 책입니다.

- あちらの 山田さんと いっしょに 話しているのは、だれですか。

  저쪽에 야마다 씨와 같이 이야기하고 있는 사람은 누구예요?

29. 동작의 순서를 나타내는 말

1 まえに ~하기 전에

point 동사는 기본형에, 명사는 の에 접속한다.

• 出張の 前に スケジュールを 確かめたいです。
しゅっちょう まえ   たし
출장 전에 스케줄을 확인해 두고 싶습니다.

• 授業が 始まる 20分前までには、教室に 来てください。
じゅぎょう はじ   まえ   きょうしつ き
수업이 시작되기 20분 전까지는 교실로 와 주십시오.

• あきらめる 前に もう一度 やってみましょう。
まえ   いち ど
포기하기 전에 다시 한번 해 봅시다.

2 あとで ~하고 나서

point 하나의 동작이 끝난 다음에 다음 행동을 할 때 쓰는 표현이다.

• 食事の あとで コーヒーを 飲みませんか。
しょく じ   の
식사 후에 커피 마시지 않을래요?

• 今は 会議中ですから、1時間 あとで もう一度 電話してくださ
いま かい ぎ ちゅう   じ かん   いち ど でん わ
いませんか。
지금은 회의중이므로 한 시간 후에 다시 한번 전화해 주시지 않겠습니까?

동사

3 てから　～하고 나서

point 「～たあとで」와 같다. 동사의 て형에 접속한다.

- もう 少し 待ってから もう一度 電話してみましょう。
  조금 더 기다렸다가 다시 한번 전화해 봅시다.

- 問題を よく 読んでから 答えてください。
  문제를 잘 읽고 나서 답해 주세요.

빈칸에 들어갈 알맞은 말을 고르시오.

---

1. ゲームは 宿題が 終っ _____ しなさい。

   게임은 숙제가 끝난 후에 해.

2. お嫁に 行く _____ 料理教室に 通いたい。

   시집을 가기 전에 요리학원에 다니고 싶다.

3. もう 少し 詳しく 調べ _____ 行くのは どうですか。

   좀더 자세히 알아보고 나서 가는 게 어떨까요?

4. 頭を 洗った _____ せっけんで 体を 洗う。

   머리를 감은 후에 비누로 몸을 씻는다.

5. 保証人として 印を 押す _____ もう一度 よく 考えてみなさい。

   보증인으로서 도장을 찍기 전에 다시 한번 잘 생각해 봐.

정답 **1.** てから **2.** まえに **3.** てから **4.** あとで **5.** まえに

동사

30. やりもらい 표현(1)

やりもらい란?

'주다' '받다'와 같이 무언가를 주고 받을 때 쓰는 표현을 일본어로는 「やりもらい(주고받기)」라고 한다. 우리말과 대부분 비슷하게 쓰이지만, 누가 주고, 누가 받느냐에 따라 약간 다른 부분도 있다. 특히 우리말에서는 "누가 누군가에게 주다"와 같이 '주다'라는 표현을 많이 쓰지만, 일본어에서는 '받다'는 표현을 많이 쓴다는 점에 유의하자.

1 あげる 주다

내가 남에게 또는 제 3자가 제 3자에게	さしあげる	드리다(존경어)
	あげる	주다
	やる	주다(손아랫사람이나 동・식물)

- 私(わたし)は 田中(たなか)さんに 腕時計(うでどけい)を **あげました。**
  나는 다나카 씨에게 손목 시계를 주었습니다. 〈나 → 제3자〉

- 私は 森(もり)さんに 日本(にほん)の 歌(うた)の CDを **あげました。**
  나는 모리 씨에게 일본 노래 씨디를 주었습니다.

- 森(もり)さんは 山田(やまだ)さんに ネクタイを **あげました。**
  모리 씨는 야마다 씨에게 넥타이를 주었습니다. 〈제3자 → 제3자〉

- あなたは 山田(やまだ)さんに 何(なに)を **あげましたか。**
  당신은 야마다 씨에게 무엇을 주었습니까? 〈상대방 → 제3자〉

2 くれる 주다

point 「くれる」는 남이 '나'에게 줄 때 쓰는 표현이다. 여기서 '나'라고 하는 것은 '내 쪽 사람(가족이나 같은 회사 직원 등)'이 포함된 개념이다. 「くれる」자체에 '남이 나에게'라는 뜻이 들어 있기 때문에 굳이 「わたしに(나에게)」라는 말을 쓰지 않아도 된다.

くれる는 누가 주든 받는 쪽이 항상 '나'일 때 쓰는 말이라는 것을 기억하자.

| 남이 '나 또는 내 쪽 사람'에게 | くださる | 주시다(존경어) |
| | くれる | 주다 |

- 田中さんは (私に) ライターを くれました。
  다나카 씨는 (나에게) 라이터를 주었습니다. 〈제3자 → 나〉

- 母は 私に 青い シャツを くれました。
  어머니는 나에게 파란 셔츠를 주셨습니다. 〈가족 → 나〉

- 田中さんは 弟に きれいな 日本の はがきを くれました。
  다나카 씨는 동생에게 예쁜 일본 엽서를 주었습니다. 〈제3자 → 나의 가족〉

- 田中さんは あなたに 何を くれましたか。
  다나카 씨는 당신에게 무엇을 주었습니까? 〈제3자 → 상대방〉

point '어머니가 나에게 준 경우'는 우리말로는 '주셨다'고 해야 하지만, 일본어는 「くれる」를 쓴다. 타인에게 자신의 가족에 대해 말할 때는 비록 윗사람이라 할지라도 낮추어서 표현하는 것이 일본식 경어의 특징이다.

동사

#check

3 もらう 받다

| point | 「もらう」는 받는 쪽에 초점을 둔 표현이다 단, 윗사람에게 뭔가를 받을 성우에는 정중한 표현「いただく」를 쓴다. 또, '~한테 받다'고 할 때 '한테'에 해당하는 조사는「に」또는「から」를 쓰는데, 사람에게는 둘 다 쓸 수 있지만, '국가로부터 훈장을 받다' 처럼 기관이나 단체로부터 받을 경우에는「から」만 쓸 수 있다.

~に(사람)	もらう	받다
~から(사람, 기관, 단체)	いただく	받다(겸양어)

- 山田さんは 先生に(から) ネクタイを いただきました。
  야마다 씨는 선생님으로부터 넥타이를 받았습니다.

- あなたは 山田さんに(から) 何を もらいましたか。
  당신은 야마다 씨로부터 무엇을 받았습니까?

• 私は 山田さんに(から) ライターを もらいました。

나는 야마다 씨로부터 라이터를 받았습니다.

• 妹は 毎月母に(から) お小遣いを もらいます。

여동생은 매달 어머니한테서 용돈을 받습니다.

• 母校から 賞を もらいました。

모교로부터 상을 받았습니다.

> 조사「に」는
> '~에게 주다'에서는
> '에게'의 뜻으로,
> '~한테 받다'고 할 때는
> '한테'의 뜻으로도 쓴다.

동
사

4 やりもらい 요점정리

동작의 주체	주다		받다
	누가 주는가? 나, 제3자 → 제3자	누가 주는가? 제3자 → 나	누가 받는가? 제3자 → 나, 제3자
손윗사람	さしあげる(드리다)	くださる(주시다)	いただく(받다)
동등한 관계	あげる(주다)	くれる(주다)	もらう(받다)
손아랫사람 (동물 · 식물)	やる(주다)	くれる(주다)	もらう(받다)

#check

꼭 확인하기!

① 「나」: 일본어에서는 「나」라는 개념 속에는 자신이 속한 그룹도 포함된다. 따라서 자기 가족, 자기 회사 등은 '나'와 같이 취급한다는 것.

② 「やる」: 손아랫사람(동생, 자녀) 등에 썼지만 최근에는 동식물 외에는 그다지 쓰지 않는다는 것.

③ 「くれる」: 누가 주든 받는 쪽이 항상 '나'이어야 한다는 것.

31. やりもらい 표현(2)

행위의 이동

구체적인 물건을 주고 받는 것이 아니라 어떤 행위나 동작을 해주거나 받는 것을 말한다. 「あげる/くれる/もらう」 앞에 「て」가 연결되어 「~てあげる/~てくれる/~てもらう」 형태로 쓰인다. 이 중에서 특히 「~てもらう」는 우리말로 옮기기 어려운 대표적인 표현으로, 가장 일본어다우면서도 학습자에게는 까다로운 부분이다.

1 ~てあげる ~해 주다

point

「~てあげる」는 '~해 주다'라는 뜻으로 누군가에게 어떤 행위를 해 주는 것을 말한다. 기본적인 문형은 「~が(가) ~に(에게) ~を(을) ~てあげる(해 주다)」이지만, 내용에 따라서는 「~に(에게)」 대신 「~を(을)」가 올 수도 있다.

내가 남에게 또는 제3자가 제3자에게	~てさしあげる	~해 드리다
	~てあげる	~해 주다
	~てやる	~해 주다

동

사

• 私は 子供に 本を 買ってやった。

　나는 아이에게 책을 사 주었다.

• 私は 吉本さんに 傘を 貸してあげました。

　나는 요시모토 씨에게 우산을 빌려 주었습니다.

- 雨が 降ってきましたね。駅まで 送ってあげますよ。

  비가 오는군요. 역까지 배웅해 줄게요.

- ちょっと 分かりにくいですから、簡単な 地図を 書いてあげましょう。

  조금 알기 어려우니까 간단한 지도(약도)를 그려 줄게요.

- 山田さんは 田中さんを 車に 乗せてあげました。

  야마다 씨는 다나카 씨를 자동차에 태워 주었습니다.

2 ~てくれる ~해 주다

point

「~てくれる」는 '~해 주다'란 뜻으로, 다른 사람이 '나'에게 어떤 행동을 해 주는 것을 말한다. 기본 개념은 「くれる」와 마찬가지로 받는 쪽이 항상 '나'이어야 한다.

남이 '나' 또는 '내 쪽 사람'에게
- ~て くださる ~해 주시다(존경어)
- ~て くれる   ~해주다

point
'아버지가 나에게 차를 사 주셨다'와 같이 같은 가족(또는 회사 직원)끼리 일어난 일에 대해서 남에게 말할 때는 「~てくださる」가 아니라 「~てくれる」로 표현한다.

- 引っ越す 時、友達が 手伝ってくれた。

  이사할 때, 친구가 도와 주었다.

- 父が (私に) 新しい 車を 買ってくれました。
  <ruby>父<rt>ちち</rt></ruby> <ruby>私<rt>わたし</rt></ruby> <ruby>新<rt>あたら</rt></ruby> <ruby>車<rt>くるま</rt></ruby> <ruby>買<rt>か</rt></ruby>

  아버지가 (나한테) 새 차를 사 주셨습니다.

- 彼女は 忙しいと 言って、私に 会ってくれなかった。
  <ruby>彼女<rt>かのじょ</rt></ruby> <ruby>忙<rt>いそが</rt></ruby> <ruby>言<rt>い</rt></ruby> <ruby>私<rt>わたし</rt></ruby> <ruby>会<rt>あ</rt></ruby>

  그녀는 바쁘다며 나를 만나주지 않았다.

- 先生は 私に 本を 貸してくださいました。
  <ruby>先生<rt>せんせい</rt></ruby> <ruby>私<rt>わたし</rt></ruby> <ruby>本<rt>ほん</rt></ruby> <ruby>貸<rt>か</rt></ruby>

  선생님은 나한테 책을 빌려 주셨습니다.

- 山田さんは 田中さんを 車に 乗せてくれました。(×)
  <ruby>山田<rt>やまだ</rt></ruby> <ruby>田中<rt>たなか</rt></ruby> <ruby>車<rt>くるま</rt></ruby> <ruby>乗<rt>の</rt></ruby>

                            乗せてあげました。(○)
                            <ruby>乗<rt>の</rt></ruby>

  야마다 씨는 다나카 씨를 자동차에 태워 주었습니다.

【주의】 받는 쪽이 항상 '나'이어야 하기 때문에 위 마지막 예문은 「くれる」로 표현할 수 없다.

3 ~てもらう ~해 받다

point

「もらう」는 물건을 주고 받을 때 '받다'는 뜻으로 우리말과 크게 다를 것이 없지만, 「~てもらう」는 우리말로 직역하면 '~해 받다'로 누가 행동했느냐를 따져서 거꾸로 '행동을 한 사람이 ~해 주다'로 번역해야 자연스럽다. 정중한 표현은 「~ていただく」를 쓴다.

~가 ~에게 ┌ ~ていただく   ~해 주시다(존경어)
          └ ~てもらう   ~해 주다

동
사

주로 「～に ～てもらう」형으로 쓰이는데, 자신이 부탁하여 어떤 혜택을 입었다거나 고마운 마음이 들어있는 표현이다.

父が 来る

- 父に 来てもらう。　〈～てもらう형〉
  자신이 와 달라고 부탁하여 아버지가 오신 경우

- 父に 来られる。　〈수동형〉
  아버지가 오신 것이 반갑지 않음 → 피해의식

- 引っ越す 時、友達に 手伝ってもらった。
  이사할 때, 친구가 도와 주었다.

- (私は)父に 新しい 車を 買ってもらいました。
  아버지가 (나힌네) 새 차를 사 주셨습니다.

- やっと 彼女に 会ってもらいました。
  겨우 그녀가 (나를) 만나 주었습니다.

- 私は 先生に 本を 貸していただきました。
  선생님께서 나한테 책을 빌려 주셨습니다.

- 日本語で 書いた 日記を 先生に 見ていただきました。
  일본어로 쓴 일기를 선생님께서 봐 주셨습니다.

확인문제　다음을 '〜てもらう'나 '〜ていただく'로 바꾸세요.

----

1. 先生が (私に) 説明して くださいました。

   → _____

2. 朴さんは 李さんの 荷物を 持ってあげました。

   → _____

3. 田中さんは 鈴木さんに お弁当を 作ってあげました。

   → _____

4. 会社の 社長が 特別ボーナスを くださいました。

   → _____

5. 中村さんは 加藤さんに 指輪を 買ってあげました。

   → _____

(6~8) 적당한 표현을 고르세요.

6. 私の 自転車が こわれてしまったので 友達に 直して くれた / もらった。

7. 山田君には ボクが 教えて あげる / くれるよ。

8. A : 山田さんに この スカーフを あげる つもりです。

   B : そうですか、きっと 喜んで 使って あげる / くれるでしょう。

동
사

1. (私は)先生に 説明して いただきました。

2. 李さんは 朴さんに 荷物を 持って もらいました。

3. 鈴木さんは 田中さんに お弁当を 作って もらいました。

4. 会社の 社長に 特別ボーナスを いただきました。

5. 加藤さんは 中村さんに 指輪を 買って もらいました。

6. もらった　　　7. あげる　　　　8. くれる

32. 동사의 의지형

의지를 나타내는 말?

'~할 생각이다, ~할 작정이다'와 같이 의지를 나타내는 표현은 동사의 의지형으로 나타내는 방법과 「의지형 + ~と思う」,「~つもり」로 나타낼 수 있다. 비슷하게 쓰이지만, 자신의 생각이냐, 아니면 자신의 의지와는 상관없이 결정된 사항이냐에 따라 구별해서 쓴다.

1 ~う/よう 동사의 의지형

point 「う/よう」는 '의지'나 추량을 나타내는 조동사로 1류동사에는 「う」가, 2류동사에는 「よう」가 연결된다.

A	あ	か(が)	さ	た	な	ば	ま	ら	→ ない형
I	い	き(ぎ)	し	ち	に	び	み	り	→ ます형
U	う	く(ぐ)	す	つ	ぬ	ぶ	む	る	→ 사전형
E	え	け(げ)	せ	て	ね	べ	め	れ	→ 가능형
O	お	こ(ご)	そ	と	の	ぼ	も	ろ	→ 의지형

❶ 의지형으로 바꾸는 방법

▶ 1류동사 : 끝음 [う]단을 [お]단으로 바꾼 다음 「う」를 붙여 준다. 단독으로 쓰일 경우에는 '~하자'의 뜻이지만, 뒤에 「~と思う」가 연결되면 '~하려고'의 뜻이 된다.

買う 사다	→	か **お** う 사자	行く 가다	→	い **こ** う 가자
脱ぐ 벗다	→	ぬ **ご** う 벗자	話す 말하다	→	はな **そ** う 말하자
立つ 서다	→	た **と** う 서자	死ぬ 죽다	→	し **の** う 죽자
飛ぶ 날다	→	と **ぼ** う 날자	読む 읽다	→	よ **も** う 읽자

▶ 2류동사 : 끝의 「る」를 떼고 「よう」를 연결한다.

見る 보다	→	み **よう** 보자	かりる 빌리다	→	かり **よう** 빌리자
食べる 먹다	→	たべ **よう** 먹자	かける 걸다	→	かけ **よう** 걸자

▶ 3류동사 : 불규칙하므로 다음 형태를 외우면 된다.

来る 오다	→	来 **よう** 오지	する 하나	→	**しよう** 하자
勉強する 공부하다	→		勉強 **しよう** 공부하자		

ます의 의지형은?

「ましょう」이다. 의지를 나타내기도 하지만, '~하자고' 상대방에게 권할 때
도 이 형태로 쓰기 때문에 청유형이라고도 한다.

❷ 의지형의 의미

· 현재형	行きます 가겠습니다	
· 의지형	行こう / 行こうと 思います 가야지/가려고 합니다	
· 기본형 + つもりだ	行く つもりです 갈 작정입니다	

■ point ます형은 '～겠습니다'의 뜻으로 의지를 나타내기도 하지
만, 원래 의지 표현은 아니다. 적극적으로 의지를 나타낼 때는
「う・よう」나 「つもり」를 쓴다.

❸ 의지형의 용법

- 의지 　単語を 覚えよう。단어를 외우자.
　　　　夏休みに 日本へ 行こうと 思う。
　　　　여름 휴가 때 일본에 가려고 생각한다.

- 권유/제안 　いっしょに 散歩しよう。같이 산책하자.
　　　　　　いっしょに 散歩しましょう。같이 산책합시다.

- 추량 　明日は 晴れよう。내일은 맑겠지.
　　　　そんな ふうにも 考えられよう。
　　　　그런 식으로도 생각할 수 있겠지.

현대어에서는 '～할 것이다'의 추량표현으로서의 「よう」는 별로 쓰지 않는
다. 특히 회화에서는 거의 쓰이지 않고, 대신 「～でしょう」나 「～だろう」를
많이 쓴다.

다음 문장을 예와 같이 고치세요.

私は 服を 買います。

→ 私は 服を 買おうと 思っています。

---

1. 来年 私は 日本に 行きます。

   → 来年 私は 日本に ＿＿＿＿＿＿＿＿＿＿と 思っています。

2. 今日は 疲れたから 早く ねます。

   → 今日は 疲れたから 早く ＿＿＿＿＿＿＿＿＿と 思っています。

3. 明日は 会議が あるので 会社に 早く 来ます。

   → 明日は 会議が あるので 会社に 早く ＿＿＿＿＿＿＿＿ と 思っています。

4. 久しぶりに 田舎の 母に 電話する。

   → 久しぶりに 田舎の 母に 電話 ＿＿＿＿＿＿＿＿＿と 思っています。

5. 明日 上映開始する 映画を 見に 行く。

   → 明日 上映開始する 映画を ＿＿＿＿＿＿＿＿＿と 思っています。

정답 1. 行こう   2. ねよう   3. 来よう   4. しよう   5. 見に行こう

33. 의지형 필수문형

1 ~う / よう ~하겠다, ~하자

point 주로 자신의 생각이나 다짐, 계획 등을 나타낸다.

- 日本語を 一生懸命に 勉強しよう。
  일본어를 열심히 공부해야지.

- 来週までに、必ず 論文を 書き上げよう。
  다음 주말까지 반드시 논문을 다 써야지.

2 ~と 思う / 思っている ~하려고 생각한다/생각하고 있다

point 「~と思っている」는「~と思う」보다 그렇게 생각하고 작정한
지 어느 정도 기간이 지났고, 그런 생각을 예전부터 죽 갖고 있
었다는 뉘앙스가 들어 있다.

- 明日は 朝が 早いですから、早く 寝ようと 思います。
  내일은 아침 일찍 일어나야 하기 때문에 일찍 자려고 합니다.

- この 件に ついては、森さんの 意見を 聞いてみようと 思います。
  이번 건에 관해서는 모리 씨의 의견을 들어 보고자 합니다.

- タバコを やめようと 思っています。
  담배를 끊으려고 생각하고 있습니다.

동
사

「～かと思う」(～할까 하고 생각하다)로도 많이 쓰인다.

行こうかと思ったが、行かなかった。 갈까 하고 생각했지만, 가지 않았다.

3 ~つもりです ~할 작정입니다

point 말하는 사람의 의지를 나타내므로, 주로 1인칭에 쓰이며 의지가 없는 것에는 이 말을 쓸 수 없다.

긍정형	부정형
行く つもりです. 갈 작정입니다.	行かない つもりです. 안 갈 생각입니다. 行く つもりは ありません. 갈 생각은 없습니다.

❶ **1인칭에 쓸 경우** 의지를 나타내며, 실천하려는 의지도 들어 있다.

- 私は お酒を やめる つもりです。
  저는 술을 끊을 생각입니다.

❷ **2인칭에 쓸 경우** 생각이나 계획, 꿍꿍이가 뭐냐고 물을 때 쓴다.

- いったい どうする つもりなの。
  도대체 어떻게 할 작정이야?

❸ **3인칭에 쓸 경우** 주로 「らしい」, 「だろう」 등과 같이 쓰인다.

- 彼も お酒を やめる つもりらしい。
  그도 술을 끊을 작정인 것 같다.

- 彼は 当分 何も しないで、休む つもりらしい。

  그는 당분간 아무것도 하지 않고 쉴 작정인 듯하다.

❹ **부정형**　「~ないつもりです(~하지 않을 생각입니다)」보다 「~つもり
はありません(~할 생각은 없습니다)」 쪽이 좀 더 강한 표현이
라고 할 수 있다. 단, 「~つもりではありません」은 틀린 표
현이다.

- キミと 別れる つもりは ない。

  너랑 헤어질 생각은 없어.

❺ **~たつもりだ**　의지와는 상관없이, 사실이나 결과는 다르지만 그 상
황을 가정해서 말할 때 '~한 셈치고' 또는 '(나름
대로는)~했다고 생각한다'는 뜻으로 쓰이는 경우이다.

- 本を 買った つもりで、貯金した。

  책을 산 셈 치고 저금했다.

- 私は 私なりに 一生懸命 やった つもりです。

  저는 제 나름대로 열심히 했다고 생각하고 있습니다.

#check

つもり와 予定의 차이

「つもり」는 의지가 들어 있는 말이기 때문에 의지가 없는 말에는 쓸 수 없다. 이 때
는 「予定(예정)」라는 말을 쓴다.

- 午後 3時から 会議が ある つもりです。　　　　　(X)
- 午後 3時から 会議が ある 予定です。　　　　　　(O)

  오후 세 시부터 회의가 있을 예정입니다.

---

34. 동사의 가능표현

동사의 가능표현은?

동사의 가능표현은 몇 가지가 있는데 주로 1류동사(5단동사)는 가능동사로 만들어서 표현하고, 나머지 동사는 가능의 조동사(れる/られる)형으로 만들거나 「～ことが できる」로 표현한다.

1 가능(可能)표현의 종류

❶ ~を する(동사 사전형) + ことが できる ~을 할 수 있다

> **point** 「できる」는 '할 수 있다'는 뜻의 동사인데, 「동사의 사전형 + ことが できる」로 '~할 수 있다'는 뜻의 가능표현을 만든다.

できる	할 수 있다	→	できます	할 수 있습니다
できない	할 수 없다	→	できません	할 수 없습니다

- 私は 泳ぐ ことが できます。

  나는 헤엄칠 줄 압니다.

- 私は フランス語を 読む ことが できます。

  나는 프랑스어를 읽을 수 있습니다.

❷ 가능동사(1류동사의 경우)

> **point** 1류동사만 가능동사로 만들 수 있다. 1류동사는 위 1번 처럼 바꿀 수도 있고, 가능동사로도 쓸 수도 있는데, 가능동사가 짧게 표현할 수 있어서 많이 쓰이는 편이다.

・私は 泳げます。← 泳ぐ

　나는 헤엄칠 줄 압니다.

・私は フランス語を 読めます。← 読む

　나는 프랑스어를 읽을 수 있습니다.

❸ 명사가 できる　~가 가능하다

point 명사에 「~が できる」를 접속하는 방법이다.

・私は 運転が できます。　　　　　나는 운전이 가능합니다.

・ひまな 時、読書が できます。　　한가할 때 독서가 가능합니다.

2 가능동사 만들기

❶ **1류동사** : 끝음을 [e]음으로 바꾼 다음 「る」를 붙인다.

会う	–	会える	死ぬ	–	死ねる
만나다		만날 수 있다	죽다		죽을 수 있다
聞く	–	聞ける	遊ぶ	–	遊べる
듣다		들을 수 있다	놀다		놀 수 있다
話す	–	話せる	飲む	–	飲める
말하다		말할 수 있다	마시다		마실 수 있다

❷ **2류동사** : 끝의 「る」를 떼고 어간에 「られる」를 붙인다. 〈~られる형〉

동
사

見る 보다	–	見られる 볼 수 있다	起きる 일어나다	–	起きられる 일어날 수 있다
食べる 먹다	–	食べられる 먹을 수 있다	考える 생각하다	–	考えられる 생각할 수 있다

❸ **3류동사** : 불규칙하므로 아래 형태를 외워야 한다. 특히 する의 가능동
사는 できる라는 것에 주의하자.

する 하다	–	できる 할 수 있다	来る 오다	–	来られる 올 수 있다

① 「勉強する」처럼 「する」로 끝나는 동사는 「勉強できる」와 같이 바꾸어 주면 된다.
② 일단 가능동사가 되면 모두 2류동사와 같은 모양이 되므로 2류동사와 같이 활용한다.

※ 다음 동사를 가능동사로 만들고 ～ます · ～ません으로 바꾸세요.

会う 만나다	→	会える 만날 수 있다	→	会えます 만날 수 있습니다	→	会えません 만날 수 없습니다

1. 聞く　→　　　　　→　　　　　→

2. 話す　→　　　　　→　　　　　→

3. 飲む　→　　　　　→　　　　　→

4. 起きる　→　　　　　→　　　　　→

5. 考える　→　　　　　→　　　　　→

6. する　→　　　　　→　　　　　→

3 가능동사가 올 때의 조사 변화

point 가능동사가 뒤에 올 때는 보통 조사 「を」가 「が」로 바뀐다. 하지만 다른 조사는 바뀌지 않으므로 무조건 조사를 바꾸지 말고 목적격조사 「を」만 「が」로 바꾸면 된다.

- 日本語を 話す ことが できます。   일본어를 말할 수 있습니다.

  = 日本語 が 話せます。

- 日本 へ 行く ことが できます。   일본에 갈 수 있습니다.

  = 日本 へ 行けます。

- 病院 で はたらくことが できます。   병원에서 일할 수 있습니다.

  = 病院 で はたらけます。

- 先生 に 会う ことが できます。   선생님을 만날 수 있습니다.

  = 先生 に 会えます。

자동사 중에 경과나 통과를 나타내는 「を」는 「が」로 바뀌지 않는다.

· 山を 降りる。   →   山を 降りられる。

산을(에서) 내려가다.   →   산을(에서) 내려올 수 있다.

4 가능형으로 바꿀 수 없는 말

point 「見える(보인다)」·「聞こえる(들린다)」와 같이 자신의 의지와는 상관없이 보인다거나 들린다거나 하는 지각(知覚)을 나타내는 말은 가능형으로 바꿀 수 없다.

- よく 見えますか。   잘 보여요?

동

사

- となりの 部屋から 男の 人の 声が 聞こえます。
  옆 방에서 남자 목소리가 들립니다.

단, 見る(보다)·聞く(듣다)는 다음과 같이 가능형으로 만들 수 있다.

· 今日は 早く 帰れるので、テレビが 見られる。
  오늘은 빨리 갈 수 있기 때문에 TV를 볼 수 있다.

· ラジオが あれば、ニュースが 聞けるんだが…。
  라디오가 있으면 뉴스를 들을 수 있겠지만….

5 가능의 「~得る(える・うる)」(문어체표현)

point 「得る」는 단독으로 쓰일 때는 '얻다'는 뜻으로, 「うる」로도 읽고 「える」로도 읽을 수 있다. 동사의 ます형에 접속하여 '~할 수 있다'는 가능문을 만든다.

- 考えつる すへ この 手段を 用いる。
  생각할 수 있는 모든 수단을 사용한다.

- とんでもない、そんな ことは 絶対に あり得ませんよ。
  터무니 없어요, 그런 일은 절대로 있을 수 없어요.

#check

得る의 발음

긍정문 … 得る(うる·える) 발음 둘 다 가능하다.
부정문 … 得(え)ない로만 읽는다. 「うない」로는 발음하지 않는다.

ありうる / ありえる 있을 수 있다
ありえない 있을 수 없다

1. 私は 日本語で 話す (　　　　　　)が できます。

   저는 일본어로 말할 수 있습니다.

2. 英語が (　　　　　　) ますか。(話す)

   영어를 말할 수 있습니까?

3. そんなこと (　　　　　　)ませんね。(考える)

   그런 일은 생각할 수 없어요.

4. 今日は 何時に (　　　　　　)ますか。(帰る)

   오늘은 몇 시에 돌아갈 수 있어요?

5. この パン (　　　　　　)ますか。(食べる)

   이 빵 먹을 수 있어요?

6. 私は 朝早く (　　　　　　)ます。(起きる)

   나는 아침 일찍 일어날 수 있습니다.

7. ここで 待っていれば 先生に (　　　　　　)ます。(会う)

   여기서 기다리고 있으면 선생님을 만날 수 있습니다.

8. 風邪が なおったら お酒(　　　　　　) 飲めます。

   감기가 나으면 술을 마실 수 있습니다.

9. ここで バス (　　　　　　) 乗れます。

   여기서 버스를 탈 수 있습니다.

10. あなたは 日本語 (　　　　　　) 読めますか。

    당신은 일본어를 읽을 수 있습니까?

11. あなたは お酒が どのくらい (　　　　　　　　)ますか。(飲む)

당신은 술을 얼마나 마실 수 있습니까?

12. 100メートルを 何秒くらいで (　　　　　　　　)ますか。(走る)

100미터를 몇 초 정도에 달립니까?

35. 동사의 가정표현

동사의 가정 표현이란?

우리말의 '~라면, ~한다면'에 해당하는 표현으로 「~たら・なら・ば・と」 네 가지가 있다. 뜻은 비슷하지만 접속방법과 쓰임새는 약간씩 다르다. 주로 뒤에 어떤 표현과 같이 어울리는지를 잘 파악하고 절대 같이 쓰면 안 되는 표현 등도 주의깊게 익혀두어야 하는 부분이다.

1 동사의 가정형 + ~ば

A	あ	か(が)	さ	た	な	ば	ま	ら	→ ない형
I	い	き(ぎ)	し	ち	に	び	み	り	→ ます형
U	う	く(ぐ)	す	つ	ぬ	ぶ	む	る	→ 사전형
E	え	け(げ)	せ	て	ね	べ	め	れ	→ 가정형
O	お	こ(ご)	そ	と	の	ぼ	も	ろ	→ 의지형

point 「~ば」는 동사의 가정형에 접속한다. 「A ば B」는 장래 일어날 수 있는 조건이 두 개가 있어, 그 조건에 따라 뒤의 내용이 결정될 때, 「~ば~が、~ば~(~하면 ~지만, ~하면 ~)」의 문형으로 쓰일 때가 많다.

2 가정형으로 바꾸는 방법

❶ **1류동사** : 끝의 [u]음을 [e]음으로 바꾼 다음 「ば」를 붙여 준다.

買う	사다	か	えば	사면	行く	가다	い けば	가면

買う	사다	か **えば**	사면	行く	가다	い **けば**	가면
脱ぐ	벗다	ぬ **げば**	벗으면	話す	말하다	はな **せば**	말하면
立つ	서다	た **てば**	서면	死ぬ	죽다	し **ねば**	죽으면
飛ぶ	날다	と **べば**	날면	読む	읽다	よ **めば**	읽으면
売る	팔다	う **れば**	팔면	帰る	돌아가다	かえ **れば**	돌아가면

❷ **2류동사** : 「る」를 떼고 「れば」를 연결한다.

見る	보다	見 **れば**	보면
かりる	빌리다	かり **れば**	빌리면
食べる	먹다	食べ **れば**	먹으면
かける	걸다	かけ **れば**	걸면

❸ **3류동사** : 불규칙하므로 다음 형태를 외우면 된다.

来る	오다	来れば	오면
する	하다	すれば	하면
勉強する	공부하다	勉強すれば	공부하면

속담에서는 거의 ば가 쓰인다.	
住めば 都	정들면 고향
急がば 回れ	급할수록 돌아가라

A : 森さん、今度の 日曜日に 何を する つもりですか。

모리 씨, 이번 일요일에 무엇을 할 작정입니까?

B : 天気が よければ、釣りに 行く つもりですが、天気が よくなければ、映画を 見に 行く つもりです。

날씨가 좋으면 낚시하러 갈 작정입니다만,

날씨가 좋지 않으면 영화를 보러 갈 작정입니다.

A : 山田さん、土曜日の パーティーに 行きませんか。

야마다 씨, 토요일 파티에 가지 않겠습니까?

B1 : 田中さんが 行けば 行きますが、田中さんが 行かなければ 行きません。

다나카 씨가 가면 가지만, 다나카 씨가 가지 않으면 안 갈 거예요.

B2 : 田中さんが 行けば 行きます

다나카씨가 가면 가겠습니다.

A : 田中さん、夏休みに 旅行に 行きませんか。

다나카 씨, 여름 휴가때 여행 가지 않을래요?

B : あまり 暇が ないので、近い ところならば 行きます。

시간이 별로 없으니까 가까운 곳이라면 가겠습니다.

 명사는 「～ならば」로도 쓰지만 「～なら」로 쓰는 경우가 많다.

3 기본형 + ~なら

point 「AならB」는 확정된 조건에 의하여 자신의 행위나 생각을 쓰는 표현으로, 주로 상대방의 이야기나 생각, 결심 등을 듣고 그것을 근거로 하여 말할 때 쓰인다.

A: カメラを 買おうと 思っているんですが、どこの 店が いいでしょうか。

카메라를 사려고 하는데 어느 가게가 좋을까요?

B: カメラを 買うなら、駅前の 店が いいですよ。

카메라를 산다면, 역 앞에 있는 가게가 좋아요.

A: 東京へ 行こうと 思っていますが、いつごろが いいでしょうか。

도쿄에 가려고 생각하고 있습니다만, 언제쯤이 좋을까요?

B: 東京へ 行くなら、4月の 初めが いいですよ。

도쿄에 갈 거면 4월초가 좋아요.

A: 日本の 歌を 一曲 覚えたいんですが、どんな 曲が いいでしょうか。

일본 노래를 한 곡 배울려고 하는데요, 어떤 곡이 좋을까요?

B: 日本の 歌なら、五輪真弓の「恋人よ」が いいですよ。歌詞も いいし、メロディーも 覚えやすいから。

일본 노래라면 이츠와마유미의 '코이비토요'가 좋아요.
가사도 좋고, 멜로디도 배우기 쉬우니까요.

覚(おぼ)える는 보통 '기억하다'란 뜻으로 쓰이지만, '배우다, 익히다'의 뜻도 있다.

4 ~と

| point | 「~と」는 앞에 오는 사항이 일어나면 자동적·필연적으로 뒤의 상태가 일어나는 것을 나타낸다. 문말에 명령, 허가, 희망, 의뢰, 권유, 「~よう」형의 의지표현은 올 수 없다.

• お酒を 飲むと(飲んだら / 飲めば) 私は すぐ 眠くなる。
  술을 마시면 나는 금방 잠이 온다.

• ケーキばかり 食べると(食べたら / 食べれば) 太りますよ。
  케이크만 먹으면 살쪄요.

• ここを まっすぐ 行くと(行けば / 行ったら) 銀行が あります。
  여기서 곧장 가면 은행이 있습니다.

• この スイッチを 押すと(押したら・押せば) 電気が つく。
  이 스위치를 누르면 불이 켜진다.

A: 10を 2で 割ると(割ったら・割れば) いくつに なりますか。
  10을 2로 나누면 얼마가 됩니까?

B: 5に なります。
  5가 됩니다.

5 ~たら

「AたらB」는 A가 성립되었을 때, 그에 대한 자신의 판단이나
의지, 의뢰, 명령, 허가 등을 말할 때 쓴다.
「たら」는 「ば」와 바꿔 쓸 수 있는 경우가 많은데, 「ば」가 조건
을 나타낸다면 「たら」는 행동이나 판단을 나타내는 경우가 많다.

・今の 仕事が 終わったら（終われば）旅行に 行きたい。
　지금 일이 끝나면 여행을 가고 싶다.

・質問が あったら（あれば）手を 上げてください。
　질문이 있으면 손을 드세요.

・万一雨が 降ったら（降れば）試合は 中止です。
　만일 비가 오면 시합은 중지입니다.

A : よろしかったら（よろしければ）一緒に 海に 行きませんか。
　괜찮으시다면 같이 바다 안 가실래요?

B : ええ、ぜひ。
　네, 꼭 갈게요.

6 たら・と・ば・なら 총정리

❶ 접속방법

	たら	と	ば	なら
명사	韓国人だったら 한국인이라면	韓国人だと 한국인이면	×	韓国人なら 한국인이라면
ナ형용사	静かだったら 조용하면	静かだと 조용하면	×	静かなら 조용하다면
イ형용사	高かったら 비싸면 高くなかったら 비싸지 않으면	高いと 비싸면 高くないと 비싸지 않으면	高ければ 비싸면 高くなければ 비싸지 않으면	高いなら 비싸다면 高くないなら 비싸지 않다면
1류동사	行ったら 가면 行かなかったら 안 가면	行くと 갔더니, 가면 行かないと 안 가면	行けば 가면 行かなければ 안 가면	行くなら 간다면 行かないなら 안 간다면
2류동사	見たら 보면	見ると 보니까, 보면	見れば 보면	見るなら 본다면
3류동사	来たら 오면 したら 하면	来ると 오니까, 오면 すると 하면	来れば 오면 すれば 하면	来るなら 온다면 するなら 한다면

❷ 몇가지 주의사항

(1) と : 문말에 의지, 명령, 의뢰, 금지, 충고, 권유, 희망, 추측과 같은 표현이 올 수 없다.

[의지]	午後に なると、散歩しよう。	(×)
[명령]	午後に なると、散歩しなさい。	(×)
[의뢰]	午後に なると、散歩して下さい。	(×)
[금지]	午後に なると、散歩してはいけません。	(×)
[충고]	午後に なると、散歩した方がいい。	(×)
[권유]	午後に なると、散歩しましょう。	(×)
[희망]	午後に なると、散歩したい。	(×)

---

point 위 표현들은 모두 「たら」로 써야 한다.

(2) ば

ⓐ 문말에 과거문이 올 수 없다.

· 昨日（きのう） デパートへ 行けば、先生（せんせい）に 会った。 (×)

· 昨日 デパートへ 行ったら、先生に 会った。 (○)

· 昨日 デパートへ 行くと、先生に 会った。 (○)

　어제 백화점에 갔는데(갔더니), 선생님을 만났다.

---

point 「たら」와 「と」는 뒷문장에 과거문이 올 수 있다.

ⓑ 「と」로 바꿀 수 있는 경우

· 春（はる）に なれば、あたたかくなります。(＝春に なると)
　봄이 되면 따뜻해집니다.

• 歳を とれば 足が 弱くなります。(＝歳を とると)

　나이를 먹으면 다리가 약해집니다.

ⓒ 「たら」로 바꿀 수 있는 경우

• 暑ければ 窓を 開けて 下さい。(＝暑かったら)

　더우면 창문을 여세요.

• もし 払いもどしできれば、私が おごりますよ。(＝払いもどし
　できたら)

　만약 환불이 가능하면, 내가 한턱 낼게요.

(3) なら : 동작의 순서가 시간적으로 뒷 문장이 먼저 이루어질 때는 「なら」
　　　만 쓸 수 있다.

• この 本を (あなたが) 読むなら、(あなたに)貸してあげます。

　이 책을 (당신이) 읽는다면 (당신에게) 빌려 줄게요.

• 出版するなら 書きます。　　　　　　출판한다면 쓰겠습니다.

(4) たら

ⓐ 뒷문장에 과거가 오는 경우에는 '~면'으로 해석하기보다는 '~했더니'로
　해석하는 것이 자연스럽다.

• 電気を つけたら、明るくなった。　불을 켰더니 밝아졌다.

• 電気を つけると、明るくなった。

• 電気を つければ、明るくなった。　(×)

ⓑ 우연한 결과가 과거형으로 뒤에 올 때도 해석은 '~했더니'로 하는 것이 자연스럽다.

동
사

- 家に　帰ったら、手紙が　来ていた。

  집에 가니 편지가 와 있었다.

- 家に　帰ると、手紙が　来ていた。

- 家に　帰れば、手紙が　来ていた。(×)

ⓒ 뒷문장에 의지나 명령, 의뢰, 금지, 충고, 권유, 희망, 추측 등 의사표현이 올 때

- 雨が　降ったら、窓を　閉めてください。

  비가 오면 창문을 닫아 주세요.

- 雨が　降ると、窓を　閉めてください。(×)

- 雨が　降れば、窓を　閉めてください。(×)

【비교】 봄이 되면 꽃이 핍니다.

> 春に　なったら、花が　咲きます
> 春に　なると、花が　咲きます。
> 春に　なれば、花が　咲きます。

위 예문의 경우는 「たら, と, ば」를 모두 쓸 수 있지만, 「たら」는 '봄이 되면'이라는 가정이 강조된 반면, 「と」를 쓰면 '봄이 되기만 하면 반드시 꼭 그렇게 된다'는 느낌이 강하다. 또 「ば」 역시 조건성이 강한 표현이다. 따라서, 대개 일반적인 자연의 법칙을 나타내는 의미라면 「と」가 가장 자연스럽다고 할 수 있겠다.

문장 중에 틀린 곳을 찾아 고치세요.

----

1. デパートに 行けば、先生に 会った。 백화점에 갔는데 선생님을 만났다.

   → _____

2. 家に 帰れば 小包が きていた。 집에 갔더니 소포가 와 있었다.

   → _____

3. 12時に なると 起こしてください。 12시가 되면 깨워 주세요.

   → _____

4. あなたも 行ったら 予約しておきます。 당신도 간다면 예약을 해 놓겠습니다.

   → _____

5. 住むと 都 정들면 고향.(속담)

   → _____

동
사

정답 1. デパートに 行ったら / デパートに 行くと

2. 家に 帰ったら / 家に 帰ると   3. 12時になったら

4. 行くなら   5. 住めば

36. 동사의 명령형

1 명령형으로 만드는 방법

point 일반 회화에서는 부모가 자식에게, 선배가 후배에게 반말로 할 때 쓰고, 보통은 「~て ください」와 같은 형태로 표현한다.

	끝음을 [e]음으로 바꾼다.			
1류동사	行く	가다	→	行け	가, 가라
	飲む	마시다	→	飲め	마셔, 마셔라
	帰る	돌아가다	→	帰れ	돌아가, 돌아가라
(예외)	なさる	하시다	→	なさい	하세요
	いらっしゃる	오시다	→	いらっしゃい	오세요
	끝의 「る」를 「ろ」로 바꾼다			
2류동사	見る	보다	→	見ろ	봐, 봐라
	食べる	먹다	→	食べろ	먹어라
3류동사	来る	오다	→	来い	와, 와라
	する	하다	→	しろ	해, 해라

- 止まれ!   멈춰!

- 早く しろ!   빨리 해!

- やめろ!   그만 해!

도로표시 중에 '멈춤'은 일본어로 「止(と)まれ」라고 씌어져 있다.

2 기본형 + な(부정의 명령문)

| point | 동사의 기본형에 종조사 「な」를 붙이면 '~하지마'란 뜻으로 매우 강한 금지를 나타낸다.

・カンニングするな。　　　　　　　부정행위 하지 마.

・ここで たばこを 吸^すうな。　　　　여기서 담배 피우지 마.

3 ~ないこと / ~こと

| point | 이것 역시 '~하지말 것'이란 뜻으로 강한 금지를 나타내는데 주로 규칙이나 규범 주의사항 등에 쓰인다. 긍정형은 기본형에 「こと」를 붙이면 된다.

・廊下^{ろうか}では 走^{はし}らないこと。　　　　복도에서는 뛰지 말 것.

・レポートは 金曜日^{きんようび}までに 出^だすこと。
리포트는 금요일까지 제출할 것.

4 ~ように ~하도록

| point | 동사의 기본형에 접속한다. 부정 명령문은 「~ないように」(~하지 않도록 / ~하지 말도록)이다.

・お忘^{わす}れ物^{もの}の ないように お確^{たし}かめください。
잊으신 물건이 없도록 확인하여 주십시오.

동
사

・風邪など ひかないように お体を 大事にしてください。

감기 같은 것 걸리지 않도록 몸 조심하십시오.

・先生が「二度と 遅れないように」と 言った。

선생님이 "두 번 다시는 지각하지 않도록" 하고 말했다.

・健康の ために あまり 太らないように 気を つけてください。

건강을 위해 너무 살찌지 않도록 조심하세요.

・お医者さんは「薬を 一日 3回 きちんと 飲むように」と 言った。

의사 선생님은 "약을 하루 세 번 꼭 먹도록" 하고 말했다.

예와 같이 고쳐보세요.

| する | 한다 | → | しろ | 해라 |
| しない | 안 한다 | → | するな | 하지 마 |

1. 食^たべる → _____ 食べない → _____

2. 帰^{かえ}る → _____ 帰らない → _____

3. 飲^のむ → _____ 飲まない → _____

4. 来^くる → _____ 来ない → _____

5. 起^おきる → _____ 起きない → _____

정답 1. 食べろ/食べるな　　2. 帰ろ/帰るな　　3. 飲め/飲むな
　　 4. 来い/来るな　　5. 起きろ/起きるな

37. 조동사

조동사

조동사란 말 그대로 동사를 도와주는(助) 역할을 하는 말로, 모양에 따라 다음과 같이
나눌 수 있다.

1 형태에 따라 나누었을 때

동사처럼 활용하는 것	れる / られる (수동, 가능, 존경)
	せる / させる (사역)
い형용사처럼 활용하는 것	ない(부정) , たい(희망) , らしい(추측)
ナ형용사처럼 활용하는 것	だ(단정) , そうだ(전문)
	ようだ(비유, 추측)
특별하게 활용하는 것	です(단정) , ます 정중 , た(과거)
	ぬ(부정) , ん(부정)
활용을 하지 않는 것	う / よう(의지) , まい(부정)

【주의】 동사처럼 활용하는 경우는 ―る로 끝나고 앞의 음이 모두 e음이므로 2류동사(하1단동
　　　사)와 같이 활용한다.

2 접속방법에 따라 나누었을 때

ない형(미연형)에 접속하는 것	ない, ぬ(ん), せる / させる, れる / られる 등
ます형(연용형)에 접속하는 것	ます, そうだ, たい, たがる
た형(て형)에 접속하는 것	た
명사수식형에 접속하는 것	ようだ, みたいだ
의지형에 접속하는 것	う / よう
명사에 접속하는 것	らしい, だ, です
조사에 접속하는 것	らしい, だ, です, ようだ

point 여기서 「ない」는 イ형용사의 「ない」(없다)가 아니라, 조동사의 「ない」라는 것을 다시 한번 기억해 두자.

동
사

앞에서 익힌 동사의 기본활용만 숙지한다면 조동사에서는 그다지 어려울 것은 없다. 단, 어떤 형태에 접속하는지와 의미, 비슷한 표현과의 차이점 등을 익히면 되는데, たい나 ない 등 이미 앞에서 다룬 내용도 있으므로, 여기서는 가장 중요한 부분인 사역, 수동, 존경, 양태, 추량 표현 등을 중심으로 정리하였다.

38. 양태의 「そうだ」

「そうだ」

조동사 「そうだ」는 '~것 같다'는 뜻으로 어떤 모양이나 상태를 나타내는 양태(様態)의 「そうだ」와 남의 말을 전할 때 '~라고 한다'의 뜻으로 쓰이는 전문(伝聞)의 「そうだ」 두 가지 기능이 있다. 같은 「そうだ」이지만, 기능도 다르고 접속하는 방법도 다르므로 문장에서 어떤 용도로 쓰였는지를 파악할 수 있어야 한다.

「そうだ」의 기능	① ~할 것 같다	양태
	② ~라고 한다	전문

《そうだ의 활용표》

기본형	미연형	연용형	종지형	연체형	가정형	명령형
そうだ	そうだろう	そうだった そうで そうに	そうだ	そうな	そうなら	×

1 접속방법과 활용

❶ 접속방법

	접속방법
명사	✕ *명사는 주로 「～のようだ」나 「らしい」로 표현한다.
ナ형용사	「だ」를 떼고 「そうだ」를 붙인다. 元気だ　　　　　→　　　　　元気そうだ 건강하다　　　　　　　　　　건강한 것 같다, 건강해 보인다
イ형용사	「い」를 떼고 「そうだ」를 붙인다. おいしい　　　　　→　　　　　おいしそうだ 맛있다　　　　　　　　　　　맛있을 것 같다, 맛있어 보인다
동사	「ます형」에 「そうだ」를 붙인다. 落ちる　　　　　→　　　　　落ちそうだ 떨어지다　　　　　　　　　　떨어질 것 같다

❷ 주의해야 할 예외 표현

いい(좋다)	よ	さ	そうだ(좋아 보인다, 좋은 것 같다)　　　よそうだ(✕)
ない(없다)	な	さ	そうだ(없어 보인다, 없을 것 같다)　　　なそうだ(✕)

- この カメラ、よさそうですね。
  이 카메라 좋은 것 같은데요.

- 結婚には まだ 関心が なさそうですね。
  결혼에는 아직 관심이 없어 보이는군요.

> いい와 ない의
> そうだ형은 시험에
> 잘 나오므로 꼭
> 기억해야한다.

❸ そうだ의 활용

| point | 모양이 ナ형용사와 같기 때문에 ナ형용사식 활용을 한다.

정중형	부사형	명사수식형
そうです	そうに	そうな

- あの かばんは 高^{たか}そうです。

  저 가방은 비쌀 것 같습니다.(비싸 보입니다.)

- みんな 楽^{たの}しそうに 笑^{わら}っていました。

  모두들 즐거운 듯이 웃고 있었습니다.

- おいしそうな 料理^{りょうり}ですね。一度^{いちど}食^たべてみたいです。

  맛있어 보이는 요리네요. 한번 먹어 보고 싶어요.

❹ 부정형 만드는 방법

| point | 형용사의 경우 일단 부정형으로 만든 다음, 부정형이 「～ない」로 끝나므로 「～なさそうだ」로 바꾸면 된다. 하지만, 동사는 다음 표와 같이 바뀌므로 잘 확인해 두자.

명사	独身だ 독신이다	→	独身 ではなさそうだ	독신이 아닐 것 같다
ナ형용사	元気だ 건강하다	→	元気 ではなさそうだ	건강하지 않은 것 같다
イ형용사	おいしい 맛있다	→	おいし くなさそうだ	맛없을 것 같다
동사	落ちる 떨어지다	→	落ち そうにない 落ち そうもない 落ち そうにもない	떨어질 것 같지 않다

2 양태의 「~そうだ」의 용법

point 양태의 「そうだ」에서 중요한 것은 판단기준이 '눈으로 들어온 정보'라는 점이다. 동작성이 있는 동사에 「そうだ」가 붙으면, 눈 앞에 있는 상태나 사건을 보고 곧 일어날 일을 판단해서 '~할 것 같다' 하고 추측할 때 쓴다.

❶ 동사 + そうだ : ~할 것 같다

• 今にも 雨が 降りそうです。
　지금이라도 비가 내릴 것 같습니다.

• 今にも 泣き出しそうな 顔を している。
　지금이라도 울음을 터뜨릴 것 같은 얼굴을 하고 있다.

• お腹が すいて、死にそうです。
　배가 고파서 죽을 것 같습니다.

- ボタンが 落^おちそうです。

  단추가 떨어질 것 같습니다.

- 雨^{あめ}が なかなか やみそうにない。

  비가 좀처럼 그칠 것 같지 않다.

❷ 형용사 + そうだ : ～해 보인다

| point | 형용사에 「そうだ」가 붙었을 때는 아직 확인해 보지 않아서 실제로는 어떨지 모르지만 겉으로 보기엔 '～(인)것 같다/～해 보인다'는 뜻이다.

- あの 学生^{がくせい}は、頭^{あたま}が よさそうだ。

  저 학생은 머리가 좋아 보인다.

- 先生^{せんせい}は 成績^{せいせき}には 関心^{かんしん}が なさそうです。

  선생님은 성적에는 관심이 없어 보입니다.

- 彼^{かれ}は いつも 忙^{いそが}しそうに 働^{はたら}いている。

  그는 언제나 바쁜 듯이 일하고 있다.

- 丈夫^{じょうぶ}そうな かばんですね。

  튼튼해 보이는 가방이군요.

#check

긍정문 + そうではない

형용사는 「긍정문 + そうではない」 형태로 부정을 나타내기도 한다.

· おいしそうではない。 맛이 있을 것 같지 않다.

· 元気^{げんき}そうではない。 건강한 것 같지 않다.

---

❸ 명사의 추량

| point | 명사는 긍정문의 경우 「そうだ」를 쓸 수 없기 때문에 대신 「ようだ」나 「らしい」를 써서 표현한다. 단, 부정문은 「명사 + ではなさそうだ」로 표현할 수 있다.

조동사

긍정문

• あの 二人(ふたり)は どうも 夫婦(ふうふ)のようだ。

　저 두 사람은 아무래도 부부 같다.

• 彼(かれ)は お金持(かねも)ちらしい。

　그는 부자인 것 같다.

부정문

• あの 二人(ふたり)は どうも 夫婦(ふうふ)ではなさそうだ。

　저 두 사람은 아무래도 부부 같지 않다.

• 彼(かれ)は お金持(かねも)ちではなさそうだ。

　그는 부자가 아닌 것 같다.

다음 빈칸에 들어갈 말을 쓰세요.

---

1. 今_{いま}にも ＿＿＿＿＿＿＿＿ 顔_{かお}で 入_{はい}ってきた。(死_しぬ)

   지금이라도 죽을 것 같은 얼굴로 들어왔다.

2. 怪我_{けが}を した 人_{ひと}が＿＿＿＿＿＿＿＿もがいていた。(苦_{くる}しい)

   다친 사람이 고통스러운 듯이 몸부림 치고 있었다.

3. 熟_{じゅく}した 柿_{かき}が 木_きから ＿＿＿＿＿＿＿＿。(落_おちる)

   익은 감이 나무에서 떨어질 것 같다.

4. 今日_{きょう}は 顔色_{かおいろ}が＿＿＿＿＿＿＿＿見_みえる。(いい)

   오늘은 안색이 좋아 보인다.

5. 彼女_{かのじょ}は ＿＿＿＿＿＿＿＿。(独身_{どくしん}だ)

   그녀는 독신이 아닌 것 같다.

정답 1. 死にそうな   2. 苦しそうに   3. 落ちそうだ

       4. よさそうに   5. 独身ではなさそうだ

39. 전문의 「そうだ」

전문(伝聞)의「~そうだ」: ~라고 한다

전문(伝聞)의「~そうだ」는 남의 말을 전하는 기능으로 '~라고 한다'는 뜻이다. 모양은 양태의「~そうだ」와 같지만, 접속방법은 다르다. 동사, 형용사 모두 기본형에 연결된다는 것을 꼭 기억해야 한다. 따라서 같은「~そうだ」라도 어떤 뜻으로 쓰였는지는 앞에 연결된 형태를 보면 알 수 있다.

≪양태의 そうだ와 전문의 そうだ≫

	양태	전문
ナ형용사	ひまそうだ 한가한 것 같다	ひまだそうだ 한가하다고 한다
イ형용사	いそがしそうだ 바쁜 것 같다	いそがしいそうだ 바쁘다고 한다
동사	できそうだ 가능할 것 같다	できるそうだ 가능하다고 한다

접속방법

| point | 전문의 「~そうだ」(~라고 한다)는 각 품사의 보통형에 연결된다.

❶ 명사에 연결될 경우

タレント だ	タレント	だそうだ	탤런트라고 한다
タレント ではない	タレント	ではないそうだ	탤런트가 아니라고 한다
タレント だった	タレント	だったそうだ	탤런트였다고 한다
タレント ではなかった	タレント	ではなかったそうだ	탤런트가 아니었다고 한다

❷ ナ형용사에 연결될 경우

まじめ だ	まじめ	たそうだ	성실하다고 한다
まじめ ではない	まじめ	ではないそうだ	성실하지 않다고 한다
まじめ だった	まじめ	だったそうだ	성실했다고 한다
まじめ ではなかった	まじめ	ではなかったそうだ	성실하지 않았다고 한다

❸ イ형용사에 연결될 경우

おおき い	おおき	いそうだ	크다고 한다
おおき くない	おおき	くないそうだ	크지 않다고 한다
おおき かった	おおき	かったそうだ	컸다고 한다
おおき くなかった	おおき	くなかったそうだ	크지 않았다고 한다

❹ 동사에 연결될 경우

行　く	行く	そうだ	간다고 한다
行か ない	行か	ないそうだ	가지 않는다고 한다
行っ た	行っ	たそうだ	갔다고 한다
行か なかった	行か	なかったそうだ	가지 않았다고 한다

2　의미와 용법

point　보통형에 연결되어 다른 사람으로부터 들었거나 TV에서 본 것, 라디오에서 들은 것 등을 그대로 전할 때 쓰는 표현이다. 주로 앞에는 「～によると(～에 의하면)」나 「～の話では(～의 말로는)」와 같이 어디서 정보를 얻었는지를 나타내는 말이 온다.

• 森さんの 奥さんは 中学の 先生だそうです。
　모리 씨 부인은 중학교 선생님이라고 합니다.

• ニュースに よると 明日から 梅雨が 始まるそうです。
　뉴스에 의하면 내일부터 장마가 시작된다고 합니다.

• テレビの ニュースに よると、日本の 地震の 被害は 大きいそうです。
　TV뉴스에 의하면, 일본의 지진 피해가 크다고 합니다.

　　　　　　　　　　　　　　　　인사이동은 한자에 주의!
• 来月 人事異動が あるそうです。　　　人事異動 (○)　人事移動 (×)
　다음 달에 인사 이동이 있다고 합니다.

• きのう 高速道路で 大きな 事故が 起きたそうです。
　어제 고속도로에서 커다란 사고가 일어났다고 합니다.

전문의 「そうだ」는 「だろう・らしい・ようだ」와 같은 추측을 나타내는 말과 같이 쓸 수 없다.

・お医者さんの 話に よると、二、三日で よくなるだろうそうです。(×)

・お医者さんの 話に よると、二、三日で よくなるだろうという ことです。(○)

의사선생님 말에 의하면, 2,3일이면 좋아질 것이라고 합니다.

#check

그 외 전문표현

そうだ 외에도 다음과 같은 표현이 있다. 모두 자주 쓰는 표현.

・〜ということです	〜라는 것입니다 (= そうです)
・〜とのことです	〜라고 합니다
・〜と言いました	〜라고 했습니다
・〜という話です	〜라는 얘깁니다

・明日から 梅雨に 入るって。

내일부터 장마철에 들어간대.

・聞くところに よると 消費税が また 上がるんですって。(여성어)

들은 바에 의하면 소비세가 또 오른대요.

・近い 未来に 大地震が 起きるとか。

가까운 미래에 큰 지진이 온대나.

・期末試験の 試験範囲が 発表されるということです。

기말시험의 시험범위가 발표된다고 합니다.

40. ようだ

「ようだ」

「ようだ」는 '마치 ~같다'의 뜻으로 「비유」를 나타내는 용법과, '~같다, ~하는 모양
이다'와 같이 「추측」을 나타내는 용법 두 가지가 있다. 비유의 「ようだ」는 주로 어떤
것을 다른 것에 비유해서 말할 때 쓰기 때문에 명사가 앞에 오는 경우가 많다. 「そう
だ」와 마찬가지로 부사형은 「ように」, 명사수식형은 「ような」이다.

「~ようだ」 의 기능	① ~같다	비유
	② ~(할) 것 같다	추측

〈ようだの 활용표〉

기본형	미연형	연용형	종지형	연체형	가정형	명령형
ようだ	ようだろう	ようだった ようで ように	ようだ	ような	ようなら	×

1 ようだ형으로 만드는 방법

명사	ナ형용사	イ형용사	동사	
の	な	い	-U(기본형)	
ではない	ではない	くない	ない	+ようだ
だった	だった	かった	た	
ではなかった	ではなかった	くなかった	なかった	

정중형	부사형	명사수식형
ようです	ように	ような

2 ようだ의 용법

❶ 비유

point 비유의 「ようだ」는 '～같다'는 뜻으로 어떤 것을 다른 것에 비유해서 말하거나 예를 들어 말할 때 쓴다. 주로 「まるで(마치)」와 같이 쓰인다.

• この 景色は まるで 絵の ようだ。

이 경치는 마치 그림 같다.

• 朴先生は 私に とって 親の ような 存在です。

박 선생님은 나에게 있어 부모와 같은 존재입니다.

• 山田さんは 魚の ように 上手に 泳げます。

야마다 씨는 물고기처럼 능숙하게 헤엄칠 수 있습니다.

• 韓国の ように 四季が ある 国では、季節に よって 景色が ず

いぶん 違います。

한국처럼 사계절이 있는 나라에서는 계절에 따라서 경치가 매우 다릅니다.

• サラジャンの ような 有名な バイオリニストに なりたい。

사라 장 같은 유명한 바이올린 연주자가 되고 싶다.

```
word
• 景色(けしき)  경치(한자 읽기에 주의)      • 季節(きせつ)  계절
```

「ようだ」의 또다른 기능

목적이나 내용을 나타낼 때 '~처럼' '~하도록'의 뜻으로 쓰인다.
- 私が 書く ように 書いてください。　　　　　내가 쓰는 것 처럼 쓰세요.
- 授業に 遅れない ように してください。　　수업에 늦지 않도록 해 주세요.

❷ 추측

point　추측의 「ようだ」는 '~것 같다' 의 뜻으로 추측을 나타낼 때 쓰
는데, 당시의 상황이나 데이터 등 외부자료를 근거로 할 수도
있고, 말하는 사람의 느낌에 의한 주관적인 판단에 의해 추측
할 때 쓸 수도 있다.

- 당시의 상황이나 데이터 등 외부 자료를 근거로 한 추측 「らしい」로 바꿀 수 있다.
- 말하는 사람 자신의 느낌 등 주관적인 판단에 의한 추측 「らしい」로 바꿀 수 없다.

- 何か 事故が あった ようですね。電車が だいぶ 遅れていますよ。
  무슨 사고가 난 것 같아요. 전차가 상당히 늦어지고 있어요.

- 塩が 少し 足りない ようですが、もう 少し 入れましょうか。
  소금이 조금 모자라는 것 같은데, 좀 더 넣을까요?

- 何か 大事な 用事を 忘れている ような 気が します。
  무슨 큰 볼일을 잊어버린 듯한 기분이 듭니다.

- 誰か 来た ようですね。
  누군가 온 것 같군요.

- かぜを ひいた ようです。
  감기 걸린 것 같아요.

41. みたいだ

「みたいだ」

「みたいだ」는 접미어 「みたい」에 「だ」가 붙은 형태로, 「ようだ」와 마찬가지로 비유와 추측을 나타내는데, 단, 접속방법이 다르다. 가령 '장난감 같다'고 할 때 「おもちゃのようだ」와 같이 「の」가 들어가지만 「みたいだ」를 쓰면 「おもちゃみたいだ」와 같이 명사에 바로 연결된다.

*조동사는 아니지만 ようだ와 같이 익혀두어야 하는 내용이므로 여기에 넣어두었다.

1 みたいだ형으로 만드는 방법

명사	ナ형용사	イ형용사	동사	
명사에 바로연결	어간에 바로 연결	い	ーU(기본형)	
ではない	ではない	くない	ない	+ みたいだ
だった	だった	かった	た	
ではなかった	ではなかった	くなかった	なかった	

정중형	부사형	명사수식형
みたいです	みたいに	みたいな

2 みたいだ의 용법

❶ 비유

| point | 비유의 「ようだ」와 마찬가지로 '〜것 같다'는 뜻으로 어떤 것을 다른 것에 비유해서 말하거나 예를 들어 말할 때 쓴다. 주로 「まるで(마치)」와 같이 쓰인다.

- この 景色は まるで 絵みたいだ。
  이 경치는 마치 그림 같다.

- 朴先生は 私に とって 親みたいな 存在です。
  박 선생님은 나에게 있어 부모와 같은 존재입니다.

- 山田さんは 魚みたいに 上手に 泳げます。
  야마다 씨는 물고기처럼 능숙하게 헤엄칠 수 있습니다.

- 韓国みたいに 四季が ある国では、季節に よって 景色が ずい
  ぶん 違います。
  한국처럼 사계절이 있는 나라에서는 계절에 따라서 경치가 매우 다릅니다.

- サラジャンみたいな 有名な バイオリニストに なりたい。
  사라 장 같은 유명한 바이올린 연주자가 되고 싶다.

- 田中さんみたいに なりたいです。
  다나카 씨 처럼 되고 싶어요.

❷ 추측

point 「みたいだ」는 「ようだ」보다 회화체적인 느낌이 든다. 따라서
회화에서는 「みたいだ」를 많이 쓴다.

- 何か 事故が あったみたいですね。電車が だいぶ 遅れていますよ。
  무슨 사고가 났나 봐요. 전차가 상당히 늦어지고 있어요.

- 塩が 少し 足りないみたいですが、もう 少し 入れましょうか。
  소금이 조금 모자라는 것 같은데, 좀더 넣을까요?

3 みたいだ와 ようだ

みたいだ는 ようだ의 회화체라고 생각하면 OK!

	ようだ	みたいだ
명사	おもちゃのようだ 장난감 같다	おもちゃみたいだ 장난감 같다
ナ형용사	楽^{らく}なようだ 편한 것 같다	楽^{らく}みたいだ 편한 것 같다
イ형용사	大^{おお}きいようだ 큰 것 같다	大^{おお}きいみたいだ 큰 것 같다
동사	だれか 来^きたようだ 누가 온 것 같다	だれか 来^きたみたいだ 누가 온 것 같다

- 彼^{かれ}みたい。
  그 사람 같아.

- そうみたい。
  그런 것 같아.

- この ごろ すごく 忙^{いそ}しいみたい。
  요즘 굉장히 바쁜가 봐.

- あの 人^{ひと}たち 別^{わか}れたみたい。
  저 사람들 헤어졌나 봐.

> 쓰임새는 같지만, 명사와
> ナ형용사에 연결되는
> 형태가 다르므로
> 그 점만 주의하면 된다.

42. らしい

「らしい」

조동사 「らしい」는 추측 · 불확실한 전문(伝聞) · '~답다'의 세 가지 용법이 있다. 추측을 나타내는 것은 앞에서 익힌 「そうだ」「ようだ(みたいだ)」와 비슷하지만, '~답다'는 전혀 다른 뜻으로 쓰이는 경우이다. 모양이 イ형용사와 같기 때문에 イ형용사와 같이 활용한다.

「~らしい」의 기능	① 추측
	② 불확실한 전문(伝聞)
	③ ~답다

〈らしい의 활용표〉

기본형	미연형	연용형	종지형	연체형	가정형	명령형
らしい	×	らしかった らしく	らしい	らしい	×	×

1 らしい형으로 만드는 방법

명사	ナ형용사	イ형용사	동사	
명사에 바로 연결	어간에 바로 연결	い	ーU(기본형)	
ではない	ではない	くない	ない	+ らしい
だった	だった	かった	た	
ではなかった	ではなかった	くなかった	なかった	

정중형	부사형	명사수식형	부사형
らしいです	らしく	らしい	らしくない

2 らしい의 용법

❶ 추측

> point 추측의 「らしい」는 외부적인 상황이나 정황으로 볼 때 그럴 것이라고 추측할 때 쓰는 말로, 대부분 「ようだ」로 바꿀 수 있지만, 「ようだ」보다 근거가 불확실한 느낌을 준다.

・どうも 事故が あったらしいですね。
　아무래도 사고가 난 모양이에요. 〈상황으로 판단한 추측〉

・あの 人は どうも 外国人らしいです。
　저 사람은 아무래도 외국인 같아요.

【비교】 보통 「まるで〜ようだ」(마치〜같다) 「どうも〜らしい」(아무래도〜같다)와 같이 쓰인다.

② 불확실한 전문의 らしい

point 　남의 말을 그대로 전할 때는「そうだ」를 쓰지만, 불확실한 이야기를 전할 때도 이「らしい」를 쓴다. 근거가 불확실하고 무책임한 표현이기 때문에 주로 남에게서 들은 소문을 다른 사람에게 전할 때 많이 쓴다.

・マリさん 先月 日本へ 帰ったらしいよ。

마리 씨 지난 달에 일본으로 돌아갔대요.

・あの タレント 離婚したらしいですよ。

저 탤런트 이혼했대요.

【주의】남의 말을 전할 때 쓰는 말이므로 자신의 이야기에 대해서는「らしい」를 쓸 수 없다.

・どうも(私は) 熱が あるらしいです。　　　　　(×)
　どうも(私は) 熱が あるようです。　　　　　(○)

아무래도 (나는) 열이 있는 것 같아요.

③「~답다」의「らしい」

point 　'~답다'의 뜻으로 추측이나 전문의 뜻과는 전혀 상관없이 독립적으로 쓰이는 말이다.

・男らしい	남자답다	男らしくない	남자답지 못하다
・女らしい	여자답다	女らしくない	여자답지 못하다
・大人らしい	어른답다	大人らしくない	어른답지 못하다
・子供らしい	아이답다	子供らしくない	아이답지 못하다

▌point 각각 다른 용법도 있지만, 공통적으로 '~것 같다'는 추측을 나타내는 말이다.

❶ そうだ·ようだ·らしい의 접속 방법

> みたいだ는
> らしい와 접속
> 방법이 똑같다.

	そうだ(전문)	そうだ(양태)	ようだ	らしい
동사	行くそうだ 行かないそうだ 行ったそうだ 行かなかったそうだ	行きそうだ 行きそうに(も)な × ×	行くようだ 行かないようだ 行ったようだ 行かなかったようだ	行くらしい 行かないらしい 行ったらしい 行かなかったらしい
イ형용사	高いそうだ 高くないそうだ 高かったそうだ 高くなかったそうだ	高そうだ 高くなさそうだ × ㅅ	高いようだ 高くないようだ 高かったようだ 高くなかったようだ	高いらしい 高くないらしい 高かったらしい 高くなかったらしい
ナ형용사	楽だそうだ 楽ではないそうだ 楽だったそうだ 楽ではなかったそうだ	楽そうだ 楽ではなさそうだ × ×	楽なようだ 楽ではないようだ 楽だったようだ 楽ではなかったようだ	楽らしい 楽ではないらしい 楽だったらしい 楽ではなかったらしい
명사	人だそうだ 人ではないそうだ 人だったそうだ 人ではなかったそうだ	× 人ではなさそうだ × ×	人のようだ 人ではないようだ 人だったようだ 人ではなかったようだ	人らしい 人ではないらしい 人だったらしい 人ではなかったらしい

② そうだ·ようだ·らしい의 용법 비교

	そうだ	ようだ(みたいだ)	らしい
판단의 근거	현장이나 상황을 직접 관찰한 것	시청각적 정보 감촉 ○ 전언 ×	시청각적 정보 감촉 × 전언 ○
서술태도	직관적 판단	직관적 · 일반적 판단 말하는 사람과의 심적 거리가 가깝다.	객관적 · 논리적 판단 말하는 사람과의 심적 거리가 있다.
서술범위	현재에서 매우 가까운 미래	과거~미래 이미 체험한 일	과거~미래
주의사항	직접 체험한 일에는 쓸 수 없다.	가정형 문장이 앞에 올 수 없다. 남의 말을 전할 때는 쓸 수 없다.	1인칭의 신체고통, 감각 등에는 쓸 수 없다. 내부감각 등에 사용할 수 없다.

조동사

확인문제 (   )안의 단어를 이용하여 예와 같이 바꾸어 보세요.

> きのうは 雨だった そうですね。(雨だ)   어제는 비가 왔었다면서요.

1. 友達の 話に よると 日本の 夏は とても (   ) そうですね。(暑い)

   친구 말에 의하면 일본의 여름은 굉장히 덥다고 하던데요.

2. 森さんの 話では 林さんは 会社を (   ) そうですよ。(やめる)

   모리 씨 말로는 하야시 씨가 회사를 그만둔다고 그러던데요.

3. (　　　　　　　) そうな ケーキですね。(おいしい)

케이크가 <u>맛있어 보이네요.</u>

4. 道が こんでいますね。(　　　　　　　) ようです。(事故だ)

길이 막히네요. <u>사고인가 봐요.</u>(사고가 났나 봐요.)

5. 電気が ついているのを 見ると だれか (　　　　　　) ようです
ね。(来る)

불이 켜진 걸 보니까 <u>누가 왔나 봐요.</u> (누군가 온 것 같습니다.)

6. いまにも 雨が (　　　　　　) そうです。(降る)

당장이라도 <u>비가 올 것 같습니다.</u>

7. まるで (　　　　　　) ような トラです。(ネコだ)

꼭 <u>고양이 같은 호랑이예요.</u>

8. あの ふたり 結局 (　　　　　　) らしいですよ。(別れる)

저 두 사람 결국 <u>헤어진 모양이에요.</u>

9. どうも かぜを (　　　　　　) ようです。(ひく)

아무래도 <u>감기 걸린 것 같아요.</u>

10. 彼女は とても (　　　　　　) らしいです。(女だ)

그녀는 아주 <u>여성스럽습니다.</u>

| 정답 | 1. 暑い | 2. やめる | 3. おいし | 4. 事故の | 5. 来た |
| | 6. 降り | 7. ネコの | 8. 別れた | 9. ひいた | 10. 女 |

43. 수동의 「れる·られる」

「れる·られる」

조동사 「れる · られる」에는 가능과 수동 · 존경이라는 세 가지 기능을 갖고 있는데, 여기서는 수동으로 쓰인 경우이다. 「れる · られる」가 가능인지, 수동인지, 존경인지는 문맥을 보면 알 수 있지만, 1류동사의 경우 가능형은 「れる · られる」형을 쓰지 않고 [−eru]형으로 많이 쓰고, 존경의 「れる · られる」는 일상회화에서 많이 쓰는 캐주얼한 경어라고 할 수 있다.

1 수동형 만들기

	사전형		가능형		수동형	
1류동사	書く	쓰다	書ける	쓸 수 있다	書かれる	쓰여지다
2류동사	食べる	먹다	食べられる	먹을 수 있다 / 먹여지다		
3류동사	する	하다	できる	할 수 있다	される	당하다
	来る	오다	来られる	올 수 있다 / 와지다		

❶ **1류동사** : 동사의 「ない형」에 「れる」를 붙인다. 일단 수동형이 되면 모두 2류동사가 되므로 2류동사와 같이 활용한다.

言う	말하다	言	わ ない	言	われる	말해지다, 말을 듣다
書く	쓰다	書	か ない	書	かれる	쓰여지다
しかる	야단치다	しか	ら ない	しか	られる	야단맞다

❷ **2류동사** : 끝의 「る」를 떼고 어간에 「られる」를 붙여 준다.

$\overset{み}{見}$る　보다　　　　　見　＋　られる　　　見　られる　보여지다
$\overset{た}{食}$べる　먹다　　　　食べ　＋　られる　　食べ　られる　먹여지다

• 2류동사는 가능형과 수동형이 같다.

❸ **3류동사**

する　하다　　される　당하다　　　　$\overset{く}{来}$る　오다　　$\overset{こ}{来}$られる　와지다

❹ **수동형으로 바꿀 수 없는 동사**

ある　있다　　　　できる　할 수 있다　　　$\overset{い}{要}$る　필요하다
$\overset{み}{見}$える　보이다　　　$\overset{き}{聞}$こえる　들리다

「$\overset{あんてい}{安定}$する」(안정되다)처럼 이미 '저절로 그렇게 되다'는 뜻이 들어있는 말은 수동형으로 바꿀 수 없다. (주로 '한자어 + 되다')

$\overset{はってん}{発展}$する　　　　　　발전하다 / 발전되다

$\overset{かんけい}{関係}$する　　　　　　관계하다 / 관계되다

$\overset{いっかん}{一貫}$する　　　　　　일관하다 / 일관되다

$\overset{じゅうふく}{重複}$する　　　　　　중복하다 / 중복되다

$\overset{かいふく}{回復}$する　　　　　　회복하다 / 회복되다

$\overset{かんせん}{幹線}$する　　　　　　감염되다

※ 다음 동사를 수동형으로 바꾸어 보세요.

1. こわす　　→

2. しかる　→

3. なぐる　　→

4. 送^{おく}る　→

5. 届^{とど}ける　→

6. 渡^{わた}す　→

7. 発見^{はっけん}する　→

8. 呼^よぶ　→

9. 招待^{しょうたい}する　→

10. ほめる　→

> **정답** 1. こわされる　2. しかられる　3. なぐられる　4. 送^{おく}られる　5. 届^{とど}けられる
> 6. 渡^{わた}される　7. 発見^{はっけん}される　8. 呼^よばれる　9. 招待^{しょうたい}される　10. ほめられる

2 수동문의 형태

	직접 수동	간접 수동
자동사	×	私^{わたし}は 会社^{かいしゃ}の 帰^{かえ}りに、雨^{あめ}に 降^ふられた。 나는 퇴근길에 비를 맞았다.
타동사	私は 先生^{せんせい}に しかられた。 나는 선생님께 야단맞았다.	(私は) 弟^{おとうと}に カメラを こわされた。 남동생이 카메라를 고장냈다.

⬇ ⬇

「(사람)に～れる/られる」형　　　「(사람)に (사물)を～れる/られる」형

| point | 수동문이 직접수동인지 간접수동인지는 문맥을 보면 알 수 있다. 단, 수동문에서는 행위자가 누구인지를 파악하여 '누가 ~ 했다'로 해석하는 것이 자연스러운 경우도 있다. 피해자가 주이가 되는 수동문에서는 피해자에게 초점이 맞추어져 있다고 할 수 있다. |

3 행위자를 나타내는 조사

❶ 「~に」: ~한테 : 수동문은 기본적으로 'A는 B한테 ~당하다'는 형태이므로 이 '~한테'에 해당하는 조사가 「~に」이다.

・先生は Aさんを しかりました。　　　　　　　　능동문
　선생님은 A씨를 야단쳤습니다.

・Aさんは 先生に しかられました。　　　　　　수동문
　A씨는 선생님께 야단맞았습니다.

・父が 私を なぐった。　　　　　　　　　　　　능동문
　아버지가 나를 때렸다.

・私は 父に なぐられた。　　　　　　　　　　　수동문
　나는 아버지한테 맞았다.

・母は 私を 呼びました。　　　　　　　　　　　능동문
　어머니는 나를 불렀습니다.

・私は 母に 呼ばれました。　　　　　　　　　　수동문
　나는 어머니에게 불렸습니다.

❷「~から」: ~로부터

> point   'B한테'의 B가 사람일 때는 조사 「に」와 함께 쓰는 것이 대부분인데, 주고 받는 동작이나 행위의 출처를 분명히 나타낼 때는 「から」를 쓰기도 한다.

- •「~から 送られた」　　: ~로부터 보내졌다(물건 등)
- •「~から 届けられた」 : ~로부터 보내졌다(편지나 소포 등)
- •「~から 渡された」　　: ~로부터 전달되었다

❸「~に よって」: ~에 의해

> point   주로 문장에서 객관적인 기술을 할 때 쓰인다. 또 역사적인 발견이나, 창조 등에도 쓰는데, 이 때는 「に」로 바꿀 수 없다.

- • アメリカ大陸は、コロンブスに よって 発見された。
  미국 대륙은 콜럼부스에 의해서 발견되었다.

- • ハムレットは シェイクスピアに よって 書かれました。
  햄릿은 셰익스피어에 의해 쓰여졌습니다.

❹「~で」: ~로, ~때문에

> point   자연 현상에는 원인이나 이유의 「で」를 쓰기도 한다.

- • 台風で、家が 壊された。
  태풍 때문에 집이 부셔졌다.

- • 風邪で、頭が 痛いです。
  감기 때문에 머리가 아픕니다.

조동사

#check

'~께'에 해당하는 조사는 없는가?

우리말에서는 '아이들에게' '친구한테' '부모님께'와 같이 조사도 구분해서 쓰는데, '~께'에 해당하는 일본어는 따로 없다. '~한테, 에게, 께' 모두 일본어로는 「に」를 쓴다.

4 수동문의 종류

① 사람을 대상으로 하는 동사의 수동(B가 사람일 때)

A は	B を(に)	+ 동사	…	능동문
B は	A に	+ 동사(ら)れる	…	수동문

- 先生（せんせい）は 木村（きむら）さんを 呼（よ）んだ。　　선생님은 기무라 씨를 불렀다.

  → 木村さんは 先生に 呼ばれた。　기무라 씨는 선생님께 불렸다.

- 学生（がくせい）は 田中先生（たなかせんせい）を 尊敬（そんけい）している。

  학생들은 다나카 선생님을 존경하고 있다.

  → 田中先生は 学生に 尊敬されている。

  다나카 선생님은 학생들에게 존경받고 있다.

- 警官（けいかん）は どろぼうを 捕（つか）まえました。　경관은 도둑을 잡았습니다.

  → どろぼうは 警官に 捕まえられました。

  도둑은 경관에게 잡혔습니다.

#check

수동형으로 자주 쓰이는 동사

· 招待(しょうたい)する   →   招待される   초대받다

· 殺(ころ)す   →   殺される   살해당하다

· 尊敬(そんけい)する   →   尊敬される   존경받다

· 反対(はんたい)する   →   反対される   반대당하다

---

❷ 신체의 일부분이 대상이 되었을 경우

point   이 때는 '신체의 일부분'의 주인, 즉 사람이 주어가 된다.

A が   B の N を   +   동사   …   능동문

B は   A に N を   +   동사(ら)れる   …   수동문

· となりの 人が 私の 足を 踏んだ。   옆 사람이 내 발을 밟았다.

  → 私は となりの 人に 足を 踏まれた。 나는 옆 사람에게 발을 밟혔다.

· 犬が 私の 指を かんだ。   개가 내 손가락을 물었다.

  → (私は) 犬に 指を かまれた。   (나는) 개한테 손가락을 물렸다.

· エレベーターに 指を はさまれた。 엘리베이터에 손가락이 끼었다.

❸ 소유물이 대상이 되었을 경우

point 이 때도 위와 마찬가지로 물건의 주인(소유주)이 주어가 된다.
우리말로 옮겼을 때는 능동문과 별 차이가 없을 수도 있는데,
수동문은 '싫은 느낌'이나 '억지로 ~한 느낌'을 나타낸다.

```
A が      B の (もの) を  +   동사        …    능동문

B は      A に (もの) を  +   동사(ら)れる    …    수동문
```

• 母が 私の 日記を 読んだ。   엄마가 내 일기를 읽었다.

  →(私は) 母に 日記を 読まれた。

  (보여드리기 싫었는데)엄마가 일기를 읽었다.

• 友達が 私の 弁当を 食べた。   친구가 내 도시락을 먹었다.

  →(私は)友だちに 弁当を 食べられた。

  친구가 내 도시락을 먹었다.(그래서 싫었다.)

• どろぼうに お金を 盗まれた。   도둑에게 돈을 도둑맞았다.

> 人(ひと)에 대해 …가장 대표적인 뜻으로는 '사람'이지만, '다른 사람' '타인'
> 이라는 뜻도 있다. 또한 男の人, 女の人라고 하면 남자사람, 여자사람이 아
> 니라 '남자, 여자'란 뜻이다.

❹ 목적어가 따로 있는 경우

point 문장 안에 목적어가 따로 있는 경우이다. 행위자가 없이 동사만
단독으로 쓰이는 경우도 있는데 주로 「~に ~(ら)れる」형으로
쓰이는 동사(여격동사)로 다음과 같은 동사가 여기에 해당된다.

| A は | B の ～ を | + | 동사 | … | 능동문 |

| B は | A に ～ を | + | 동사(ら)れる | … | 수동문 |

～に	言う	말하다	～に	言われる	말해지다, 듣다
～에게	頼む	부탁하다	～한테서	頼まれる	부탁받다
	伝える	전하다	～로부터	伝えられる	전해지다
	質問する	질문하다		質問される	질문받다, 질문당하다
	答える	대답하다		答えられる	대답하게 되다
	送る	보내다		送られる	보내지다
	届ける	보내다, 부치다		届けられる	부쳐지다, 도착되다
	渡す	건네주다		渡される	건네받다

• 先生が 私たちに 質問を しました。

　선생님이 우리들에게 질문을 했습니다.

　→私たちは 先生に 質問を されました。

　　우리들은 선생님한테서 질문을 받았습니다.

• 友達が 私に 通訳を 頼みました。

　친구가 나한테 통역을 부탁했습니다.

　→私は 友達に 通訳を 頼まれました。

　　나는 친구한테서 통역을 부탁받았습니다.

• 鈴木先生は 人に 頼まれたら、いやと 言えない 性格です。

스즈키 선생님은 남한테서 부탁받으면 싫다고 말 못하는 성격입니다.

• 道を 歩いていたら、日本の 観光客に 道を 聞かれた。

길을 걷고 있는데, 일본 관광객이 길을 물었다.

> 우리말로 옮길 때는 능동문으로 해석하는 것이 자연스러운 경우도 있는데, 이때는 행위자가 누구인지를 잘 파악해야 한다. 피해자가 주어가 되는 수동문에서는 피해자에게 포커스가 맞추어져 있다고 보면 된다.

• 総理は 学生たちに タマゴを 投げられた。

학생들이 총리에게 계란을 던졌다.

• 妹に 届けられた 荷物を 開けてみると、なんと、子犬が 入っていた。

여동생이 보내준 물건을 열어 보았더니 웬 강아지가 들어 있었다.

ⓙ 지동사의 수동(피해의 수동)

point 일본어 특유의 수동형으로 우리말로 옮길 때는 능동문과 별 차이가 없을 수도 있지만, 피해를 입었다거나, 곤란했다거나, 싫었다거나 하는 느낌(피해의식)이 들어 있는 표현이다.

• 窓を 開けておいたら、どろぼうに 入られて しまった。

창문을 열어두었더니, 도둑이 들어와 버렸다.

• せっかく 勉強をしようと 思っていたのに、友だちに 来られて 困りました。

모처럼 공부를 할려고 했는데, 친구들이 와서 곤란했습니다.

• 私は 子供の 頃、母に 死なれて 祖母に 育てられた。

나는 어릴 적에, 어머니가 돌아가셔서 할머니가 키워 주셨다.

- 山登_{やまのぼ}りの 途中_{とちゅう}で 雨_{あめ}に 降_ふられた。

  등산 도중에 비를 맞았다.

- 年末_{ねんまつ}の 忙_{いそが}しい時_{とき}に 同僚_{どうりょう}に 休_{やす}まれて、とても 困_{こま}りました。

  바쁜 연말에 동료직원이 안 나와서, 매우 곤란했습니다.

수동적인 뜻은 없지만 自発(자발)이라고 해서 늘 수동형으로 쓰는 말이 있다.

思(おも)われる	생각되다
思(おも)い出(だ)される	생각되다 / 떠오르다
案(あん)じられる	염려되다
感(かん)じられる	느껴지다

❻ 행위자가 문제가 되지 않는 수동

ⓐ 행위자가 불특정 다수이거나 일반 다수인 경우

ⓑ 행위자가 누구인지는 그다지 중요하지 않은 경우

   (대신 「いつ(언제) どこで(어디서) なにが(무엇이)」가 중요한 경우)

ⓒ 책이나 신문 기사 등에서 일반적으로 쓰이는 경우

- この ニュースは みんなに 知_しられている。

  이 뉴스는 모두에게 알려져 있다.

- 2002年_{ねん}に ソウルで ワールドカップが 開_{ひら}かれた。

  2002년에 서울에서 월드컵이 개최되었다.

- この ビルは 3年前_{ねんまえ}に 建_たてられました。

  이 빌딩은 3년전에 세워졌습니다.

- 明日_{あした}新入社員_{しんにゅうしゃいん}の 入社式_{にゅうしゃしき}が 行_{おこな}われます。

  내일 신입사원 입사식이 행해집니다.

- 聖書は 世界各国で 読まれている。

  성서(성경)는 세계 각국에서 읽히고 있다.

- 昨夜、プラス銀行から 現金3億ウォンが 盗まれました。

  어젯밤, 플러스은행에서 현금 3억원이 도난당했습니다.

- コンピューターは、いろいろな 分野で 使われている。

  컴퓨터는 여러 분야에서 쓰이고 있다.

확인문제 다음 문장을 수동으로 바꾸세요.

1. 妹は 私に 相談しました。 여동생은 나에게 상의했습니다.

   →

2. へびが かえるを 食べました。(かえる : 개구리) 뱀이 개구리를 먹었습니다.

   →

3. 母は 私の 日記を 読みました。 엄마는 내 일기를 읽었습니다.

   →

4. 雨が 降りました。 비가 왔습니다.

   →

5. 父が 死にました。 아버지가 돌아가셨습니다.

   →

6. 友<ruby>達<rt>ともだち</rt></ruby>が 来<rt>き</rt>ました。　친구가 왔습니다.

→

7. 先<ruby>生<rt>せんせい</rt></ruby>が 私<rt>わたし</rt>の 名<ruby>前<rt>な まえ</rt></ruby>を 呼<rt>よ</rt>びました。　선생님이 내 이름을 불렀습니다.

→

8. 母<rt>はは</rt>は 私<rt>わたし</rt>を 叱<rt>しか</rt>りました。　어머니가 나를 꾸짖었습니다.

→

9. 蚊<rt>か</rt>が 私<rt>わたし</rt>を 刺<rt>さ</rt>しました。　모기가 나를 물었습니다.

→

10. 両<ruby>親<rt>りょうしん</rt></ruby>が 私<rt>わたし</rt>の 結<ruby>婚<rt>けっこん</rt></ruby>を 反<ruby>対<rt>はんたい</rt></ruby>しました。　부모님이 내 결혼을 반대했습니다.

→

11. 犬<rt>いぬ</rt>が 私<rt>わたし</rt>の 指<rt>ゆび</rt>を かみました。　개가 내 손가락을 물었습니다.

→

12. 彼<rt>かれ</rt>は 私<rt>わたし</rt>を 招<ruby>待<rt>しょうたい</rt></ruby>しました。　그는 나를 초대했습니다.

→

13. となりの 人<rt>ひと</rt>が 私<rt>わたし</rt>の 足<rt>あし</rt>を 踏<rt>ふ</rt>みました。　옆 사람이 내 발을 밟았습니다.

→

14. 母は 私に お使いを 頼みました。어머니가 나에게 심부름을 부탁했습니다.

　　　→

15. 泥棒が 美術館の 絵を 盗みました。 도둑이 미술관의 그림을 훔쳤습니다.

　　　→

44. 사역의 「せる·させる」

사역문이란?

사역문이란 '~에게 ~을 시키다, 하게 하다'와 같은 구문으로 다른 사람에게 어떤 행동을 시키는 것을 말한다. 우리말에도 사역표현이 있기 때문에 크게 어려운 부분은 아니지만, 몇가지 주의할 사항도 있으므로 잘 익혀두어야 한다. 이 때 '~에게'에 해당하는 조사는 「に」를 쓴다.

조동사

1 사역형으로 만드는 방법

	사전형		ない형	사역형	
1류동사	書く	쓰다	書かない	書かせる	쓰게 하다
2류동사	食べる	먹다	食べない	食べさせる	먹게 하다
3류동사	する	하다	しない	させる	시키다
	来る	오다	来ない	来させる	오게 하다

❶ **1류동사 :** 동사의 「ない형」에 「せる」를 붙인다. 일단 사역형이 되면 모두 2류동사가 되므로 2류동사와 같이 활용한다.

会う	만나다	会	わ	ない	会	わせる	만나게 하다
書く	쓰다	書	か	ない	書	かせる	쓰게 하다

❷ **2류동사** : 끝의 「る」를 떼고 어간에 「させる」를 붙여 준다.

> 見る 보다 見 + させる → 見させる 보게 하다
>
> 食べる 먹다 食べ + させる → 食べさせる 먹게 하다

❸ **3류동사**

> ・する 하다   させる 시키다
>
> ・来る 오다   来させる 오게 하다

※다음 동사를 사역형으로 만들어 보세요.

1. 行く →   2. いる →

3. する →   4. やる →

5. 休む →   6. くさる →

2 사역문의 구성과 주의사항

| point | 사역문의 가장 기본적인 구조는 'A가 B에게 ~을 시키다'이다. 여기서 '~에게'에 해당하는 조사는 보통 「に」를 쓰지만, 「を」를 쓰는 경우도 있다.

	주어	행위자	사역문
자동사의 경우	Aは	(人)を	~(さ)せる
	Aは	(人)に	~(さ)せる
타동사의 경우	Aは	(人)に	(何)を ~(さ)せる

❶ 사람의 심리적 현상을 나타내는 무의지 동사에는 「~を」를 쓴다.

point 　'기쁘게 하다, 웃기다'와 같이 사람의 심리적인 현상을 나타내는 말이 올 때는 행위자(실제로 웃거나 기뻐하는 사람)에 붙는 조사 「~を」를 쓴다.

- 冗談を 言って、みんなを 笑わせた。
  농담을 해서 모두를 웃겼다.

- 兄は 弟の 頭を たたいて、弟を 泣かせました。
  형이 동생 머리를 때려 동생을 울게 했습니다./울렸습니다.

- いい 大学に 入って、母を 喜ばせたかった。
  좋은 대학에 들어가 어머니를 기쁘게 해드리고 싶었다.

- 南先生は 学校を やめて、学生を 悲しがらせました。
  미나미 선생님은 학교를 그만두어 학생들을 슬프게 했습니다.

- 人を びっくりさせた ことが ありますか。
  사람을 놀라게 한 적이 있습니까?

❷ 손윗사람에게 의뢰하는 경우 : 「~てもらう/いただく」

point 　사역형은 기본적으로 윗사람이 아랫사람에게 시킨다는 뜻이 들어 있기 때문에 윗사람에게 뭔가를 의뢰할 때는 「~てもらう/いただく」를 쓴다. 다음 예문을 서로 비교해 보자.

- 先生は 中村さんに「黒板に 漢字を 書きなさい。」と 言いました。
  선생님은 나카무라 씨에게 "칠판에 한자를 쓰시오."라고 말했습니다.

  → 先生は 中村さんに 黒板に 漢字を 書かせました。
  선생님은 나카무라 씨에게 칠판에 한자를 쓰게 했습니다.

행위자는 나카무라

【주의】위 예문은, 칠판에 한자를 쓰는 것은 나카무라이고, 그것을 시킨 사람은 선생님이다. 반면에, 다음 예문은 써달라고 부탁을 받아 한자를 쓰는 사람은 선생님이고 한자를 써 달라고 한 사람은 나카무라가 된다.

- 中村さんは 先生に 「黒板に 漢字を 書いてください。」と 言いました。

  나카무라 씨는 선생님께 "칠판에 한자를 써 주십시오."라고 말했습니다.

  → 中村さんは 先生に 黒板に 漢字を 書いてもらいました。

  나카무라 씨는 선생님께 칠판에 한자를 써 받았습니다.

  행위자는
  선생님

  → 선생님이 (나카무라 씨를 위해) 칠판에 한자를 써 주었습니다.

---

❸ 서로 대응하는 자동사와 타동사가 있는 경우

▌ point   자동사와 타동사가 서로 짝을 이루는 동사는 타동사를 이용하여 사역문을 만든다.

起きる 일어나다 〈자동사〉   起こす 일으키다 〈타동사〉

ⓐ 母親は 子供を 起きさせました。   (×)

ⓑ 母親は 子供を 起こしました。   (○)

  어머니는 아이를 일으켰습니다.

ⓒ 母親は 兄に 弟を 起こさせました。   (○)

  어머니는 형에게 동생을 일어나게 했습니다.

【주의】b와 c는 옳은 문장이지만 서로 뜻이 같은 것은 아니다. b는 행위자가 '어머니'이고 c는 행위자가 '형'이다. 즉 c는 형으로 하여금 동생을 일어나게 했다는 뜻이다.

❹ 이동을 나타내는 조사「を」를 취하는 동사

│ point │ '~에게 ~을 건너게 하다, 걷게 하다'와 같은 문형이다. 이때
행위자(실제로 건너거나 걷는 사람)에 붙는 조사는「に」를 쓴다.

• <ruby>横断歩道<rt>おうだん ほ どう</rt></ruby>を <ruby>渡<rt>わた</rt></ruby>る。　　　　　　　　　횡단 보도를 건너다.

• <ruby>先生<rt>せんせい</rt></ruby>は <ruby>子供<rt>こ ども</rt></ruby>たちを <ruby>渡<rt>わた</rt></ruby>らせています。

선생님은 아이들을 건너게 하고 있습니다.

• <ruby>先生<rt>せんせい</rt></ruby>は <ruby>子供<rt>こ ども</rt></ruby>たちに <ruby>横断歩道<rt>おうだん ほ どう</rt></ruby>を <ruby>渡<rt>わた</rt></ruby>らせています。

선생님은 아이들에게 횡단 보도를 건너게 하고 있습니다.

❺ 타동사이지만「を」를 취하는 동사 : 待つ · 勉強する

│ point │ 타동사가 사역형으로 쓰일 때는 행위자에 조사「に」가 오는 것
이 보통이지만,「待つ」·「勉強する」와 같은 동사는 조사「を」를
취한다. 물론 문장에「を」가 두 번 나올 때는「人に~を」형으로
쓰인다.

• <ruby>友達<rt>ともだち</rt></ruby>は <ruby>私<rt>わたし</rt></ruby>を <ruby>待<rt>ま</rt></ruby>たせた。

친구는 나를 기다리게 했다.

• <ruby>友達<rt>ともだち</rt></ruby>は <ruby>私<rt>わたし</rt></ruby>に <ruby>山田<rt>やま だ</rt></ruby>さんを <ruby>待<rt>ま</rt></ruby>たせた。

친구는 나에게 야마다 씨를 기다리게 했다.

'걱정시키다'라고 할 때는「心配(しんぱい)させる」라고도 하지만,「心配
(しんぱい)かける(걱정을 끼치다)」라는 표현도 있다.

❻ 「~(さ)せてください」「~(さ)せていただきたい」

| point | 자신이 뭔가를 하고 싶을 때 상대방에게 정중하게 '~하게 해 달라고' 부탁하거나 자신의 희망을 나타낼 때 쓰는 표현이다. 또한, 「~(さ)せていただきます」는 '~하겠습니다'란 뜻으로 남이 꼭 시켜서 하는 행동이라기보다는 자신의 행동을 겸손하게 나타내기 위해 쓰는 표현이다.

- 発表させていただきます。　　　　　발표하겠습니다.

- 自己 紹 介をさせていただきます。 제 소개를 하겠습니다.

- 今日は 早く 帰らせてください。　오늘은 빨리 집에 가게 해 주세요.

- その 仕事は ぜひ 私に やらせてください。
  그 일은 꼭 저에게 시켜 주십시오.

- 日本へ 行くのなら、私も 一緒に 行かせてください。
  일본에 가는 거라면, 저도 같이 가게 해 주세요.

- あのう、部長、明日は 休ませてくださいませんか。
  저, 부장님, 내일 쉬게 해 주시지 않겠습니까?

- あなたの そばに いさせてください。
  당신 곁에 있게 해 주세요.(노래가사)

❼ 방임, 묵인, 방치, 무책임의 사역

| point | 이것은 어떤 행동을 내버려두거나 그것을 묵인하는 것, 또는 무책임한 행동 등에 쓰이는 경우이다.

- 本人の したい ように させました。

  본인 하고 싶은 대로 하게 했습니다.

- うっかりして 牛乳を くさらせてしまった。

  깜빡하고 우유를 상하게 해 버렸다.

- 大人の せいで 子供たちを 死なせてしまった。

  어른들 때문에 아이들을 죽게 하고 말았다.

확인문제 다음 문장을 일본어로 바꾸어 보세요.

1. 선생님은 나카무라 씨에게 책을 읽게 했습니다. (読む)

   → _____

2. 사람을 기다리게 해서는 안 된다. (待つ)

   → _____

3. 어머니는 나에게 일본어를 공부시켰다. (勉強する)

   → _____

4. 그의 죽음은 모두를 슬프게 했습니다. (悲しがる)

   → _____

5. 죄송하지만, 오늘은 쉬게 해 주세요. (休む)

   → _____

6. 당신 곁에 있게 해 주세요. (いる)

   → _____

7. 이번은 저에게 맡겨 주세요. (まかせる)

   → _____

8. 어머니는 딸에게 심부름을 가게 했습니다. (おつかいに行く)

   → _____

9. 아들에게 숙제를 하게 했습니다. (やる)

   → _____

10. 과일을 상하게 해 버렸습니다. (くさる)

   → _____

정답 1. 先生は 中村さんに 本を 読ませました。　2. 人を 待たせては いけない。
3. 母親は 私に 日本語を 勉強させた。　4. 彼の 死は みんなを 悲しがらせました。
5. 申し訳ありませんが、今日は 休ませてください。6. あなたの そばに いさせてください。
7. 今回は 私に まかせてください。　8. 母親は 娘に おつかいに 行かせました。
9. 息子に 宿題を やらせました。　10. 果物を くさらせてしまいました。

45. 사역수동이란?

「사역수동이란?」

사역수동이란 일단 사역형으로 만든 동사를 다시 수동형으로 바꾼 것으로, 누군가가 자신의 의지와는 상관없이 어떤 일을 시켰을 때, 그것을 어쩔 수 없이 해야 하는 사람의 입장을 나타내는 표현이다.

1 사역수동형으로 만드는 방법

	사전형	사역형	사역수동형	사역수동형2(축약형)
1류동사	書く 쓰다 読む 읽다	書かせる 読ませる	書か せられる 読ま せられる	書か される 読ま される
2류동사	見る 보다 食べる 먹다	見させる 食べさせる	見させられる 食べさせられる	
3류동사	する 하다 来る 오다	させる 来させる	させられる 来させられる	

❶ **1류동사** : 동사의 「ない형」에 「せられる」를 붙인다. 일단 사역수동형이 되면 모두 2류동사가 되므로 2류동사와 같이 활용한다.

> · 会う　　만나다　　会 わ ない　　会 わせられる　억지로 만나다
> · 書く　　쓰다　　　書 か ない　　書 かせられる　억지로 쓰다

❷ 2류동사 : 끝의 「る」를 떼고 어간에 「させられる」를 붙여 준다.

· 見る	보다	見させられる	억지로 보게 되다
· 食べる	먹다	食べさせられる	먹기 싫은데 먹게 되다

❸ 3류동사

· する	させられる	시켜서 하다
· 来る	来させられる	오라고 해서 오게 되다

왜 사역수동문을 쓰는가?

A가 B에게 뭔가를 시켰을 때 그 내용을 그대로 표현하면 '사역문'이 되지만, 시킴을 당한 사람의 입장에서 말하는 것이 '사역수동문'으로, '하기 싫은데 억지로 한 느낌'이니 '피해의식'을 나타낸다.

❹ 축약형 : 1류동사는 「-せられる」부분을 줄여서 「される」형으로도 쓰는데, 단 「す」로 끝나는 동사는 제외된다.

· 書く	書か せられる	書か される	
· 飲む	飲ま せられる	飲ま される	
· 話す	話さ せられる	話さ される (×)	話させられる (○)

2 사역수동문의 구성

> Aは (人)に ～を ～(さ)せられる
> A는 (다른 사람)에게 ～을 ～시킴 당하다

point 이 문형에서 A는 마지못해 행동하는 행위자이고, 명령하는 사
람은 「人に」 부분에 온다. 일반 수동문과 사역문을 같이 비교해
보면 다음과 같다.

ⓐ 母は「もう 遅いから 寝なさい」と言って、テレビを 消しました。
어머니는 "이제 늦었으니 자거라"라고 말하고, TV를 껐습니다.

→ 私は (母に) テレビを 消されました。〈수동〉 TV를 끈 사람은 '어머니'
〈나는 더 보고 싶었는데〉 어머니가 TV를 껐습니다.

ⓑ 母は「もう 遅いから テレビを 消しなさい」と 言いました。
어머니는 "이제 늦었으니 TV를 끄거라"라고 말했습니다.

→ 私は テレビを 消しました。 TV를 끈 사람은 '나'
나는 TV를 껐습니다.

→ 母は 私に テレビを 消させました。〈사역〉
어머니는 나에게 TV를 끄게 했습니다.

→ 私は 母に テレビを 消させられました。〈사역수동〉
나는 〈어머니가 끄라고 해서 할 수 없이〉 TV를 껐습니다.

1. バスが 遅^{おく}れて、30分も ＿＿＿＿＿＿＿＿＿＿＿。(待^まつ)

   버스가 늦어져 30분이나 기다렸다.

2. いやなのに 人前^{ひとまえ}で 歌^{うた}を ＿＿＿＿＿＿＿＿＿＿＿。(歌^{うた}う)

   싫은데 사람들 앞에서 (누군가가 시켜서) 노래를 불렀다.

3. いやなのに 無理^{むり}やり お酒^{さけ}を ＿＿＿＿＿＿＿＿＿＿＿。(飲^のむ)

   싫은데 억지로 술을 마셨다.

4. 好^すきな 人^{ひと}の 名前^{なまえ}を ＿＿＿＿＿＿＿＿＿＿＿。(書^かく)

   좋아하는 사람의 이름을 (누군가가 시켜서) 썼다.

5. きらいな 人参^{にんじん}を ＿＿＿＿＿＿＿＿＿＿＿。(食^たべる)

   싫어하는 당근을 (누군가가 시켜서) 먹었다.

6. 班長^{はんちょう}を ＿＿＿＿＿＿＿＿＿＿＿ ことに なった。(する)

   반장을 (누군가가 시켜서) 하게 되었다.

7. いやなのに、無理^{むり}やり 塾^{じゅく}に ＿＿＿＿＿＿＿＿＿＿＿。(通^{かよ}う)

   다니기 싫은데 억지로 학원에 다니게 되었다.

8. 私は 母に ゲームを _____。(やめる)

　나는 (어머니가 그만하라고 해서 할 수 없이) 게임을 그만뒀다.

9. 見たくなかったが、犯人の 顔を _____。(確認する)

　보고 싶지 않았는데, (경찰관이 보라고 해서) 범인의 얼굴을 확인했다.

10. 私の 生い立ちを _____。(話す)

　(누군가가 시켜서) 내 살아온 내력을 이야기하게 되었다.

정답 1. 待たされた　　　2. 歌わされた　　　3. 飲まされた
　　　4. 書かされた　　　5. 食べさせられた　　6. させられる
　　　7. 通わされた　　　8. やめさせられた　　9. 確認させられた
　　　10. 話させられた

46. 경어표현

경어

일본어의 경어에는 상대방을 높이는 존경어, '나'를 낮추는 겸양어, '～니다'체인 정중어
이 세 가지가 있다. 일본어 경어표현의 가장 큰 특징은 '내 쪽'이냐 '상대방 쪽'이냐 하
는 개념이다. '내 쪽' 사람은 무조건 낮추고, '상대방 쪽' 사람은 높여야 하는데 특히 가
족이나 같은 직장에 있는 사람을 남에게 말할 때 주의해야 한다.

1 일본어 경어법의 특징

❶ 경어의 종류

- **尊敬語**(존경어) … 상대방을 높이는 표현　　　　　　　　　　　　～하시다
- **謙譲語**(겸양어) … 자신을 낮추는 표현　　　　　　　　　　　　　～해 드리다
- **丁寧語**(정중어) … 듣는 사람에게 정중하게 말하는 표현　　　　　～니다

> **point**　　존경어와 겸양어는 결과적으로 상대방을 높여주고 나를 낮추는
> 것으로 '상대방'이 주어일 때는 존경어를 쓰고, '내'가 주어일 때
> 는 겸양어를 쓴다. 겸양어는 우리말로 번역했을 때는 보통어와
> 차이가 없지만, 겸양의 뜻이 들어 있다고 생각하면 된다.

❷ 일본식 경어법의 특징

> **point**　　우리말은 나이나 지위에 따라 윗사람이면 무조건 높이고 아랫
> 사람이면 무조건 낮추지만, 일본어 경어법은 '내 쪽'이냐 '상
> 대방 쪽'이냐를 따져서 '내 쪽' 사람이라면 무조건 낮추어서
> 말해야 한다.

A : 金社長<ruby>社長<rt>しゃちょう</rt></ruby>は いらっしゃいますか。

김 사장님 계십니까?

B : 社長<ruby><rt>しゃちょう</rt></ruby>の 金は ただ今<ruby>今<rt>いま</rt></ruby> 席<ruby>席<rt>せき</rt></ruby>を はずしておりますが。

김 사장님은 지금 자리를 비우고 안 계십니다만.

社長の金 vs 金社長

일본에서는 사장, 부장, 과장과 같은 직함에는 이미 존경의 뜻이 들어있어서, 様(さん·さま)를 붙이지 않는다. 그래서 金社長이라고 하면 '김사장님'이 되기 때문에, '사장직을 맡고 있는 김'이란 뜻으로 社長の金라고 표현하는 것이다. 하지만 상대방 회사의 사람에 대해서는 「○○社長」와 같이 불러야 한다.

보통어		존경어	겸양어
する	하다	なさる	いたす
来る	오다	いらっしゃる おいでになる お越しになる お見えになる	伺う・まいる
行く	가다	いらっしゃる	まいる・伺う
いる	있다	いらっしゃる おいでになる	おる
訪問する・訪ねる 찾아가다			おじゃまする・伺う
言う	말하다	おっしゃる	申す・申し上げる
思う	생각하다		存じる

경
어

46. 경어표현 271

보통어	존경어	겸양어
知(し)っている 알고 있다	ご存(ぞん)じだ ご存じでいらっしゃる	存(ぞん)じている・存じておる 存じ上(あ)げている
食(た)べる 먹다	召(め)し上(あ)がる	いただく
飲(の)む 마시다	召(め)し上(あ)がる	いただく
着(き)る 입다	お召(め)しになる	
聞(き)く 듣다	お聞(き)きになる お耳(みみ)に入(はい)る	伺(うかが)う・承(うけたまわ)る 拝聴(はいちょう)する
会(あ)う 만나다		(〜に)お目(め)にかかる
見(み)せる 보이다		(〜に)お目(め)にかける ご覧(らん)にいれる
見(み)る 보다	ご覧(らん)になる	拝見(はいけん)する
上(あ)げる 주다		差(さ)し上(あ)げる
もらう 받다		いただく
くれる 주다	くださる	
わかる 알다		承知(しょうち)する・かしこまる
寝(ね)る 자다	お休(やす)みになる	休(やす)む
死(し)ぬ 죽다	なくなる おなくなりになる	
ある 있다		ござる
*です 입니다	〜でいらっしゃいます	〜でございます

2 특별경어

> **point** 일본어에도 특별한 경어가 따로 있다. 앞의 표와 같이 특별한
> 형태의 경어동사가 없는 말은 따로 경어표현을 써야 하지만,
> 경어동사가 있으면 보통 경어동사로 표현한다.

> 食べる 먹다 → お食べになる 드시다 :「お〜になる」형
>
> → 召し上がる :특별경어(※이쪽을 더 많이 쓴다)
>
> → 食べられる :특별경어보다는 경어의 도가 약간 낮은 표현.

3 존경표현

❶ お(ご) ~になる ~하시다

> **point** ~부분에는 동사의 ます형에 접속한다. 대부분의 동사는 모두
> 이 형태로 바꿀 수 있으며, 뜻은 '~하시다'가 된다.

보통형	존경형	존경의 가능형
買う 사다 →	お買いになる 사시다 →	お買いになれる 사실 수 있다
書く 쓰다 →	お書きになる 쓰시다 →	お書きになれる 쓰실 수 있다
使う 사용하다 →	お使いになる 사용하시다 →	お使いになれる 사용하실 수 있다
読む 읽다 →	お読みになる 읽으시다 →	お読みになれる 읽으실 수 있다
帰る 돌아가다 →	お帰りになる 돌아가시다 →	お帰りになれる 돌아가실 수 있다

【주의】단,「見る」와 같이 ます형 바로 앞의 음이 한 음절일 경우에는 이 형태로 바꿀 수 없다.

見る 보다 → ご覧になる 보시다 (○) お見になる (×)

#check

・チケットは いつ お買いになりましたか。
티켓은 언제 구입하셨습니까?

・先生が お書きになった 本。   선생님께서 쓰신 책.

・もう お帰りになるんですか。   벌써 가십니까?

・修理が 終わりましたので、もう いつからでも ご使用になれます。
수리가 끝났기 때문에, 이제 언제부디리로 사용하실 수 있습니다.

・今なら 安い お値段で お求めになれます。
지금이라면 싼 가격으로 구입하실 수 있습니다.

・ここを 押すと 日本語で お読みになれます。
여기를 누르면 일본어로 읽으실 수 있습니다.

使用する	→	ご使用になる	사용하시다
	→	ご使用になれる	사용하실 수 있다
求める	→	お求めになる	구하시다
	→	お求めになれる	구하실 수 있다

❷ お(ご)~です ~하고 계시다

~부분에는 동사의 ます형이 온다. '~하고 계시다'의 뜻으로
「~ている」로 대체할 수 있는 것이 많다. '~하실 (분)'과 같이
뒤에 명사가 올 때는 「お(ご)~の」형태로 쓰인다.

- いかが お考えですか。　　어떻게 생각하십니까?

- お客様が お待ちです。　　손님께서 기다리십니다.

- 入場券を お持ちの 方 いらっしゃいますか。
  입장권을 가지고 계신 분 계십니까?

- ご乗車の 方　　승차하실 분

- お乗りの 方　　타실 분

❸ お(ご) ～くださる/ください　～해 주시다 / ～해 주세요

~부분에는 동사의 ます형이 온다. 「~てくれる」, 「~てくださ
い」의 경어표현이다. 정중하게 의뢰할 때 많이 쓰는 표현이다.

- ご記入ください。 기입하여 주십시오.
  ← 記入してください。

- お父様が お帰りになったら、よろしく お伝えください。
  아버님께서 돌아오시면 안부 전해 주십시오.
  ← 伝えてください。

- 少々 お待ちください。　　잠시만 기다려 주십시오.
  ← ちょっと 待ってください。

존경어의 의뢰표현은 「お(ご) ～ください」 외에도 특별존경어
나 「お + ます형 + になる」에 「てください」를 붙이면 된다.

• お待ちください。 / お待ちになってください。

기다려 주십시오.

• お教えください。 / お教えになってください。 가르쳐 주십시오

❹ 존경의 れる・られる

조동사 「れる・られる」는 수동, 가능, 존경 세 가지 용법이 있
는데, '～(하)시다'의 뜻으로 존경을 나타내는 경우이다. 단,
「わかる」나 「できる」, 가능동사 등은 이 형태로 바꿀 수 없다.
「お~になる」나 「お~です」보다는 경어의 정도가 약간 낮다

• 日本では どの ホテルに 泊られますか。

일본에서는 어느 호텔에 묵으십니까?

• 日本語の 勉強は いつから 始められましたか。

일본어 공부는 언제부터 시작하셨어요?

❺ 경어표현에 관한 주의사항

ⓐ 복합동사 또는 동사가 2, 3개 계속될 경우 : 맨끝에 오는 동사를 경어로 한다.

• 先生は 毎朝 6時に 起きて、散歩なさいます。

선생님께서는 매일 아침 6시에 일어나셔서 산책하십니다.

ⓑ 「ごらんなさい(보세요)」 「いらっしゃい(어서 와요, 어서 오세요)」 : 관용
적으로 쓰는 명령표현으로 존경표현이 아니다.

• おいしいから、食べてごらんなさい。
  맛있으니까 먹어 봐요.

4 형용사와 명사의 존경어

point 형용사와 명사는 단어 앞에 「お」나 「ご」를 넣으면 된다. 단, 모든 형용사에 「お」나 「ご」가 붙는 것이 아니므로 예문을 중심으로 익히는 것이 좋다.

❶ 형용사의 경우

いい	좋다	→	よろしい	좋으시다
忙しい	바쁘다	→	お忙しい	바쁘시다
若い	젊다	→	お若い	젊으시다
強い	강하다	→	お強い	강하시다, 세시다
ひまだ	한가하다	→	おひまだ	한가하시다

❷ 명사의 경우

ⓐ 「お」가 붙는 말 : 순수 일본어

話	이야기	→	お話	말씀
顔	얼굴	→	お顔	얼굴
友達	친구	→	お友達	친구분
名前	이름	→	お名前	성함

ⓑ 「ご」가 붙는 말 : 한자어

案内 あんない	안내	→	ご案内	안내
意見 いけん	의견	→	ご意見	의견
住所 じゅうしょ	주소	→	ご住所	주소
注文 ちゅうもん	주문	→	ご注文	주문
連絡 れんらく	연락	→	ご連絡	연락

ⓒ 예외

電話 でんわ	전화	→	お電話	전화
時間 じかん	시간	→	お時間	시간
食事 しょくじ	식사	→	お食事	식사
誕生日 たんじょうび	생일	→	お誕生日	생일
都合 つごう	형편	→	ご都合	형편

ⓓ 정중한 뜻을 가진 말

今日 きょう	오늘	→	本日 ほんじつ	금일
あした・あす	내일	→	明日 みょうにち	명일
きのう	어제	→	昨日 さくじつ	어제
この間 あいだ	요전	→	先日 せんじつ	일전에
今 いま	지금	→	ただ今 いま	지금
今度 こんど	이번	→	この度 たび	금번

❸ 지시대명사, 연체사의 경우

これ、ここ、こっち	이것, 여기, 이쪽	→	こちら	이쪽
それ、そこ、そっち	그것, 그곳, 그쪽	→	そちら	그쪽
あれ、あよこ、あっち	저것, 저기, 저쪽	→	あちら	저쪽
どれ、どこ、どっち	어느것, 어디, 어느쪽	→	どちら	어느쪽

경 어

❹ 연체사의 경우

この	이	→	こちらの	이쪽의
その	그	→	そちらの	그쪽의
あの	저	→	あちらの	저쪽의
どの	어느	→	どちらの	어느쪽의

❺ 부사의 경우

ゆっくり	천천히	→	ごゆっくり	천천히
さっき	아까	→	先程（さきほど）	조금전에
後（あと）で	나중에	→	後程（のちほど）	차후에
ちょっと	조금, 잠깐	→	少々（しょうしょう）	조금, 잠시
本当（ほんとう）に	정말로	→	誠（まこと）に	진심으로

《회화에서 자주 쓰는 경어표현》

보통체		경어체
いいですか	좋습니까?	よろしいですか
どうですか	어떻습니까?	いかがですか
だれですか	누굽니까?	どなたですか どちらさまですか
しますか	합니까?	なさいますか
できますか	할 수 있습니까?	おできになりますか
飲みたいですか	마시고 싶습니까?	お飲みになりたいですか
待ってください	기다리세요.	お待ちください お待ちになってください
書いて	쓰고	お書きになって
あったら	있으면	ありましたら おありでしたら
～だったら	～라면	～でしたら
～ています	～하고 있습니다	～ていらっしゃいます ～ております
～です	～입니다	～でございます

이밖에 자주 쓰는 표현

・また おいでください。	또 오십시오.
・先生_{せんせい}も おいでくださいました。	선생님도 와 주셨습니다.
・ぜひ お越_こしください。	꼭 와 주십시오.
・どのように 考_{かんが}えていらっしゃるんですか。	어떻게 생각하고 계세요?
・どうぞ こちらに お座_{すわ}りください。	어서 이쪽으로 앉으세요
・どうぞ ご遠慮_{えんりょ}なく お使_{つか}いください。	자, 사양 마시고 쓰세요.

5 경양표현

❶ お(ご) ～する/いたす ～해 드리다

point 상대방을 위해 '～해 드리다'라고 할 때 가장 일반적으로 쓰는 표현으로, ～부분에는 동사의 ます형이 온다. 「お(ご)～する」보다 「お(ご)～いたす」가 더욱 정중한 표현이다.

・ご 紹介_{しょうかい}します。こちらは 山田_{やまだ}さんです。

소개해 드리겠습니다. 이쪽은 야마다 씨입니다.

・重_{おも}そうですね。その かばん お持_もちしましょうか。

무거워 보이네요. 그 가방 (제가) 들어드릴까요?

・また こちらから お電話_{でんわ}いたします。

제가 다시 전화 드리겠습니다.

❷ お(ご) 〜いただく　〜해 주시다

| point | '〜해 주시다'의 뜻으로 상대방으로부터 은혜를 입은 경우, 또는 내가 부탁해서 〜해 받은 경우에 쓰는 표현이다. 〜부분에는 동사의 ます형이 온다.

• ちょっと お待ちいただければ、すぐ お直しいたします。
　잠시 기다려 주시면 바로 고쳐 드리겠습니다.

• 以上の 説明で 大体の 事情は お分かりいただけたのではない
かと 思います。
　이상의 설명으로 대체적인 사정은 이해하셨을 줄 압니다.

• 興味を お持ちの 方は ご参加いただきたいと 思います。
　흥미를 갖고 계신 분은 참가해 주었으면 합니다.

❸ お(ご) 〜願う　〜하시길 바랍니다

| point | '〜하시길 부탁드립니다/바랍니다'의 뜻으로 손윗사람에게 공손히 부탁할 때 쓰는 표현이다. (약간 딱딱한 표현)

• 間違いは ないと 思いますが、念の ため お調べ願います。
　착오는 없다고 생각합니다만, 혹시 모르니까 조사를 부탁드립니다.

• 異常を 発見された 方は、直ちに お知らせ 願います。
　이상을 발견하신 분은 즉시 알려주시기 바랍니다.

• 明朝 午前 １０時まで、電気工事のため 停電しますから、ご
注意願います。
　내일 아침 오전 10시까지 전기 공사로 인하여 정전되므로, 주의를 부탁드립니다.

④ **주의 : 손윗사람에게 사용할 수 없는 표현**

ⓐ '(내가)~해드리다'라고 할 때 「~てあげる」, 「~てさしあげる」는 사용하지 않는 것이 좋다. 이 표현 대신 「お(ご) ~する/いたす」를 쓰면 된다.

> 들어드리겠습니다　　持ってあげます (×)　　　お持ちします (○)

ⓑ 「ごくろうさま(수고했습니다)」, 「ごめんなさい(미안해요)」와 같은 말은 손윗사람에게는 사용하지 않는다. 대신 「ありがとうございました(감사합니다)」나 「申し訳ありません(죄송합니다)/すみませんでした(죄송했습니다)」와 같은 표현을 쓴다.

ⓒ 특히 「お(ご) ~する」(~해 드리다)와 「お(ご) ~に なる」(~하시다)는 주어를 혼동하는 경우가 많으므로 주의가 필요하다.

- 私が お書きします。
  제가 쓰겠습니다.

- 先生が お書きになります。
  선생님께서 쓰시겠습니다.

- 私が お読みします。
  제가 읽겠습니다.

- 先生が お読みになります。
  선생님께서 읽으시겠습니다.

다음 빈칸에 들어갈 알맞은 말을 고르세요.

1. 課長、さっき 森田という 方が _____。

① 来ました　　　　　　　　　② まいりました

③ お見えになりました　　　　④ おりました

2. お名前は 存じておりますが、まだ _____ことは ありません。

① 会った　　　　　　　　　　② お会いになった

③ お目にかかった　　　　　　④ お目にかけた

3. この 時計は 私の 誕生日に 父が _____ 。

① 買ってくれました　　　　　② 買ってくださいました

③ 買ってもらいました　　　　④ お買いになってくださいました

4. どうぞ こちらへ。私が _____。

① 案内してあげましょう　　　② 案内してさしあげましょう

③ ご案内になりますか　　　　④ ご案内しましょう

5. 合格者の 発表に ついて _____。

① 知らせてあげます　　　　　② お知らせになります

③ お知らせいたします　　　　④ お知らせいただきます

※ 다음 밑줄친 부분을 존경어나 겸양어로 바꾸세요.

6. 私の 方から <u>電話します</u>。 →

7. ここまで 何で <u>来ましたか</u>。 →

8. 田中先生は <u>いますか</u>。 →

9. 私は 朴と <u>言います</u>。 →

10. どうぞ <u>食べて</u> ください。 →

11. 明日3時に <u>行きます</u>。 →

12. 田中部長から <u>もらいました</u>。 →

13. ぜひ <u>来てください</u>。 →

14. 昨日先生が <u>死にました</u>。 →

15. その 事件は 私も <u>知っています</u>。 →

정답 1. ③ 2. ③ 3. ① 4. ④ 5. ③

6. お電話いたします   7. いらっしゃいましたか

8. いらっしゃいますか   9. もうします

10. 召し上がって   11. うかがいます/まいります

12. いただきました   13. お越しください

14. 亡くなられました / お亡くなりになられました

15. 存じております/存じ上げております

47. 조사

조사는 문법적인 성격에 따라 격조사, 접속조사, 부조사, 종조사로 나눌 수 있는데, 그 용어보다는 뜻과 쓰임새를 파악하는 것이 중요하다. 여기서는 찾아보기 쉽도록 아이우에오 순으로 대표적인 뜻과 용례를 중심으로 정리하였다.

격조사	が, の, を, に, へ, と, で, や, より, から
접속조사	て・し 순서나 열거, ので・から・て 이유, と・ば 가정, が・けれども・のに・ても・ながら 역접, ながら・たり 열거
부조사	は, も, など, くらい(ぐらい), か, だけ, しか, まで, ばかり, でも, ほど, きり, こそ, さえ, なり, やら
종조사	か, ね, よ, な, ぞ, の, さ, わ, とも, かしら, や

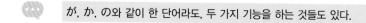

が, か, の와 같이 한 단어라도, 두 가지 기능을 하는 것들도 있다.

1 ~か

❶ ~까?(질문이나 의문)

- これは 何^{なん}ですか。
  이건 뭡니까?

- コーヒーでも いかがですか。
  커피라도 (한 잔) 어떠세요?

① 질문이나 의문 외에 자신의 생각을 나타낼 때도 쓴다.

さあ 行くか   자, 갈까?

10分か。   10분이라….

そうか。   그래?

買ってきてあげようか。   사다줄까?

② 비슷한 말로 かい도 있지만, 이건 남자들만 쓰는 말이다.

けんかでも したのかい?   싸움이라도 한 거냐?

❷ 〜인가, 인지(불확실한 의문)

a. 의문사(+보통형) + か : 〜지

명사와 ナ형용사는 어간에, 나머지는 보통형에 연결된다.

- 誰か わかりません。   누군지 모르겠어요.

- 何枚 必要か、聞いてみてください。
  몇 장 필요한지, 물어봐주세요.

- いつ 来られるか 私も わかりません。
  언제 올 수 있을지 나도 몰라요.

- 会議は 何時に 終わるか、わかりません。
  회의가 몇 시에 끝날지 모르겠어요.

b. 〜か どうか : 인지 아닌지

대개 우리말에서는 '〜인지 아닌지'로, 일본어에서는 '〜인지 어떨지'로 표현하는 것이 다르다.

- できるか どうか わかりません。   할 수 있을지 어떨지 모르겠어요.

- 席が あるか どうか 確かめてください。
  자리가 있는지 없는지(어떤지) 확인해보세요.

- お口に 合うか どうか わかりませんが、どうぞ 召し上がって
  ください。
  입에 맞으실지 어떨지 모르겠습니다만, 많이 드세요.

③ ~이나(두가지 중의 선택)

- どちらか 正しい 答えを 選びなさい。
  둘 중에 바른 답을 고르시오.

2 かしら(종조사)

point かしら는 여성어로 ~でしょうか(일까요?)의 뜻으로 쓴다.

- あら、誰かしら。
  어머, 누구지?

- お気に召すかしら。
  마음에 드시는지. (모르겠어요.)

3 ～が

① ～이/가(주어)

- これが 新商品の カタログです。
  이게 신제품 카탈로그입니다.

② ～을/를(가능, 희망 등 조사 が를 취하는 말이 뒤에 올 때)

- 日本語が できますか。
  일본어를 할 줄 압니까?

- 私は 魚が 好きです。
  저는 생선을 좋아합니다.

- 新しい 車が 欲しいです。　　　　　새 차를 갖고 싶어요.

- 歌が 上手ですね。　　　　　　노래를 잘하네요.

❸ ~지만, ~는데(두 문장을 이어준다.)

- 仁寺洞に 行きたいんですが、行き方を 教えてくださいませんか。
  인사동에 가고 싶은데, 가는 방법을 가르쳐 주시지 않겠습니까?

- これから 買い物に 行くんですが、いっしょに 行きませんか。
  지금(부터) 장보러 갈 건데, 같이 안 갈래요?

4 から

~에서, ~로부터(시작점이나 출처를 나타낼 때)

- 会議は 2時から 4時までです。　　회의는 2시부터 4시까지입니다.

- ソウルから ピョンヤンまで 飛行機で 40分ぐらい かかります。
  서울에서 평양까지 비행기로 40분정도 걸립니다.

~니까, 때문에(원인을 나타낼 때)

- もう 遅いから 早く 寝なさい。　　이제 늦었으니까, 얼른 자거라.

- ひとが 多いから お母さんから 離れたら ためよ。
  사람이 많으니까 엄마한테서 떨어지면 안돼.

> 앞의 から는 이유를,
> 뒤의 から는
> '~로부터'의 뜻

5 くらい(ぐらい) : ~가량, 정도, 쯤, 만큼

point 시간이나 분량, 정도나 상황 등을 나타낸다.

- どれ**ぐらい** かかりますか。

  얼마나 걸립니까? 〈비용,시간,거리 등〉

- 体重が 3キロ**ぐらい** 増えました。

  체중이 3킬로그램 정도 늘었습니다.

- りんご**ぐらい**の 大きさで、赤いのを ください。

  사과 만한(사과정도 되는) 크기로, 빨간 것을 주세요. 〈비슷한 정도〉

- 図書館には 本が 2万冊**ぐらい** あります。

  도서관에는 책이 2만권정도 있습니다. 〈대체적인 양〉

- こんな 簡単な 仕事も ちゃんと できない**ぐらい**なら、やめた方
  が いい。

  이런 간단한 업무도 제대로 못할 정도라면 그만두는 게 낫겠다.

くらいと ぐらい・ころと ごろ

「くらい」와 「ぐらい」는 거의 비슷하게 쓰는데, 앞의 말에 붙어 쓸 때는 「ぐらい」를 쓰고, 명사처럼 쓸 때는 「くらい」로 표기하기도 한다. 또, 「ころ」는 보통 '시절' '때'란 뜻이고, 「ごろ」는 '~경'의 뜻으로 쓰인다.

- どのくらい / どれぐらい   어느 정도
- いつごろ   언제쯤 / 子供の ころ   어렸을 적

#check

「ごろ」(경)는 대체로 시각이나 날짜를 나타내는 말에 붙고, 「ぐらい」(정도)는 대체로 시간이나 기간을 나타내는 말에 붙는다.

· 8時ごろに 起きました。　　　　　8시경에 일어났습니다. 〈시각〉

· 8時間ぐらい 寝ました。　　　　　8시간정도 잤습니다. 〈시간〉

· 15日ごろに アメリカへ 行きます。　15일경에 미국에 갑니다. 〈날짜〉

· 15日間ぐらい 滞在する予定です。　15일간 정도 체류할 예정입니다. 〈기간〉

조사

6 けれども=けれど=けど : ~지만

· 私も コンサートに 行きたかったんですけど、チケットが なかったんです。

　나도 콘서트에 가고 싶었지만, 표가 없었어요.

· 私は 日本語は できますけれども、英語は ぜんぜん できません。

　저는 일본어는 할 줄 알지만, 영어는 전혀 못합니다.

· 何度も そう 言ったんですけど、結局 だめでした。

　몇번이나 그렇게 말했는데, 결국 안됐습니다.

· 彼は 有名な お医者さんですけれども、今は 患者として 入院しています。

　그는 유명한 의사선생님이지만, 지금은 환자로서 입원해 있습니다.

 역접은 아니고, 특별한 의미없이 단지 두 문장을 이어주기도 한다.

7 こそ : ~야말로, ~만은

point 주로 체언에 붙어서 강조할 때 쓴다.

* 今度こそ 運転免許を 取ろう。　이번에야말로 운전면허를 따야지.

* こちらこそ 本当に ありがとうございました。
  저야말로 정말 너무너무 감사했습니다.

* これこそ みんなに 知らせなければならない。
  이거야말로 모든 사람들에게 알리지 않으면 안 된다.

8 さ

point ね와 비슷한 용법으로 주로 반말에서 쓰는 말이다. (특히 남자들이 많이 쓴다.)

* おれは お前を 待っているのさ。
  난 널 기다리고 있어.(노래가사)

* きみは 知らなくて いいのさ。　　넌, 몰라도 돼.

* それでさ、彼に 会ってさ、全部 話そうと 思ってさ…。
  그래서 말이야, 그 사람을 만나가지고, 전부 말하려고 했는데 말이야...

9 さえ : 조차, 마저

❶ 조차, ~마저

point 조사 も(~도)와 비슷한 뜻으로, 부정문에서는 '~조차', 긍정문에서는 '~도(모두다)'의 뜻으로 쓰인다.

- つわりが ひどくて 水_{みず}さえ 飲_のむことが できません。

  입덧이 심해서 물조차 마실 수가 없습니다.

- 元気_{げん き}が なくて、歩_{ある}くことさえ できなかったんです。

  힘이 없어서 걸을 수조차 없었습니다.

- まだ 子供_{こ ども}なのに ひらがなだけではなく 漢字_{かん じ}さえ 書_かけます。

  아직 어린애인데 히라가나뿐만 아니라 한자도 쓸 줄 압니다.

② **~조차, 마저**(주로 「명사 +でさえ」의 형태로 쓰인다.)

- そんな こと 子供_{こ ども}でさえ 知_しっていますよ。

  그런 건 어린애들도 다 알아요.

③ **~만**

| point | 그것 하나뿐임을 강조할 때, 주로 뒤에는 あれば・なければ (있으면, 없으면)와 같이 ~ば가 온다.

- お金_{かね}さえ あれば いいと 思_{おも}いますか。

  돈만 있으면 된다고 생각합니까?

- 君_{きみ}さえ だまっていれば なんの 問題_{もんだい}も ない。

  너만 잠자코 있으면 아무 문제 없어.

10 し

① **~기도 하고**

| point | 게다가, 그위에 더, 그뿐만이 아니라 등의 의미가 들어있는 표현.

- 彼女は 頭も いいし、仕事も できる。

  그녀는 머리도 좋고, 일도 잘한다.

- 今日は 雨も 降っているし、風も 強いですね。

  오늘은 비고 오고, 바람도 세군요.

❷ ～기도 하고, ～기도 하니까(주로 이유를 나타낼 때)

- 雨も 降っているし、今日は 早目に 帰りましょう。

  비도 오고(하니까) 오늘은 일찌감치 들어갑시다.

- タクシーは 来ないし、道は こむし…大変だったわ。

  택시는 안오지, 길은 막히지… 애먹었어 정말.

11 しか : ～밖에(뒤에 부정문이 온다.)

| point | 대응하는 조사로는 긍정문에서만 쓰는 だけ(～뿐)가 있다.

❶ 명사에 접속할 경우 : ～밖에

- 10人で はじまったが、今は たった ひとりしか 残っていない。

  열 명으로 시작했는데, 지금은 겨우 한사람밖에 안 남았다.

- この 猫は 牛乳しか 飲まない。

  이 고양이는 우유밖에 안 마신다.

- 残された 道は これしかない。

  남은 선택(길)은 이것밖에 없다.

| point | 더욱더 강조하기 위해 だけしか(～밖에)와 같은 형태로도 쓴다.

・井上さんは 日本語だけしか 話せません。
いのうえ　　　　　　にほんご　　　　　　　はな

이노우에 씨는 일본어밖에 할 줄 모릅니다.

② 동사에 접속할 경우 : ～할 수밖에

| point | 「동사의 기본형」+ しか + ない의 형태로 쓴다.

・今の ところ、あきらめるしかないでしょう。
いま

지금으로선, 포기할 수밖에 없겠지요?

・こうなったら、戦うしか ありません。
たたか

이렇게 된 이상, 싸울 수밖에 없어요.

12 ずつ : 씩(수량이나 분량을 나타낼 때)

・一人ずつ 入ってください。　　　　　한 사람씩 들어오세요.
ひとり　　　はい

・少しずつ 歩けるようになりました。
すこ　　　　ある

조금씩 걸을 수 있게 되었습니다.

13 ぞ

| point | 남성어로 자신의 판단이나 결심을 혼잣말로 하거나, 강조해서
　　　　말할 때 쓴다.

・あぶないぞ。　　　　위험해!

・さあ、始めるぞ。　　　자, 시작하자.
　　　はじ

・許せないぞ。　　　　용서할 수 없어!
　ゆる

14 だけ

❶ ～뿐, ～만

- 中国語の できる 人は 課長だけです。
  <ruby>中国語<rt>ちゅうごく ご</rt></ruby>　<ruby>人<rt>ひと</rt></ruby>　<ruby>課長<rt>か ちょう</rt></ruby>

  중국어를 할 줄 아는 사람은 과장님뿐이에요.

- たばこを 吸っている 人と いっしょに いるだけでも 体に 悪い そうです。
  <ruby>吸<rt>す</rt></ruby>　<ruby>人<rt>ひと</rt></ruby>　<ruby>体<rt>からだ</rt></ruby>　<ruby>悪<rt>わる</rt></ruby>

  담배 피우는 사람이랑 같이 있는 것만으로도 몸에 안 좋답니다.

- あの 人は お金持ちなだけではなく、人柄も いいです。
  <ruby>人<rt>ひと</rt></ruby>　<ruby>金持<rt>かね も</rt></ruby>　<ruby>人柄<rt>ひとがら</rt></ruby>

  저 사람은 부자일 뿐만 아니라, 인품도 좋습니다.

❷ ～정도, 만큼(정도를 나타낼 때)

- 必要なだけ、自由に 持って行っても いいです。
  <ruby>必要<rt>ひつよう</rt></ruby>　<ruby>自由<rt>じ ゆう</rt></ruby>　<ruby>持<rt>も</rt></ruby>　<ruby>行<rt>い</rt></ruby>

  필요한 만큼, 자유롭게 가져가도 좋습니다.

- できるだけ 手術は ひかえてください。
  <ruby>手術<rt>しゅじゅつ</rt></ruby>

  가능한 한 수술은 피해 주세요.

- 商品の 数が 多くなっただけ、売り上げも 上がった。
  <ruby>商品<rt>しょうひん</rt></ruby>　<ruby>数<rt>かず</rt></ruby>　<ruby>多<rt>おお</rt></ruby>　<ruby>売<rt>う</rt></ruby>　<ruby>上<rt>あ</rt></ruby>　<ruby>上<rt>あ</rt></ruby>

  상품수가 많아진 만큼, 매상도 올랐다.

15 だって

| point ～도, ～도 역시(주로 체언에 붙는 말로, 회화체에서 많이 쓰인다.)

- 私_{わたし}だって 彼_{かれ}と 別_{わか}れる つもりは なかった。

  나 역시 그 사람이랑 헤어질 마음은 없었어.

- 君_{きみ}だって 行_いきたくないだろう。　　너도 가기 싫잖아?

point 접속사로 쓰일 때는 '왜냐하면' '그것도 그럴것이...' 등 이유를 나타낸다.

- だって そうじゃないの。

  아니, 그게 그렇잖아... (약간 따지는 느낌)

A : きょうは… ちょっと 帰_{かえ}らないと まずいんだ…。

  오늘은 좀 집에 안 가면 곤란한데...

B : だって 今夜_{こんや}は 大丈夫_{だいじょうぶ}だって 言_いったじゃないの。

  아니 왜 그래? 오늘 밤은 괜찮다고 했잖아!(추리소설)

【주의】 「大丈夫だって」의 「だって」는 「〜だと」의 회화체 표현으로, '〜라고'의 뜻이다.

16 たり

❶ 〜たり 〜たり(〜기도 하고, 〜기도 하고)

point 동사에 연결될 때는 반드시 뒤에 する가 붙는다. 과거형(た형)에 접속하지만 과거의 뜻은 전혀 없다.

- 朝_{あさ}ごはんは ごはんだったり パンだったりです。

  아침밥은 밥이기도 하고 빵이기도 합니다.(밥을 먹거나 빵을 먹거나 합니다.)

- 彼女_{かのじょ}は 笑_{わら}ったり、泣_ないたりしながら ドラマを 見_みていた。

  그녀는 웃기도 하고, 울기도 하며 드라마를 보고 있었다.

- 休みの 日は そうじを したり 洗濯を したりします。

  휴일에는 청소도 하고 빨래도 합니다.

② 〜たりする(〜거나 하다)

| point | 여러 가지 중에 하나를 예를 들어서 말할 때 쓴다.

- 絶対 これ、こわしたりしては いけない。

  절대 이거, 깨뜨리거나 하면 안돼.

- それでも おどろいたりしては いけない。

  그래도 놀라거나 해선 안돼.

③ 〜たり〜たりです(〜하다가 안 하다가)

| point | 긍정형과 부정형을 나란히 써서 '〜하다 말다' '하다가 안 하다기'의 뜻으로 쓰인나. 제대로 안 한다는 뜻이다.

- 朝ごはんは 食べたり 食べなかったりです。

  아침밥은 먹다가 안 먹다가 합니다.

- 彼とは このごろ 会ったり 会わなかったりです。

  그 사람이랑은 요즘 만났다 안 만났다 합니다.

- たばこを 吸ったり 吸わなかったりです。

  담배를 피우다 말다 합니다.

17 て : 〜하고, 〜해

| point | 동사의 て형(음편형), 형용사의 て형에 접속하므로, 접속방법에 유의하자.

❶ ~하고, 해서, 해

| point | 문장의 내용에 따라 나열이나, 순서, 이유 등 다양한 뜻을 나타낸다.

- 私は 毎朝 7時に 起きて、顔を 洗って、ごはんを 食べます。
  저는 매일아침 7시에 일어나, 세수를 하고 밥을 먹습니다. 〈나열〉

- ラジオの 音が 小さくて よく 聞こえません。
  라디오 소리가 작아서 잘 들리지 않습니다. 〈이유〉

- 手を 洗って、食事を します。
  손을 씻고 식사를 합니다.   〈순서〉

- 学校までは 歩いて 行きます。
  학교까지는 걸어서 갑니다.   〈수단〉

❷ ~해 (반말체로 가벼운 명령을 나타낸다.)

- 早く 着替えて。   빨리 옷 갈아입어.

- できると 言ったでしょ。やってみて。
  할 수 있다고 했지. 해 봐.

❸ ~해도, ~한데도 (ても나 のに와 같은 뜻으로 쓰일 경우)

- そんなこと 言って いいの。그런 말 해도 되는 거야?

- 電話を かけて、何も 言わなかった。
  전화를 걸고는 아무 말도 하지 않았다.

❹ て에 연결되는 문형

~ている   ~하고 있다   ~てある   ~해져 있다

~てください ~해 주세요   ~てみる   ~해 보다

~ておく   ~해 두다   ~てくる・ていく   ~해오다 / 해가다

~てしまう   ~해버리다

~てもいい・てはいけない ~해도 된다/ 해서는 안된다

~てあげる・てくれる・てもらう・てやる ~해주다

① 조동사 ない에 て가 붙을 때는 ないで와 なくて가 있는데, ないで는
  동사의 부정형에만 붙는다.

② 다음과 같은 말은 て형으로 굳어진 말로, 전체가 하나의 조사처럼 쓰이는 말이다.

- ~において   ~에 있어서, ~에서   ・~に対して   ~에 대해
- ~について   ~에 과해   ・~にとって   ~에 있어서
- ~によって   ~에 의해   ・~にしても   ~라도

18 で：~에서, ~로

❶ ~에서 (동작의 장소)

- 喫茶店で コーヒーを 飲む。   커피숍에서 커피를 마시다.

❷ ~로 (수단이나 방법)

- 鉛筆で 書いても いいですか。   연필로 써도 됩니까?

- 地下鉄で 来ました。   지하철로 왔습니다.

비즈니스나 문서상에서 정중하게 말할 때 : 「にて」라는 표현도 쓴다.

· 英文(えいふん)表記(ひょうき)にて ご記入(きにゅう)ください。
영문표기로 기입하여 주십시오.

❸ ~로 (재료)

· 木<ruby>き</ruby>で 作<ruby>つく</ruby>った いす。　　　　　나무로 만든 의자(재료)

❹ ~로, 로 인하여 (이유)

· 風邪<ruby>かぜ</ruby>で 熱<ruby>ねつ</ruby>が 39度<ruby>ど</ruby>まで 上<ruby>あ</ruby>がった。
감기로(때문에) 열이 39도까지 올랐다.

❺ ~에서 (범위)

| point | '~에'로 번역될 수도 있어서, 조사 に와 혼동하는 경우가 많으므로 주의해야 한다.

· この クラスで 一番<ruby>いちばん</ruby> 日本語<ruby>にほんご</ruby>の 上手<ruby>じょうず</ruby>な 人<ruby>ひと</ruby>は だれですか。
이 반에서 제일 일본어를 잘하는 사람은 누구죠?

· 私<ruby>わたし</ruby>は 果物<ruby>くだもの</ruby>の 中<ruby>なか</ruby>で、ぶどうが 一番<ruby>いちばん</ruby> 好<ruby>す</ruby>きです。
나는 과일 중에서 포도를 제일 좋아합니다.

❻ 이밖에 자주 쓰는 용법

| point | 수치, 상태 등을 나타내는데, 통째로 외워두는 것이 좋다.

· 全部<ruby>ぜんぶ</ruby>で いくらですか。　　　전부해서 얼마죠?

· みんなで 歌<ruby>うた</ruby>を 歌<ruby>うた</ruby>った。　　　모두(다같이) 노래를 불렀다.

- 小さい アパートを 借りて 一人で 住んでいます。

  작은 아파트를 빌려 혼자서 살고 있습니다.

- 手ぶらで 来ても いいよ。　빈손으로 와도 좋아.

- これで いいですか。　　이걸로 됐어요?/이거면 돼요?

19 てから : ~하고 나서

point 동작의 순서나 어떤 시간이 지난 후를 나타낸다.

- シャワーを あびてから 飲む ビールは おいしい。

  샤워를 하고 나서 마시는 맥주는 맛있다.

- 彼女と 分れてからは 毎日 お酒だった。

  그녀와 헤어지고 나서는 매일 술이었다.

20 でも : ~라도

- これは 子供でも 知っていますよ。

  이건 애들도(애들이라도) 알아요.

- 先生でも 知らない ことが あるものだ。

  선생님이라도 모르는 게 있게 마련이다.

- お茶でも 飲みませんか。　차라도 (한잔) 마시지 않겠어요?

이밖에 의문을 나타내는 말과 같이 쓰여 제한이 없음을 나타낸다.

いつでも	언제든지	どこでも	어디든지
だれでも	누구라도	なんでも	뭐든지

21 と

❶ ~와, 과, 랑

- 友達と いっしょに 英会話を 習っている。
  친구랑 같이 영어회화를 배우고 있다.

- 老人と 海。 노인과 바다.

- 昔と ちがって 今は 自分の 考えを 素直に 言えるように なった。
  옛날과 달리 지금은 자신의 생각을 솔직하게 말할 수 있게 되었다.

❷ ~라고(인용문에서)

- テレビでは 午後から 雨が 降ると 言っていた。
  텔레비전에서는 오후부터 비가 온다고 했다.

❸ ~하면, 했더니(자세한 내용은 가정법 참조)

- 春に なると あたたかくなる。　　봄이 되면 따뜻해진다.

- 電話番号は 手帳を 見ると わかります。
  전화번호는 수첩을 보면 알 수 있습니다.

#check

```
と 가 들어가는 문형
・~という          …     ~라고 하다, ~라고 하는
・~と思う          …     ~라고 생각하다
・~となる          …     ~로(가) 되다(になる와 비슷한 표현)
・~と言いました     …     ~라고 말했습니다
```

조
사

22 とか : 라든지

point 어떤 사물이나 동작을 열거할 때 쓴다.

- 掃除とか 洗濯とか 家事は きりが ない。
  청소라든지 빨래라든지 가사는 끝이 없다.

- 行くとか 行かないとかで 意見が 食いちがっている。
  가니 마니 의견이 엇갈리고 있다.

- 何とか なるでしょう。　　어떻게든 되겠지요.

- 何とか かんとか。　　이러쿵 저러쿵.

23 として : ~로서

point 입장이나 자격을 나타낸다. 수단을 나타내는 말은 「で」이다.

- 親としての 生き方。　　부모로서의 삶.

- 彼としては そう 言うしかないわね。
  그로서는 그렇게 말할 수밖에 없겠지.

- 人生の 先輩として 一言 お願いします。
  인생의 선배로서 한 말씀 부탁합니다.

24 とも : ~하고 말고

point 종조사. 대부분 이걸로 문장이 끝난다.

- いいとも。좋고 말고.

• 言いますとも。　　　　　　　　　말하고 말고요.

💬 부사 ともかく(=ともかくも 하여튼)도 같이 알아두자. 「～は ともかく」(하여간, 어쨌든)문형으로 많이 쓰인다.

25 な(=なあ 종조사)

❶ **동사의 기본형 + な** 형태로 '～하지 마'란 뜻을 나타낸다.

• 言うな。　　　　　　　　　　　말하지 마.

• けんかを するな。　　　　　　　싸우지 마.

❷ 느낌이나 감동, 확인 등을 나타낸다.

▎point　주로 혼잣말처럼 쓰기 때문에 반말표현에서 많이 쓰인다.

• きれいだなあ。　　　　　　　　우와 예쁘다~.

• うらやましいな。　　　　　　　부럽다~.

• そうか。あ、そうだったなあ。　그런가? 참 그랬었지….

• 仕事が あったな。　　　　　　　참 할 일이 있었지.(혼잣말)

• わかったな。　　　　　　　　　알겠지? 알았지?

• また あとでな。　　　　　　　그럼, 이따가 또 보자고.

💬 ね와 비슷한 용법으로, 상대에게 동의를 구하거나, 자신의 생각을 말할 때, 확인할 때 등에 쓰는데, 주로 윗사람이 아랫사람에게 말하거나 혼잣말할 때 자주 쓴다. 또, 같은 의미로 쓸 때 여성은 ね, 남성은 な를 쓰는 경향이 있다.

26 ながら : ~면서

ながら族(ぞく) : 한 때 나가라족이라는 말이 유행 했었다. 동시에 두 가지 일을 하는 사람을 일컫는 말.

❶ ~하면서

point 동사의 ます형에 접속한다. 두 가지 동작을 동시에 할 때 쓰는데, 주동작은 뒤에 오는 동사라고 보면 된다.

- 歩きながら アイスクリームを 食べている。

  걸으면서 아이스크림을 먹고 있다.

- アルバイトを しながら 大学に かよっている。

  아르바이트를 하면서 대학에 다니고 있다.

❷ ~면서, 지만

point 명사의 い형용사에 접속하여 「のに」, 「けれども」와 같은 뜻으로 쓰인다.

- 知っていながら 知らない ふりを している。

  알면서 모르는 척 하고 있다.

- 小さいながら 機能は いっぱいですね。

  작으면서도 기능은 많네요.

다음과 같이 쓰기도 한다. (문장체 표현)

· 失礼(しつれい)ながら 실례지만, 실례를 무릅쓰고

· 末筆(まっぴつ)ながら 끝으로(편지에서 맨 뒤에 하고 싶은 말을 할 때 쓰는 말)

---

27 に : ~에, 로

point 「に」는 「で」와 더불어 아주 중요한 조사의 하나로, 대표적인 뜻은 '에', '로'이지만, 용법이 다양하므로, 어떤 의미로 쓰였는지는 문장의 전체적인 의미를 해석해보면 알 수 있다.

❶ ~에

point 「で」(에서)가 동작의 장소를 나타내는데 비해, 「に」(에)는 존재의 장소를 나타낸다.

- テーブルの 上に 電話が あります。

  테이블 위에 전화가 있습니다.

- 駅前に 新しい レストランが できました。

  역 앞에 새 음식점이 생겼습니다.

❷ ~에 (시각, 요일, 날짜 등 시간을 나타내는 말에 붙어)

- 日曜日には 教会に 行きます。

  일요일에는 교회에 갑니다.

- 娘は 1996年に 生まれました。

  딸애는 1996년에 태어났습니다.

「に」가 붙는 말					
～時	시	～分	분	～曜日	요일
～月	월	～日	일	～年	년

「に」가 붙지 않는 말					
	いま 지금		いつ 언제		いつも 항상
	^{あさ}朝 아침(에)		^{ひる}昼 점심(에)		^{よる}夜 저녁(에), 밤(에)
先～	^{せんじつ}先日 요전 날		^{せんげつ}先月 지난 달		^{せんしゅう}先週 지난 주
今～	^{きょう}今日 오늘		^{けさ}今朝 오늘 아침(에)		^{こんばん}今晩 오늘 밤
	^{こんしゅう}今週 이번 주(에)		^{こんげつ}今月 이번 달(에)		^{ことし}今年 금년(에)
来～	^{らいしゅう}来週 다음 주(에)		^{らいげつ}来月 다음 달(에)		^{らいねん}来年 내년(에)
毎～	^{まいにち}毎日 매일		^{まいあさ}毎朝 매일 아침		^{まいばん}毎晩 매일 밤
	^{まいしゅう}毎週 매주		^{まいげつ}毎月 매달		^{まいねん}毎年 매년
昨～	^{きのう}昨日 어제		^{さくばん}昨晩 어젯밤		^{さくねん}昨年 작년

❸ ～에게, 한테(동작이나 작용의 대상을 나타낸다.)

• ^{こども}子供に ^え ^ぐ絵の具を ^か買ってあげた.　아이한테 물감을 사 주었다.

• ^{がいこくじん}外国人に ^{かんこくご}韓国語を ^{おし}教えた ことが ありますか.

　외국인한테 한국어를 가르친 적이 있습니까?

• ^{でんわ}電話が あったと ^{すずき}鈴木さんに ^{つた}伝えてください.

　전화 왔다고 스즈키 씨에게 전해 주십시오.

조사를 용도나 기능으로 나누는 것은 막연한 뜻으로만 외우면 비슷한 말을 가려쓰기 어렵기 때문이다. 기능과 용법을 이해해두면 문장에서 조사의 쓰임이 다른 것을 묻는 문제 등을 푸는 데 도움이 된다.

❹ ～に, ～하는 데(용도를 나타낸다.)

point 용도나 목적을 나타내므로 '～할 때, ～할 경우'의 뜻이 포함되어 있고, 뒤에는 대개 다음과 같은 말이 온다.

형용사 … いい	좋다	便利だ	편리하다

형용사 … いい 　　좋다　　　便^{べん}利^りだ 　　편리하다
　　　　必^{ひつ}要^{よう}だ 　　필요하다　　簡^{かん}単^{たん}だ 　　간단하다 등
동　사 … 使^{つか}う 　　쓰다　　　　要^いる 　　　필요하다 등
　　　　役^{やく}に立^たつ 　　도움이 되다

ⓐ **명사 + に　～에**

・ニュースは 聞^きき取^とりに 役^{やく}立^だちます。
　뉴스는 듣기에 도움이 됩니다.

ⓑ **동사 기본형 + のに　～하는 데, ～하려면**

・コンピューターは データを 整^{せい}理^りするのに 便^{べん}利^りです。
　컴퓨터는 데이터를 정리하는 데 편리합니다.

 「명사 + に いく/くる」(～하러 가다/ 오다)는 '목적'을 나타내는데, 하나의 문형으로 기억하면 되겠다.
　・買^{かい}物^{もの}に 行^いく 　쇼핑하러 가다　　・買^かいに 行^いく 　사러 가다

⑤ **〜에, 로**(방향이나 목적지, 도착점을 나타낸다.)

・私は 来年 アメリカに 行く つもりです。
　나는 내년에 미국에 갈 생각입니다.

・たった今 空港に 着いたばかりです。
　지금 막 공항에 도착했습니다.

・まっすぐ 行って 右に 曲がってください。
　곧장 가서 오른쪽으로 꺾어 주세요.

> **へ와 に**
> 둘 다 방향을 나타낼 수 있는데, 「へ」는 방향성이, 「に」는 목적성이 더 강하다고 할 수 있다.

⑥ **になる** 〜이 되다

point 중요한 문형으로 조사를 확인하는 문제가 시험에 잘 나온다.

・もう 秋に なりました。　　　　　　이제 가을이 되었습니다.

・日本語の 先生に なりたい。　　　　일본어 선생님이 되고 싶다.

> なる뿐만 아니라 이와 비슷한 말과 같이 쓰여 변화의 결과를 나타내기도 하는데, 이때는 '〜로'의 뜻이 된다.

・雨が 雪に 変わった。　　　　　　　비가 눈으로 바뀌었다.

・りっぱな 青年に 成長した。　　　　훌륭한 청년으로 성장했다.

⑦ **お + 동사 ます형 + になる** 형태로 존경을 나타낸다.

- 先生は 何時ごろ お帰りになりますか。
  <ruby>先生<rt>せんせい</rt></ruby> <ruby>何時<rt>なんじ</rt></ruby> <ruby>帰<rt>かえ</rt></ruby>

  선생님은 몇 시쯤 돌아오십니까?

- この 本、もう お読みになりましたか。
  <ruby>本<rt>ほん</rt></ruby> <ruby>読<rt>よ</rt></ruby>

  이 책 벌써 읽으셨습니까?

⑧ 수동문에서 주어가 받은 동작이나 행동의 상대

| point | 동작주를 나타낸다. 이때는 '~한테'로 해석할 수도 있고, 문장에 따라서는 '~가, ~를' 등 다르게 해석될 수도 있다.

- 先生に しかられた。   선생님한테 혼났다.
  <ruby>先生<rt>せんせい</rt></ruby>

- 雨に 降られた。   비를 맞았다.
  <ruby>雨<rt>あめ</rt></ruby> <ruby>降<rt>ふ</rt></ruby>

- 先生に 発音を 直していただいた。
  <ruby>先生<rt>せんせい</rt></ruby> <ruby>発音<rt>はつおん</rt></ruby> <ruby>直<rt>なお</rt></ruby>

  선생님께서 발음을 고쳐 주셨다. (← 선생님한테서 발음을 고쳐 받았다.)

#check

이밖에 관용어구로 많이 쓰이는 표현 〈조사 に 가 들어가는 말〉

우리말과 조사가 다르게 쓰이는 경우도 있으므로, 관용어구로 외워두는 것이 좋다.

· お風呂(ふろ)に 入(はい)る   목욕하다

· バスに 乗(の)る   버스를 타다(우리말로는 ~을/를 타다지만, 일본어
                                   에서는 に로 표현한다. 시험에 잘 나오는 표현)

· 山(やま)に 登(のぼ)る   산에 오르다, 산을 오르다

· ~に 似(に)ている   ~를 닮았다

· ~に 勤(つと)めている   ~에서 근무하다

· ~に 会(あ)う   ~를 만나다

28 ね : ~네요, ~군요(종조사)

point 「ねえ」하고 길게 발음하기도 한다. 여성은 「わ」를 붙여 「わね」
와 같이 말하기도 한다.

❶ 감탄이나 확인, 동의나 찬성을 구할 때

point 우리말로는 '~군요, ~네요. ~구나, ~지?' 등 다양하게 해석
할 수 있다.

- おいしいですね。 　　　　　　　　　맛있네요. 〈감탄〉

- ゆりさんも あした 行きますね。　　유리 씨도 내일 갈거죠? 〈확인〉

A : いい天気ですね。　　　　　　　날씨가 좋지요?

B : そうですねえ。本当に いい お天気ですね。

그렇네요. 정말 날씨가 좋네요.

---

❷ 자신의 생각을 부드럽게 말하거나, 생각을 정리해서 말할 때

- 私は あまり 行きたくないですね。　전 별로 가고 싶지 않은데요.

- 私はです<ね。結論まではです<ね。まだ 考えていないんですけどね…。

저는요, 결론까지는 말이죠, 아직 생각하지 않았지만 말입니다….

회화에서는 자신이 앞에서 한 말을 확인하거나 동의를 구하는 의미로, 「ね?」
(그치?)하고 묻기도 한다.
어린애들이 단어와 단어사이에 ね를 붙여 말하기도 한다.

・ママ。あしたね、ぼくね…　　엄마, 내일 있지, 나~

#check

29 の : ~의

| point | 「の」는 보통 '~의'나 '~것'으로 해석할 수 있는데. 시험에는 주격이냐 소유냐 질문이냐 등 용법을 구별하는 문제가 자주 나온다.

❶ ~의

| point | 명사와 명사를 연결해 줄 때. 우리말로 해석할 때는 생략되기도 한다.

- 私の 家族を 紹介しましょう。　　　제 가족을 소개하지요.
- これは 日本語の 本です。　　　이건 일본어 책입니다.
- 英語の 先生。　　　영어 선생님.

❷ ~의 것(소유나 소속을 나타낸다.) = のもの

- この 車は 田村さんのです。
  이 차는 다무라 씨 거예요.

- これは 会社のですから、かってに 使っては いけません。

  이건 회사 것이기 때문에, 마음대로 쓰면 안 됩니다.

❸ ～것(사물이나 사람 등 명사 대신 쓸 수 있다.)

- もっと 大きいのを ください。= もの　　　좀더 큰 것을 주세요.

- めがねを かけているのは だれですか。= 人

  안경을 쓴 사람은 누구예요?

❹ 주격조사 「が」가 명사구에서 「の」로 바뀐 경우

- 私の 言いたい ことは これです。

  내가 말하고 싶은 것은 이거예요.

- 英語で 話す ことの できる 人。　　영어로 말할 수 있는 사람.

❺ ～것(동사를 명사구로 만들어준다.)

- 人に 知られるのが いやです。= こと

  다른 사람들한테 알려지는 게 싫어요.

- 教えるのが 好きです。= こと　　　가르치는 것을 좋아해요.

논문이나 신문 등 문장에서는 「～のである」(것이다), 회화체에서는 「～の
だ」(것이다), 「～のです」(=ㅁ니다. ～것입니다)의 형태로도 많이 쓰인다.
「～の ～の」의 형태로 열거할 때 쓴다.(명사는 「～だの ～だの」의 형태로)

できるの、できないのといって、まだ 結論が 出なかった。

가능하니 불가능하니 하면서 아직 결론이 나지 않았다.

❻ 종조사로 쓰일 때

point 　주로 반말체로 가벼운 단정을 나타내거나, 질문을 나타낸다.

- じゃ、また あとで。これから 授業なの。

  그럼, 이따가 보자. 지금부터 수업이야.

- 何を 言ってるの。　　　　무슨 말 하는 거야?

30 ので : ~므로, ~기 때문에, ~라서

point 　「から」와 함께 원인이나 이유를 나타내는 대표적인 표현이다. 「から」가 주관적인 이유를 나타내는 데 비해 「ので」는 객관적인 이유를 나타낸다고 할 수 있다. 또, 「から」보다는 「ので」를 쓰는 경향이 있다.

- 今日は 休みなので 学校へ 行かなくても いいです。

  오늘은 노는 날이라서 학교에 가지 않아도 됩니다.

- 体が 弱いので 漢方薬を 飲んでいます。

  몸이 약해서 한약을 먹고 있습니다.

- だれも 教えてくれなかったので 全然 知らなかったんです。

  아무도 가르쳐주지 않았기 때문에, 전혀 몰랐어요.

  (「~たので」는 회화체에서는 「~たんで」로 발음하기도 한다.)

> 「から」는 직선적인 뉘앙스가 강하기 때문에 반말체에서도 쓰지만, 「ので」는 정중한 느낌이 드는 조사이므로 반말체에서는 어울리지 않는다.

《원인이나 이유를 나타내는 말 총정리》

구분	から・ので・て・で의 접속방법			
	から	ので	て	で*
동사	行<ruby>行<rt>い</rt></ruby>くから 行かないから 行ったから 行かなかったから	行くので 行かないので 行ったので 行かなかったので	行って 行かなくて × ×	
イ형용사	<ruby>高<rt>たか</rt></ruby>いから 高くないから 高かったから 高くなかったから	高いので 高くないので 高かったので 高くなかったので	高くて 高くなくて × ×	
ナ형용사	<ruby>元気<rt>げんき</rt></ruby>だから 元気ではないから 元気だったから 元気ではなかったから	元気なので 元気ではないので 元気だったので 元気ではなかったので		元気で 元気ではなくて × ×
명사	<ruby>子供<rt>こども</rt></ruby>だから 子供ではないから 子供だったから 子供ではなかったから	子供なので 子供ではないので 子供だったので 子供ではなかったので		子供で 子供ではなくて × ×

《から·ので·て·で의 의미와 용법》

의미	から	ので	て, で
	주관적인 이유법	객관적인 이유	인과 관계가 가장 약함
용법	뒤에 오는 말 명령(~なさい) 금지(~てはいけない) 의지(~う·よう) 추량(~でしょう) 권유(~ませんか) 등	뒤에 오는 말 변명 정중한 의뢰 등	뒤에 오는 말 감정표현(기쁘다…) 동사 가능형 무의지동사 (ある(있다), なる(되다) 등)

「で」는 명사나 ナ형용사의 て형이라 생각하면 된다.

#check

のでと の+で

이유의 「ので」와 「の」 + 「で」를 혼동하지 않도록 해야 한다.

· 大(おお)きいので、ふたつ ください。　　　큰 걸로 두 개 주세요.

· 大(おお)きいので、もっと 小(ちい)さいのを ください。
크니까, 좀더 작은 것을 주세요.

---

❶ **~から** : ~하니까의 뜻으로 「から」 뒤에는 추량, 의지, 요구, 명령 등의 문형이 올 수 있다. 또, 뒷문장이 「です·ます」 등의 정중한 문장이면 「から」 앞에 오는 문장도 「です·ます」형으로 같이 쓰이는 경우가 많다.

· 私も 行くから ついて きなさい。　　　나도 가니까 따라와라.

· 偽物_{にせもの}ですから 買_かっては いけません。　　가짜니까 사면 안돼요.

❷ **～ので** ：'～하니까'의 뜻으로 「ので」 뒤에는 추량, 의지, 요구, 명령 등의 문형이 올 수 없다. 또, 뒷문장이 「です・ます」 등의 정중한 문장이더라도, 「ので」 앞에는 보통체가 오는 것이 「から」와 다른 점이다.

- その 公園は 静かなので、よく 散歩に 行きます。
  그 공원은 조용하기 때문에 자주 산책하러 갑니다.

- 彼女は 性格が 明るいので、みんなから 人気が あります。
  그녀는 성격이 밝기 때문에 모든 사람한테 인기가 있습니다.

～て・で ：'～해서'의 뜻으로 「から」「ので」보다 인과관계가 약하다.

- 私は コーヒーに さとうを 入れて 飲みます。
  저는 커피에 설탕을 넣어서 마십니다.

- 新聞を 読んで、その ニュースを 知りました。
  신문을 보고 그 소식을 알게 되었습니다.

❹ **～からです・のです** ：「どうして～のですか」、「なぜ～のですか」와 같이 '왜 ～했어요?' 하고 이유를 물었을 때, 그 이유를 설명하거나 변명할 때는 쓰는 표현이다. 「～のです」는 회화체에서는 「～んです」로 쓰인다.

  A : どうして 風邪を ひいたんですか。
  　　왜 감기에 걸렸어요?

  B : とても 寒かったからです。
  　　너무 추웠기 때문입니다.

  A : どうして 食べないんですか。　　왜 안 먹는 거예요?

B : お腹が 痛いんです。　　　　　　　　　배가 아프기 때문이에요.

❺ ~ために ： 주로 앞의 문장이 원인이 되어, 보통은 잘 생기지 않을 결과가 생겼을 때 쓴다. 명사수식형에 접속하지만, 동사의 경우에는 과거형(た형)에 연결된다.

• 授業料の ために アルバイトを します。
수업료를 위해 아르바이트를 합니다.

• 歌を 歌うために 生きています。　노래를 부르기 위해 삽니다.

❻ ~のは~からです/ためです ： '~(것)은 ~기 때문입니다'의 뜻으로, 주로 결과를 먼저 말한 다음, 뒷문장에서 그 원인이나 이유를 설명할 때 쓰는 표현이다. 「~のでです」로는 쓰지 않는다.

• その 日 たくさん 食べたのは お腹が とても すいて いたからです。
그 날 많이 먹었던 건 배가 무척 고팠기 때문이에요.

• 彼が 嫌われるのは 清潔で ないからです。
그를 싫어하는 이유는 청결하지 않기 때문이에요.

ですから ： '그렇기 때문에', '때문에', '그래서'의 뜻으로 단독으로 쓸 수 있다. 회화체에서는 「だから」도 쓰지만, 정중한 표현에서는 「ですから」를 쓴다. 이밖에 「それで(그래서)」도 자주 쓰는 말이다.

• ですから、この 件に つきましては 無かった ことに して ほしいのです。
그러니까, 이 건에 관해서는 없었던 것으로 해 줬으면 좋겠습니다.

• ですから、もう 少し 値段を 上げて くださると 助かるのですが。

그러니까, 좀더 가격을 올려주시면 고맙겠습니다만.

31 のに : ~하는데(역접)

point 「ので」와 대응하는 말로 앞의 내용과 상반되는 내용이 뒤에 온다.

• 今日は 休みなので、会社へ 行かなくても いいです。

오늘은 쉬는 날이라서 회사에 가지 않아도 됩니다.

• 今日は 休みなのに、会社へ 行きました。

오늘은 쉬는 날인데도 회사에 갔습니다.

• 体が 弱いので、漢方薬を 飲んでいます。

몸이 약해서 한약을 먹고 있습니다.

• 体が 弱いのに、はげしい 運動を している。

몸이 약한데 심한 운동을 하고 있다.

> **역접의 のに와 の + に**
>
> · 食(た)べているのに 太(ふと)らない。　먹고 있는데도 살이 안찐다.
> · 食(た)べるのに 1時間(いちじかん)も かかった。
>   먹는 데 한 시간이나 걸렸다.

32 は : 은, 는

• 田中さんは 英語と 中国語が 上手です。

다나카 씨는 영어와 중국어를 잘합니다.

- 詳しくは よく わかりませんが…。
  자세히는 잘 모르겠습니다만….

#check

역접의 のに와 ても

「のに」는 '~인데', 「ても」는 '~해도'의 뜻으로, 서로 비슷하게 쓰지만, 다음과 같은 차이가 있다.

① 과거 또는 현재의 사실을 말할 때는 둘 다 쓸 수 있다.(이미 정해진 조건)

- いくら 飲(の)んでも 酔(よ)いません。   아무리 마셔도 취하지 않습니다.
- 何本(なんぼん)も 飲(の)んだのに、酔(よ)いません。

  몇 병이나 마셨는데 취하지 않습니다.

② 현실에는 없는 사실을 가정하여 말할 때는 「ても」만 쓸 수 있다.(가정조건을 나타내는 경우로, 주로 「의문사 + ても」형으로 많이 쓰인다.)

- だれが 来(き)ても 会(あ)わない。   누가 오더라도 안 만날 거야.
- いつ 聞(き)いても いい 曲(きょく)ですね。 언제 들어도 좋은 곡이네요.

33 ば : ~면

point 가정표현의 하나. 동사는 「-eば」, い형용사는 「ければ」형으로 쓰고, な형용사는 「ならば」의 형태로 쓰인다. 뒤의 일이 일어나기 위한 조건이 앞에 온다.

- 見(み)れば わかりますよ。   보면 알 수 있어요.

- きみが 行(い)けば、ぼくも 行(い)く。   네가 가면 나도 간다(갈 거야).

- できれば 一人(ひとり)で 来(き)てください。   가능하면 혼자 오세요.

① ～も ～ば ～も : ～도 ～하고 ～도

- 若い人も いれば お年よりも います。
  젊은 사람도 있고(있는가 하면), 나이드신 분도 있습니다.

- 時間も なければ、お金も ないよ。
  시간도 없고(없을뿐더러), 돈도 없어.

② (すれ)ば (する)ほど : ～하면 할수록

- 日本語は 勉強すれば するほど 難しいと 思います。
  일본어는 공부하면 할수록 어려운 것 같습니다.

- お酒は 飲めば 飲むほど 強くなります。
  술은 마시면 마실수록 세집니다(늡니다).

- 聞けば 聞くほど いい音楽だと 思います。
  들으면 들을수록 좋은 음악이라고 생각해요.

34 ばかり

① ～만, 뿐

point 한정하는 말. 「だけ」와 비슷한 뜻이지만, 약간 부정적인 뉘앙스가 깔려 있다.

- テレビばかり 見ないで、勉強も しなさい。
  텔레비전만 보지 말고, 공부도 하거라.

- その 後 彼は お酒ばかり 飲んでいた。　　그후, 그는 술만 마셨다.

❷ 정도, 쯤, 가량

point　수량을 나타내는 말이 앞에 오는데, 회화에서는 주로 「ぐらい」
를 많이 쓴다.

- 会議までは あと 30分ばかり 残っています。
  회의까지는 앞으로 30분 정도 남아 있습니다.

❸ 동사의 과거형 + たばかり

point　'막 ~했다', '~한지 얼마 되지 않았다'는 뜻을 나타낸다. 어
떤 동작이 끝난지 얼마되지 않았음을 나타낸다.

- たった今 コーヒーを 飲んだ ばかりです。
  지금 막 커피를 마셨습니다. (마신 지 얼마 안 됩니다.)

- 入った ばかりで、まだ 何も わかりません。
  들어온 지 얼마 되지 않아, 아직 아무것도 모릅니다.

- きのう ソウルに 着いた ばかりです。
  어제 서울에 도착했습니다.(도착한 지 얼마되지 않았다는 뜻)

#check

~たばかり와 ~たところ

둘 다 '~한 지 얼마 안 됐다'는 뜻인데, ところ는 어떤 행동의 직후에만 쓸 수 있지만, 'ばかり'는 직후가 아니더라도 심리적으로 아직 시간이 많이 경과하지 않았다고 느낄 때 쓸 수 있다. 그래서 '지금'이나 '아까'와 같은 말 외에도, 1시간 전이나 지난주나 지난달 등 과거의 어느 시점을 나타내는 말과 같이 쓸 수 있다.

· 先週(せんしゅう)から 日本語(にほんご)を 始(はじ)めたばかりです。(○)
· 先週(せんしゅう)から 日本語(にほんご)を 始(はじ)めたところです。(×)
  지난주부터 일본어를 시작했습니다.(시작한 지 얼마 되지 않습니다.)

✔ 시험에 잘 나오는 ばかり 관련문형

① ~ばかりで(は)なく : ~뿐만 아니라

(-だりではなく. 문싱에서는 のみならず)

· 能力(のうりょく)ばかりではなく、性格(せいかく)も 大事(だいじ)である。

  능력뿐만 아니라 성격도 중요하다.

② ~ばかりか : ~뿐인가, 뿐만 아니라 (だけではなく)

· こどもばかりか 大人(おとな)も 大勢(おおぜい) 集(あつ)まった。

  애들뿐인가, 어른들도 많이 모였다.

③ ~てばかりいる : ~만 하고 있다

· 遊(あそ)んでばかりいないで、何(なに)か 仕事(しごと)を 探(さが)しなさい。

  놀고만 있지 말고, 뭔가 일을 찾아봐라.

④ ばかりで : ~만 하고

- あの レストランは 高いばかりで おいしくない。

  저 식당은 비싸기만 하고 맛이 없어.

⑤ あとは ～ばかり: 이제 ～만 하면 된다, 남은 일은 ～밖에 없다는 뜻

- あとは 結果を 待つばかりです。

  이제 결과를 기다리기만 하면 됩니다.

35 へ : 로, 에(방향을 나타낸다.)

- 日本へ 行った ことが ありますか。

  일본에 간 적이 있습니까?

- ゆうこへ。 유코에게.(편지서두에 '～에게' '～께'의 뜻으로)

36 ほど

❶ ～가량, 쯤, 정도(정도나 분량을 나타낸다.)

- 10分ほど 待っていたら、プリントが 終わった。

  10분정도 기다렸더니, 프린트가 끝났다.

- 歩けないほど 痛かった。 걸을 수 없을 정도로 아팠다.

- 仕事が 山ほど たまっている。 업무가 산더미처럼 쌓여 있다.

❷ 만큼(비교를 나타낸다.)

- みうらさんほど 韓国語の 上手な 人も いないと 思います。

  미우라 씨 만큼 한국말을 잘 하는 사람도 없을 거예요.

- ビールは 焼酎ほど 強くないです。
  맥주는 소주만큼 독하지 않습니다.

❸ ~ば~ほど '~면 ~수록'의 뜻으로 쓰인다.

- 多ければ 多いほど いいです。　　많으면 많을수록 좋습니다.

- 会えば 会うほど もっと 会いたくなる 人。
  만나면 만날수록 더 보고 싶어지는 사람.

37 まで : ~까지

❶ ~까지

- ソウルから 東京まで。
  서울에서 도쿄까지.

- 会議が 終わるまで 一言も 言わなかった。
  회의가 끝날 때까지 한마디도 하지 않았다.

❷ までも ない ~할 것까지도 없다

- わざわざ 行くまでも ない。
  일부러 갈 것까지 없다.

- 言うまでも なく、犯人は 彼だった。
  말할 것도 없이 범인은 그사람이었다.

#check

편지, 팩스 등에서 자주 쓰이는 まで

· とりあえず、お祝(いわ)いまで。　　우선 축하 인사 전합니다.

· まずは お礼(れい)まで。　　　　우선 감사 인사 드립니다.

38 も : ~도

❶ ~도

· 今度(こんど)も また 失敗(しっぱい)なら 大変(たいへん)だ。

  이번에도 또 실패라면 큰일이다.

· 不景気(ふけいき)で 大手企業(おおてきぎょう)も 新入社員(しんにゅうしゃいん)の 数(かず)を 減(へ)らすという。

  불경기로 대기업도 신입사원 수를 줄일 거라고 한다.

② ～이나(강조할 때)

- 喫茶店で 2時間も 待っていた。
きっ さ てん　　じ かん　　ま

  커피숍에서 두 시간이나 기다리고 있었다.

- 電気の 使用料が 50%も 上がった。
でん き　　し ようりょう　　　　　あ

  전기 사용료가 50%나 올랐다.

- この 川の 深さは 15メートルも あります。
かわ　ふか

  이 강의 깊이는 15미터나 됩니다.

  높이나 센티미터 등 수치를 나타낼 때는 ある로 표현한다.

의문사와 같이 쓸 경우, 수량이 많은 것을 나타낸다.

- 日本には 何度も 行った ことが あります。
に ほん　　　　　なん ど　　い

  일본에는 몇 번이나(여러번, 수차례) 간 적이 있습니다.

- 時間なら いくらでも ありますよ。
じ かん

  시간이라면 얼마든지 있습니다.

✔ **이 밖에 자주 쓰는 말**

いつも	항상	なにも	아무것도
だれも	아무도	すこしも	조금도
どちらも	어느 쪽도, 둘 다		

39 もの

| point | 종조사로 문말에 붙어서, 불만섞인 이유나 불평을 말할 때 쓴다. 회화체에서는 「もん」으로 발음하기도 한다. (어린애같은 말투)

- だって、彼が 疑われているんだもの。
  글쎄, 그 사람이 의심을 받고 있잖아.

- だって、時間が 足りなかったんだもの。
  아니, 시간이 부족했단 말이에요.

회화체에서는 「もの」앞에 「~んだ」가 붙어서 「~んだもの(もん)」으로 말하는 경우가 많다.

40 や : ~랑, ~나(나열할 때)

- つくえの 上に 辞書や 本などが あります。
  책상 위에 사전이랑 책 등이 있습니다.

- 掃除や 洗濯などは お手伝いさんが やってくれる。
  청소나 빨래 등은 가정부가 해준다.

「동사기본형 + や いなや」문형으로 '~하자 마자'는 뜻을 나타낸다.

· そう言うや いなや　　그렇게 말하자 말자.

41 よ

| point | 자신의 생각이나 의견, 주장 등을 나타낸다. 우리말의 '요'로 해석되기도 하지만, 「よ=요」가 아니므로, 남발하지 않도록 주의해야 한다. 충고나 권유, 금지, 통고, 주의, 명령, 호소 등에 사용한다.

- たばこは 吸^すわない ほうが いいです**よ**。
  담배는 피우지 않는 것이 좋아요.

- もう やめて**よ**。　　이제 그만해 좀.

- 子供^{こども}は そんなこと しなくて いいんだ**よ**。
  애들은 그런 일 하지 않아도 돼.

- 行^いきます**よ**。　　　갑니다. (사진을 찍을 때는 '찍습니다'의 뜻.)

- 原稿^{げんこう}が できたら、連絡^{れんらく}する**よ**。　　원고가 되면 연락할게.

- 本当^{ほんとう}**よ**。　　　　정말이야.

「恋人(こいびと)よ」(연인이여)의 よ는 누군가를 부르는 말로, 시적인 표현의 하나이다.

42 より

~보다

point　비교를 나타낸다. 일반적으로 명사에 붙지만, 「동사의 기본형 + より」형태로도 쓴다.

- アメリカ**より**は まず 日本^{にほん}へ 行^いってみたいですね。
  미국보다는 우선 일본에 가보고 싶어요.

- 彼女^{かのじょ}は 私^{わたし}**より** ずっと 下^{した}です。
  걔는 나보다 한참 아래예요. (나이를 말할 때)

- いちいち 話^{はな}す**より**は、だまっている 方^{ほう}が ましだ。
  일일이 말하는 것보다는 잠자코 있는 게 낫다.

② ~부터

| point | 「から」와 같은 뜻으로 쓰는데, 친한 사이의 사람에게는 편지 끝에 「みゆきより」(미유키로부터)와 같이 쓰기도 한다.

- 3時より 大統領の 演説が 始まります。

  3시부터 대통령의 연설이 시작됩니다.

- 母より 手紙が 来た。　　　엄마한테서 편지가 왔다.

- ファックスの 場合は 矢印の 方向より 送信してください。

  팩스로 보내실 경우에는 화살표 방향부터 보내 주세요.

43 わ(종조사)

| point | 여성이 쓰는 말로 단독으로 쓸 때도 있지만, 「わよ」, 「わね」처럼 다른 종조사와 겹쳐서 쓰기도 한다.

① 느낌이나 감탄, 놀람 등을 나타낸다.

- うれしいわ。　　　　　기뻐라. / 좋아라.

- けっこう 難しいわ。　　꽤 어려워.

- あら、雪が 降っているわ。　어머 눈이 와.

② 자신의 생각(단정)이나 의사를 나타낸다.

- それだけじゃないわ。　　그뿐이 아니야.

- ちがうわよ。　　　　　아니야.

- もう一度 電話してみるわ。

다시 한번 전화해볼게.

- それは いい お考えですわ。

그건 좋은 생각이세요.

44 を : ~을, 를(목적격조사)

- Eメールを 送る。

이메일을 보내다.

- 手を 上げる。

손을 들다.

- 例を あげる。

예를 들다.

#check

「を」의 기타용법

「を」는 목적격 조사 외에도 다음과 같이 쓸 수 있다. 우리말의 '을/를'과 비슷하므로 해석에는 무리가 없다. 단, 문법문제에서 조사의 쓰임이 다른 것을 고르는 문제로 나오기도 하는데, 일단 우리말로 해석하여 문장의 의미를 파악하면 된다.

① 출발점을 나타낼 때(이때는 「から」와 바꿔쓸 수 있다.)

이 때 뒤에는 「発(た)つ」(출발하다), 「出(で)る」(나가다), 「降(お)りる」(내리다)와 같이 이동을 나타내는 말이 온다.

· 空港(くうこう)を 発(た)つ。 　　　　　공항을 출발하다.

· 出口(でぐち)を 出(で)る。 　　　　　출구를 나오다.

· バスを 降(お)りる。 　　　　　버스에서 내리다.

② 통과를 나타낼 때(이동이 행해지는 장소)

이 때 뒤에는 '지나가다' '통과하다'와 같은 말이 오는데, 여기서 「を」는 통과점을 나타낸다.

· 道(みち)を 渡(わた)る。 　　　　　길을 건너다.

· 空(そら)を 飛(と)ぶ。 　　　　　하늘을 날다.

· 駅(えき)の 前(まえ)を 通(とお)る。 　　　역 앞을 지나가다.

( ) 안에 들어갈 조사를 쓰세요.

---

1. ソウル( ) 釜山まで 飛行機( ) 1時間 かかります。
   서울에서 부산까지 비행기로 1시간 걸립니다.

2. 私は 英語は できます。( ) 中国語は できません。
   나는 영어는 할 수 있습니다. 하지만 중국어는 못합니다.

3. 雨も 降っている( )、風も 強い( ) タクシーで 行きましょう。
   비도 오고 바람도 세니까 택시로 갑시다.

4. 日曜日には テニスを し( ) サッカーを し( )します。
   일요일에는 테니스를 하거나 축구를 하거나 합니다.

5. 部屋には ベッド( ) ビデオ( ) ありません。
   방에는 침대도 비디오도 없습니다.

6. いつ 来る( ) わかりません。   언제 올지 몰라요.

7. 私は 日本語( ) できます。   저는 일본어를 할 줄 압니다.

8. 今度( ) 勝ってみせる。   이번이야말로 이겨 보일 테다.

9. 食べる こと ( ) できませんでした。   먹는 것조차 불가능했습니다.

10. 財布には 1000ウォン( ) ありませんでした。
    지갑에는 1000원밖에 없었습니다.

11. 一人( ) 入ってください。   한 사람씩 들어오세요.

12. 忙しい( ) 来てくれた。   바쁜데도 와 주었다.

13. 忙しい(   ) 行けそうにない。   바빠서 못 갈 것 같다.

14. 私(   ) あなたを 愛したい。   나는 당신을 사랑하고
                                                       싶다.

15. 私(   ) 愛してください。   나를 사랑해 주세요.

16. 鈴木さん(   ) お酒が 強い人も いません。

스즈키 씨만큼 술을 잘 하는 사람도 없어요.

17. 鈴木さんは 毎日 お酒(   ) 飲んでいた。

스즈키 씨는 매일 술만 마시고 있었다.

18. 1時(   ) 日本語能力試験が 始まります。

1시부터 일본어능력시험이 시작됩니다.

19. 1時(   ) ドラマの 撮影が あります。   1시까지 드라마 촬영이 있어요.

20. 部屋には ベッド(   ) テレビなどが あります。

방에는 침대나 TV 등이 있습니다.

48. 형식명사

명사와 성질은 같지만, 독립적으로는 쓸 수 없고, 항상 그 앞에 다른 말과 같이 쓰여져서 뜻을 추가하거나 명사화(명사구)하는 역할을 한다. この · もの · わけ 등 비슷한 뜻을 가진 말들을 구별할 수 있어야 겠다.

1 うち(に)

❶ (～ている)うちに ～하는 사이에, ～하는 동안에
(= ～ている間<ruby>間<rt>あいだ</rt></ruby>に)

- 本<ruby>本<rt>ほん</rt></ruby>を 読<ruby>読<rt>よ</rt></ruby>んでいる**うちに** 自分<ruby>自分<rt>じぶん</rt></ruby>も 知<ruby>知<rt>し</rt></ruby>らない**うちに** 涙<ruby>涙<rt>なみだ</rt></ruby>が 出<ruby>出<rt>で</rt></ruby>た。
  책을 읽고 있는 동안에 나도 모르는 사이에 눈물이 나왔다.

- つきあっている**うちに** 好<ruby>好<rt>す</rt></ruby>きに なってしまった。
  사귀는 동안에 좋아하게 돼버렸다.

- 近<ruby>近<rt>ちか</rt></ruby>い**うちに** ご連絡<ruby>連絡<rt>れんらく</rt></ruby>します。〈イ형용사의 경우〉
  조만간에 연락드리겠습니다.

❷ ～ないうちに '～하기 전에'로 번역하는 것이 자연스러운 경우

> **point** 앞으로 지금과 반대되는 상황이 일어나기 전에 어떤 행동을 하는 것이 나을 때 자주 쓴다. 주의할 점은 앞에 부정형이 온다는 것이다. (이때는 「～する前<ruby>前<rt>まえ</rt></ruby>に」로 바꿀 수 있지만, 「～ないうちに」쪽을 더 많이 쓴다.)

- 忘れないうちに 書いておきましょう。

  잊어버리기 전에 써 둡시다.

- 雨が 降らないうちに 帰りましょう。

  비가 오기 전에 돌아갑시다.

2 こと : 것, 일

- 日本語を 話す ことが できますか。

  일본어를 말하는 것이 가능합니까? = 일본어 할 줄 아세요?

- アメリカに 行った ことが ありますか。

  미국에 간 적이 있습니까?

- その ことに ついては あとで お話します。

  그 일에 대해서는 나중에 말씀드리겠습니다.

실제 회화에서 자주 쓰는 용법

① 〜の こと(〜에 관한 일, 에 관한 이야기)

· 成績の ことは 言わないで ほしい。

  성적에 대한 얘기는 안 했으면 좋겠다.

② 〜さんの こと(〜씨, 〜씨에 대한 이야기)

· 北野さんの ことは 聞いたことが ある。

  기타노 씨에 관한 얘기는 들은 적이 있다.

③ の, こと, もの

  모두 우리말로는 '것'으로 해석되는데, 보통 「の」는 일반적인 '것', 「こと」는 '일'이나 '사항', 「もの」는 '물건'을 가리킨다고 기억하면 되겠다.

✔ 시험에 잘 나오는 こと 관련문형

① ～ことだ : ～것이다(강조할 때) 하는 것이 중요하다, 필요하다
- 大切なのは 相手を 愛することだ。
  중요한 것은 상대방을 사랑하는 것이다.

- プロに なりたかったら、まず 一生懸命 仕事を することだ。
  프로가 되고 싶다면, 우선 열심히 일을 할 일이다.(일하는 것이 중요하다.)

② ～ことに なる: 하게 되다(주변 여건이나 상황에 의해 결정된 사항)
- 今度の ワールドカップの 開幕式は カタールで 開かれる
  ことに なりました。
  이번 월드컵 개막식은 카타르에서 열리기로 되었습니다.

③ ～ことに なっている : ～하게 되어 있다(규칙이나 예정)
- 生ごみは 水気を なくしてから 捨てる ことに なっている。
  음식쓰레기는 물기를 없애고 나서 버리게 되어 있다.

- 今週の 土曜日に 両国の 大統領が 会う ことに なっている。
  이번 주 토요일에 양국의 대통령이 만나기로 되어 있다.

④ ～ことに する : ～하기로 하다(자신의 의지로 결정했을 때)
- 健康の ために タバコを やめる ことに しました。
  건강을 위해 담배를 끊기로 했습니다.

⑤ ～ことに している : ～하기로 하고 있다(규칙이나 습관)
- 小遣いは 毎月 20万ウォンを 越さない ことに している。
  용돈은 매달 20만원을 넘지 않게 하고 있다.

3 ため(に)

❶ ~때문에

- 風邪_{かぜ}の ため 学校_{がっこう}を 休_{やす}みました。

  감기 때문에 학교를 쉬었습니다.

- 風邪_{かぜ}を ひいたために 学校_{がっこう}を 休_{やす}みました。

  감기에 걸려서 학교를 쉬었습니다.

❷ ~위해서

- 入社_{にゅうしゃ}の ために 必要_{ひつよう}な 書類_{しょるい}。

  입사하기 위해 필요한 서류.

- 結婚_{けっこん}するために 韓国_{かんこく}に 来_きました。

  결혼하기 위해 한국에 왔습니다.

 「~ために」가 '~을 위해서'의 뜻으로 쓰일 때와 이유를 나타낼 때를 구별하는 방법은 동사에 연결되는 형태를 보면 된다. 이유를 나타낼 때는 과거형에 연결되고, '~을 위해서'의 뜻일 때는 기본형에 연결된다.

4 つもり : 작정

- 来週_{らいしゅう}から 教会_{きょうかい}に 通_{かよ}うつもりです。

  다음주부터 교회에 다닐 작정입니다.

- とりあえず年末_{ねんまつ}までは 婚活_{こんかつ}を 続_{つづ}けてみるつもりです。

  일단 연말까지는 혼활(결혼준비활동)을 계속해 볼 생각입니다.

5 とおり : 대로

- 先生の 言うとおりに 言ってみてください。

  선생님이 말하는 대로 말해 보세요.

- おっしゃるとおりです。

  말씀하신 대로입니다./지당하신 말씀입니다.

- 予定の とおりに(予定どおりに) 式が 行われた。

  예정대로 식이 거행되었다. (명사에 바로 붙을 때는 どおり가 된다.)

6 とき : 때

- ひまな とき ふつう、何を しますか。

  한가할 때 보통 뭐 하세요?

- 日本へ 行く とき ぜひ お電話ください。

  일본에 갈 때, 꼭 전화 주세요.(부탁할 일이 있거나 같이 가자고 할 경우)

- 日本へ 行った とき ぜひ お電話ください。

  일본에 갔을 때, 꼭 전화 주세요.(일본에 도착하고 나서 전화해달라는 뜻)

- 悲しい ときは 思いっきり 泣いた方が いいですよ。

  슬플 때는 실컷 우는 게 좋아요.

7 ところ : (~한) 참

❶ ~る ところ　~하려는 참

point 기본형에 「ところ」가 붙으면 그 동작을 아직 하지 않았지만, 하기 직전의 상황을 나타낸다. 그래서 보통 「今から」(지금부터), 「これから」(이제부터), 「今」(지금)와 같은 말과 같이 쓰인다.

- 今 電話を かける ところです。　　지금 전화를 걸려는 참이에요.

- 今 出かける ところです。　　지금 막 나가려는 참입니다.

❷ ~ている ところ　~하고 있는 중

point 지금 현재 그 동작을 하고 있다는 뜻이다.

- 今 電話を かけている ところです。　지금 전화를 걸고 있는 중입니다.

- 私も 今 その 番組を 見ている ところです。
  저도 지금 그 프로그램을 보고 있는 중이에요.

❸ ~た ところ　막 ~한 참

point 어떤 동작이 바로 직전에 끝난 상태, 즉 시간이 얼마 경과하지 않았음을 나타내는데, 우리말의 '막 ~했다'에 해당하는 표현이다. 주로 「たった今」(지금 막), 「今」(지금)와 같은 말과 같이 쓰인다.

- 今 電話を かけた ところです。　　지금 막 전화를 걸었습니다.

- 今 空港に 着いた ところです。　　지금 막 공항에 도착했습니다.

8 はず : (~할) 리

> **point** 당연히 그럴 것이라는 뜻이므로, 뒤에는 당연히 예상되는 결과
> 가 올 때 쓴다. 또, 추측의 뜻이 들어 있기 때문에 일반적으로
> 1인칭에는 쓰지 않는다.

❶ 긍정문 : ~はずだ ~할 것이다

- 先生^{せんせい}も その 話^{はなし}を 知^しっている はずです。
  선생님도 (당연히) 그 이야기를 알고 있을 거예요.

- 今頃^{いまごろ}は 品物^{しなもの}が 届^{とど}いている はずだが、何^{なん}の 連絡^{れんらく}も ない。
  지금쯤이면 물건이 도착했을 텐데, 아무 연락이 없다.

❷ 부정문 : ~ない はずだ ~하지 않을 것이다

~はずが ない ~할 리가 없다

- だれも いない はずが ない。   아무도 없을 리가 없어.

- 彼^{かれ}が そんなこと 言^いう はずが ない。
  그 사람이 그런식으로 말할 리가 없어.

9 ふり : 척(하다)

- 知^しっているのに、知^しらない ふりを していた。
  알고 있으면서(있는데도), 모르는 척 하고 있었다.

- 登山^{とざん}している 途中^{とちゅう} 熊^{くま}に 出^でくわしたので 死^しんだふりを した。
  등산하다가 곰하고 마주쳐서 죽은 척 했다.

10 ほう : 편

- 冷たい 水よりは あったかい 水の ほうが いい。

  차가운 물보다는 따뜻한 물(쪽)이 좋아.

- 私は 背が 高い ほうだ。　　　　　나는 키가 큰 편이다.

11 まま : 채

- 彼女は 目を 閉じた まま 音楽を 聴いていた。

  그녀는 눈을 감은 채 음악을 듣고 있었다.

- ドアを 開けた ままに して おいて ください。

  문을 연 채로 놔 두세요.

12 もの : 것(~법, ~마련 등)

- 目上の 人には ていねいに あいさつする ものですよ。

  손윗사람에게는 정중하게 인사하는 거예요.(가르치거나 타이를 때)

- 人の 心は わからない ものだ。

  사람 마음은 모르는 것이다.

「～たものの」'~하긴 했지만'

- 新しい 登山靴を 買ったものの、まだ 一度も 山へ 行って いない。

  새 등산화를 사긴 했지만, 아직 한번도 산에 가질 않았다.

형식명사

13 わけ : 것(의미)

- それでは、今回は ちょっと 難しいというわけですね。

  그렇다면, 이번에는 조금 어렵다는 말씀이군요.(상담중에)

- 英語は 全然 話せないわけではないんですが、いざというとき
  口から 出てこないんです。

  영어는 전혀 못하는 것은 아니지만, 막상 닥쳤을 때 입에서 나오질 않아요.

✔ 보통명사 처럼 쓸 수 있는 형식명사

- こと(事) 업무, 일, 볼일

  インターネットで できる ことは? 인터넷으로 할 수 있는 일은?

- もの(物) 깃, 물건

  新商品は どんな ものですか。 신상품은 어떤 물건이죠?

- とき(時) 때, 시간

  時が たつのは 早い。 시간이 지나가는 것은 빠르다.

- ところ(所) 곳, 장소

  ところに よっては 장소에 따라서는

- わけ(訳) 뜻, 이유, 영문

  わけも わからないまま 人に たたかれた。

  영문도 모른 채 사람에게 얻어맞았다.

49. 감동사

감동사

사람의 감정을 나타내거나, 누구를 부르는 소리, 대답 등을 통틀어 감동사라고 한다. 감동사 자체를 묻는 문제가 나오진 않지만 회화나 문장의 흐름을 이해하는 데 도움이 된다.

1 あ : 아

- あ、私は、細川と もうします。
  아, 저는 호소카와라고 합니다.

- あ、あった、あった。
  아, 있다. 있어.(찾는 물건을 찾았을 때)

- あ、そうか。　　　　　아, 그래?

2 ああ : 아아 (감탄했을 때나, 한숨을 쉴 때)

- ああ、そうか。　　　　아, 그렇구나.

- ああ、だめだ。　　　　아, 안 된다. / 안 되겠다.

3 あっ : 앗

- あっ、いけない。　　　앗, 안돼.

- あっ、そうだ !!　　　　앗, 참 !!

4 あの(う) : 저... (머뭇거릴 때)

- あの、すみません。　　　　　　　저, 여기요.(사람을 부를 때)

- あのう(あの─)、実はですね。　저어, 실은 말입니다…

A : あのね。　　　　　　저기, 있잖아…

B : うん、何。　　　　　어, 뭔데?

---

5 あら : 어머 (놀랐을 때. 여성이 쓰는 말)

- あら、先生じゃありませんか。
  어머, 선생님 아니세요?(길에서 갑자기 만났을 때)

- あら、なに? その かばんは?
  어머, 뭐야 그 가방은?(눈에 띄는 가방을 보고)

A : あら、どうしたの。
　　어머, 어떻게 된거야?(갑자기 아는 사람을 만났을 때)

B : あら、久しぶり。　　　　어머, 오랜만이네.

---

6 いいえ : 아니오 (짧게 いえ라고도 한다.)

A : 何か あったんですか。 　　　무슨 일 있었어요?

B : いいえ、別に… 　　　아뇨, 딱히…

A : 今日 元気ないですね。 　　　오늘 힘이 없네요.

B : いえ、そんな 事ないですよ。 　　　아뇨, 아니에요.

7 いや : 아니 (いいえ의 반말표현)

• いや、かまわないよ。 　　　아니, 상관없어.

A : この まま ずっと 行ってみる。 　　　이대로 쭉 가 볼까?

B : いや、行かない ほうが いいよ。 　　　아니, 안 가는 게 좋아.

8 うん : 응

A : ここで 待っててね。 　　　여기서 기다려.

B : うん。 　　　응.

'うん'とも いわない. '응'이라고도 하지 않는다. 대꾸도 않는다는 뜻이다. 소설 등에는 「ん」으로만 표기하기도 한다.

9 え? : 네?, 뭐?, 뭐라구요?

▌ point 　상대방의 말을 잘 못알아들었을 때나 놀랐을 때

- え? 本当ですか? 　　　　　　　　　　　네? 정말이에요?

- え? よく 聞こえなかった。 　　　　　　　뭐? 잘 안 들렸어.

10 ええ : 네 (はい보다는 친근한 표현)

> A : お茶でも どうですか。 　　　　　차라도 한잔 어떠세요?
>
> B : ええ。 　　　　　　　　　　　　　네.

 말을 꺼내기 전이나 잠시 생각할 때도 쓴다. 이때는 と를 붙여 말하는 경우가 많다. 단, 아랫사람이 윗사람에게 쓰면 실례가 될 수도 있으므로 주의.

- ええと、つぎは…。 　　　　　　　　으음… 다음은….

11 おい : 어이, 야, 이봐

point 남자들이 친구나 아랫사람을 막 부를 때 쓰는 말. 속어

> A : おい、田村! 　　　　　　　　　어이, 다무라야.(부를 때)
>
> B : おお、鈴木。ここで 何してるんだ?
> 　　　　오, 스즈키. 여기 웬일이야?

12 おお : 오오

point 놀랐을 때. 주로 남자들이 쓰는 말.

A : おお、すごいな。　　　　　　　　　　오, 굉장한데.

B : だろ? 上手く 出来てるだろ?　　　그치? 잘 만들었지?

13 おや : 어? (놀랐을 때)

• おや? 財布が なくなった。　　　　　　어? 지갑이 없어졌네.

• おや? こんな 所で 会うとは…　　　　어? 이런 곳에서 만나다니…

14 さあ : 자, 글쎄

A : さあ、これ。　　　　　　　　　　　자 이거.

B : これ 何?　　　　　　　　　　　　　이게 뭐야?

A : さあ、よく わかりませんが。　　　글쎄, 잘 모르겠는데요.

B : では、ここは ご存じですか。　　　그럼, 여기는 알고 계세요?

감
동
사

15 はい : 예

point　주로 대답으로 쓰지만, 주의를 환기시키거나 되물을 때도 쓴다.

• はい、東京 商事でございます。　　　예, 도쿄상사입니다.

• はい、それでは 今度は…　　　　　　예, 그러면 이번에는...

• はい?　　　　　　　　　　　　　　　네?(뭐라구요?)

49. 감동사　349

남자들은 「はあ」(예), 또는 「は?」(네?)와 같이 말하기도 한다.

16 へえ? : 뭐? (놀랐을 때 내는 소리)

A : 来年から 新しい 紙幣に 変わるって。
내년부터 새로운 지폐로 바뀐대.

B : へえ、知らなかった。
뭐? 몰랐어.

A : 来年 結婚するよ。
내년에 결혼한다.

B : へえ、うそ。
뭐? 거짓말.

 놀람의 정도에 따라 「へえ～」하고 길게 발음하기도 한다.

17 まあ : 어머, 어머나

point 감탄하거나 놀랐을 때 내는 소리. 주로 여성이 쓴다.

• まあ、すてき…。
어머, 멋져.

• まあ、なんて きれいな 人だろう。
어머, 얼마나 예쁜 사람인가(너무 예쁘다).

まあ는 부사로 '자'(달래거나 타이를 때) '뭐'(그럭저럭) 등의 뜻으로도 쓴다.

18 もしもし : 여보세요 (전화에서)

• もしもし、田中さんの お宅でしょうか。

여보세요? 다나카 씨 댁입니까?

19 やあ : 야아, 아이구, 이거참

point 사람을 만났을 때나 놀랐을 때.(남자말)

A : やあ、久^{ひさ}しぶりだね。　　　　　야, 이거 오랜만이군.

B : やあ、ごめんごめん。急^{きゅう}に 忙^{いそが}しくなっちゃって。
　　 야 이거참. 미안해. 갑자기 바빠져서.

ちょっとは '조금'이란 뜻이지만, "ちょっと!"(잠깐만!) 하고 사람을 부를 때도 쓴다.

✔ 실제 회화문에 자주 쓰는 간단한 말(소설에 나온 대사 중에서)

· ねえ、お巡^{まわ}りさん。	저기요, 경찰아저씨.
· そうでもないけどね。	그렇지도 않지만.
· まあ、そうなの?	어머 그래?
· そうかな。	그럴까?
· 当^あたり前^{まえ}よ。	당연하지.
· それで?	그래서?
· あら、そう…	어머, 그래?
· 何^{なん}と 言^いったんです?	뭐라고 했어요?
· なるほど…	그렇지…(맞장구)
· やれやれ。	될 대로 되라.

감
동
사

· ええ、もちろん。 예, 물론.

· ああ、そうね。 아, 그렇지.

· 何ですって? 뭐라구요?

· 早くおっしゃいよ! 빨리 말해요.

· そうですか。 그래요?

· ふむ…。 흠….

· どの 程度の 仲でした? 어느 정도 관계였죠?

· 気安く 言わないで。 쉽게 말하지마.

· ひどいなあ。 심하다〜.

· 何なの? 뭐야?

· キャッ! 까악!(놀랐을 때)

· ちょ、ちょっと お待ちを 자, 잠깐만 기다려주시지…

· でも 何の 用で ここへ… 그런데 무슨 일로 여기를…

· そういうわけです。 그렇게 된 것입니다.
  (자초지종을 설명할 때)

50. 접속사

접속사

문장과 문장, 단어와 단어를 이어주는 말을 접속사라고 한다. 자주 쓰는 접속사를 정리하면 다음과 같다.

1 あるいは : 혹은

point 주로 문장에서 쓰고, 회화체에서는 「または」를 쓴다.

- お名前は カタカナ、あるいは ローマ字で 書いてください。
  이름은 가타카나 혹은 로마자로 써 주세요.

- パスポート あるいは 住民登録証を 提示して ください。
  여권 혹은 주민등록증을 제시해 주세요.

2 および : 및

point 「及び」로 표기하기도 한다. 약간 딱딱한 표현.

- 経済 及び 社会の いろんな 問題に ついて 議論する。
  경제 및 사회 여러 문제에 대하여 논쟁을 벌인다.

- 住所 および 氏名を 記入する。
  주소 및 성함을 기입한다.

3 けれども : 하지만

- 早く 帰りたい。**けれども** 仕事が たくさん 残っている。

  빨리 퇴근하고 싶어. 하지만 일이 많이 남아 있어.

- すごく いい 物件だね。**けれども**、駅から 遠すぎるよ。

  무척 좋은 물건이네. 하지만, 역에서 너무 멀어.(物件은 보통 부동산 물
  건을 가리킴)

4 さて : 그런데, 한편

point 화제를 바꿀 때 쓰는 말로, 공식적인 자리에서 말할 때, 또는
문장에서 많이 쓴다.

- **さて**、みんなが 集まっていたころ、ゆりこは ひそかに 外に
  出ていった。

  그런데(한편), 모두들 모여 있을 무렵, 유리코는 살짝 밖으로 나갔다.

- **さて**、今日の 会議は ここまでに して、一杯 飲みに 行こうか。

  자, 오늘 회의는 여기까지 하고, 한잔 마시러 갈까?

5 しかし : 그러나, 하지만

- 女は 弱い。**しかし** 母親は 強い。

  여자는 약하다. 하지만 어머니는 강하다.

- 私は さっそく 兄の 家を 訪ねてみた。**しかし** 兄は 家に いな
  かった。

  나는 바로 형의 집을 찾아가봤다. 그러나 형은 집에 없었다.

6 しかも : 더욱이

> **point** 회화 · 문장 모두 많이 쓰는 말이다. '그럼에도 불구하고'란 뜻도 있지만 '더욱이'란 뜻으로 많이 쓴다.

- 彼女は 生意気で しかも うそつきだ。

  그녀는 건방지고 게다가 거짓말쟁이다.

- 彼の お姉さんは モデルだ。しかも 頭も いい。

  그의 누나는 모델이다. 게다가 머리도 좋다.

7 したがって : 따라서

> **point** 한자로는 「従って」로 표기한다. 공식적인 자리에서는 「従いまして」라고도 한다.

- 来週から 工事が 始まります。したがって 通行止めに なります。

  다음주부터 공사가 시작됩니다. 따라서 통행금지가 됩니다.

- 対応する 3辺の 長さが それぞれ 等しい。したがって この 二つの 三角形は 合同である。

  대응하는 세 변의 길이가 각각 같다. 따라서 이 두 개의 삼각형은 합동이다.

8 すると : 그렇다면, 그러자

> **point** 앞문장의 내용이 계기가 되어 뒷문장의 내용이 일어난 경우에 쓴다.

- 彼は 目を 開けた。すると 目の 前に 女の 人が 立っていた。

  그는 눈을 떴다. 그러자 눈 앞에 (웬)여자가 서 있었다.

• 電気を 消した。すると 真っ暗に なった。

전기를 껐다. 그러자 아주 캄캄해졌다.

9 そうしたら / そしたら : 그랬더니 (회화체)

• ドアを 開けた。そしたら 小さい 子供が 立っていた。

문을 열었다. 그랬더니 작은 꼬마애가 서 있었다.

• 「期待されている」と 野球への 価値観を 変えた。そしたら 野球が 楽しく なってきた。

'기대 받고 있다'고 야구에 대한 가치관을 바꿨다. 그랬더니 야구가 재미있어졌다.

10 そこで : 그래서(이유)

A : そこで ぜひ 一度 お会いしたいのですが、いつが よろしいですか。

그래서 꼭 한번 만나뵀으면 하는데, 언제가 좋으십니까?

B : 来週末は どうですか？

다음 주말은 어떠세요?

11 そして : 그리고

• バナナを 食べ、そして りんごも 食べた。

바나나를 먹고, 그리고 사과도 먹었다.

- 兄は 学者、そして 弟は 芸術家として、それぞれ 偉大な 業績を 残した。

  형은 학자, 그리고 동생은 예술가로서 각각 위대한 업적을 남겼다.

12 そのうえ : 게다가 = それに

- 彼は その 人に 食べ物を あげた。そのうえ 持って いた お金を 全部 あげて 励ました。

  그는 그 사람에게 음식을 주었다. 게다가 가지고 있던 돈을 전부 주면서 격려했다.(※はげます:격려하다)

- この マンションは 広い 割に 値段も 安いし、そのうえ 周りが とても 静かです。

  이 맨션은 넓은데 비해 가격도 싸고, 게다가 주위가 무척 조용합니다.

13 それから : 그리고, 그리고나서

- りんごを ください。それから みかんも ください。

  사과를 주세요. 그리고 밀감도 주세요.

- 彼女に 会って、それから 映画を 見た。

  여자친구를 만나, (그리고나서) 영화를 보았다.

14 それで : 그래서

point 다음에 이유가 오기도 하고, 상대방의 말을 듣고 그래서 그 다음에 어떻게 됐냐고 물을 때도 쓴다.

A : それで どうなったの?　　　　　　그래서 어떻게 됐어?

B : どうなったって… そのまま 別れたでしょ。
어떻게 되 … 그냥 헤어졌지.

- それで どうなったの?　　　　　　그래서 어떻게 됐어?

- 客が、もう 少し だけ まけて くれと いうので、それで しかた
なく 僕は 50円まける ことに した。
손님이 조금만 더 깎아달라고 해서, 그래서 할 수 없이 나는 50엔 깎아
주기로 했다.

15 それでは・では : 그렇다면, 그럼

point 회화체에서는 「それじゃ」, 「じゃ」로 쓰기도 한다.

- それでは 今日は この へんで。
그럼 오늘은 이쯤에서(마치겠습니다).

- じゃ、またね。　　　　　　　　　　그럼, 또 봐.

16 それとも : 그렇지 않으면, 아니면 (선택을 할 때)

- 航空便に しますか。それとも 船便に しますか。
항공편으로 하시겠습니까? 아니면 선박편으로 하시겠습니까?

- お風呂に しますか、それとも 先に お食事に しますか。
목욕을 하겠습니까, 아니면 먼저 식사를 하겠습니까?

17 それなら : 그렇다면

- それなら 来週の 月曜日に しましょう。

  그렇다면 다음주 월요일로 합시다.

- 水虫で お悩みですか。それなら この 薬を お使いください。

  무좀으로 고민입니까? 그렇다면 이 약을 써 주십시오.

18 それに : 게다가(=そのうえ)

- 彼は とても 貧しかった。それに 彼には 家族も いなかった。

  그는 아주 가난했다. 게다가 그에게는 가족도 없었다.

- お腹を こわした。それに 風邪まで ひいてしまった。

  배탈이 났다. 게다가 감기까지 걸려 버렸다.

19 だが : 하지만 (약간 딱딱한 어조)

- 彼女は 待っていた。だが 彼は ついに 来なかった。

  그녀는 기다리고 있었다. 하지만 그는 결국 오지 않았다.

- 金も なければ コネも ない。だが、私には あふれる 情熱と 勇気が ある。

  돈도 없지만 연줄도 없다. 하지만, 나에게는 넘치는 열정과 용기가 있다.

접속사

20 だから : 그러니까

- だから きみは だめだ。

  그러니까 넌 안돼.

- だから 言ったことじゃない。

  그러게 내가 말했잖아.

21 だけど : 하지만 (반말체)

- 気持ちは わかる。だけど それは 無理だよ。

  기분은 알아. 하지만, 그건 무리야.

- フォームは めちゃくちゃだけど、楽しそうに ボールを 投げていた。

  자세는 엉망이지만 즐겁게 공을 던지고 있었다.

22 だって : 왜냐하면, 그도 그럴것이 (이유를 말할 때)

- だって 一人で とても こわかったから…。

  왜냐하면 혼자서 너무 무서웠거든….

- だって ムカついたんだもん。

  왜냐하면 열받았거든.

23 たとえば : 가령, 예를 들어서, 예를 들면

- たとえば この 答えは こう なります。

  예를 들면 이(문제) 답은 이렇게 됩니다.

- へんな こと? たとえば どんな…

  이상한 거? 예를 들자면 어떤……

24 つまり : 요컨대, 다시 말하면, 즉

- それは つまり 無理だと いう ことですか。
  그건 요컨대 무리라는 뜻입니까?

- つまり 私は 試験に 落ちたと いう ことですか。
  즉 제가 시험에 떨어졌단 말인가요?

25 で : 그래서

| point | 「それで」와 같은 용법으로 회화에서 많이 쓴다.

- で、どうしたの?　　　　　　그래서, 어떻게 됐어?

- わかった。で、君の 考えでは、来年の 日本の 景気は どうなる
  と 思う。
  알았어. 그래서, 네 생각으로는 내년 일본 경기는 어떻게 될 거라고 생각해?

26 でも : 하지만, 그래도

| point | 회화에서 많이 쓴다.

- 気の 毒ですね。でも 私の せいじゃないし。
  안됐어요. 하지만 내 탓은 아니니까….

- そうか、でもね…。
  그래? 그래도….

#check

27   ですから : 그러니까, 그러므로

• ですから、この 件は 最終的に そちらで 決めて いただきたいです。

그렇기 때문에 이번 일은 최종적으로 그쪽에서 결정해 주셨으면 합니다.

• ですから、来年も 日本は デフレが 続くと 思われます。

그러므로, 내년도 일본은 디플레이션이 계속될 거라고 생각됩니다.

28   ところが : 하지만

• 天気予報では 晴れの ことだった。ところが 当日は 雨が 降った。

일기 예보에서는 맑을 거라고 했다. 하지만 당일에는 비가 왔다.

• ところが、予想とは 反対に 株価は 上昇して いるんです。

하지만, 예상과는 반대로 주가는 상승하고 있습니다.

29   ところで : 그런데

| point | 화제를 바꿀 때. 회화나 문장 모두 많이 쓰는 말.

• ところで 製作の ほうは どうですか。

그런데, 제작 쪽은 어떻습니까?

- A社の ことは わかった。ところで、B社との 契約の 件は その
  後、どうなったのかね。
  A사 것은 알겠어. 그런데, B사와의 계약 건은 그 후 어떻게 된 건가.

30 また : 또

- また お会いしましょう。　　　　　　　또 만납시다.

- また 君か。　　　　　　　　　　　　또 너야?

31 または : 또는

| point | 문장에서는 「又は」로 표기하기도 한다. 문장이나 회화 모두 많이 쓰인다.

- 「梅雨」と 書いて 「つゆ」または 「ばいう」と 読みます。
  '매우'라고 쓰고 '츠유' 또는 '바이우'라고 읽습니다.

- 明日は 雨、または 雪が 降るでしょう。
  내일은 비, 또는 눈이 내리겠습니다.

접
속
사

例えば	そして	しかし	したがって	それとも
あるいは	そのうえ	つまり	ですから	また

1. ( ) 昨日ではなく、おととい出発したと 考えてみてください。

예를 들면 어제 말고 그저께 출발했다고 생각해 보세요.

2. ( ) お会いしましょう。　　　또 만나요.

3. ( ) この 要件を 受け入れる 事は 出来ないという 事ですか。

즉 이 요건을 받아들일 수 없다 말씀이세요?

4. ( ) 何を 言われても 気持ちは 変わりませんって。

그러니까 무슨 말씀을 하셔도 마음이 바뀌지 않는다고요.

5. 朝早く 起きた。( ) ジョギングを した。

아침 일찍 일어났다. 그리고 조깅하러 갔다.

6. 彼は 頭が いい。( ) かっこいい。

그는 머리가 좋다. 게다가 잘 생겼다.

7. ローマ字 ( ) ひらがなで 名前を 書いてください。

로마자 혹은 히라가나로 이름을 써 주세요.

8. 窓側の 席に なさいますか。(　　　　) 通路側の 席に なさいますか。

창가쪽 자리로 하시겠어요? 아니면 복도쪽 자리로 하시겠어요?

9. その 人は 毎日 運動している。(　　　　) 病気も せずに 健康である。

그 사람은 매일 운동을 한다. 따라서 병도 걸리지 않고 건강하다.

10. 彼女は 車に ひかれた。(　　　　) 幸いにも 軽傷で すんだ。

그녀는 차에 치였다. 그러나 다행히 경상으로 그쳤다.

정답 1. 例えば　　2. また　　3. つまり　　4. ですから

5. そして　　6. そのうえ　　7. あるいは　　8. それとも

9. したがって　　10. しかし

총정리문제

부록

명사 총정리문제

※次の_____のところに入るものとして適当なものを ⓐⓑⓒⓓ の中から一つ選びなさい。

1. 駐車場に 車が _____ あります。

　ⓐ ごほん　　　ⓑ ごだい　　　　ⓒ ごさつ　　　　ⓓ ごこ

2. 会議室は _____です。

　ⓐ さんがい　　ⓑ さんまい　　ⓒ さんど　　　ⓓ みっかい

3. すみません。トイレは _____ですか。

　ⓐ なん　　　　ⓑ なに　　　　ⓒ どれ　　　　ⓓ どちら

4. 山田さんは 学生ですか。いいえ、学生_____ありません。会社員です。

　ⓐ で　　　　　ⓑ では　　　　ⓒ の　　　　ⓓ が

5. 日本語の 先生は 女性_____、日本人です。

　ⓐ で　　　　　ⓑ では　　　　ⓒ だ　　　　ⓓ が

6. これは 鉛筆でも 万年筆_____ ありません。ボールペンです。

　ⓐ が　　　　　ⓑ では　　　　ⓒ でも　　　　ⓓ が

7. 鈴木さん＿＿＿＿＿＿ かばんは どれですか。

   ⓐ に　　　　 ⓑ が　　　　　 ⓒ の　　　　　 ⓓ も

8. 私＿＿＿＿＿＿ ほしい ものは コンピューターです。

   ⓐ を　　　　 ⓑ は　　　　　 ⓒ の　　　　　 ⓓ でも

9. どの 方＿＿＿＿＿＿ 佐藤先生ですか。

   ⓐ が　　　　 ⓑ は　　　　　 ⓒ では　　　　 ⓓ も

10. 佐藤先生 ＿＿＿＿＿＿ どの 方ですか。

   ⓐ が　　　　 ⓑ は　　　　　 ⓒ では　　　　 ⓓ も

정답　1. ⓑ　　2. ⓐ　　3. ⓓ　　4. ⓑ　　5. ⓐ
6. ⓒ　　7. ⓒ　　8. ⓒ　　9. ⓐ　　10. ⓑ

풀이　1. 자동차나 TV 등 기계를 세는 단위는 ～台(だい), ～대.
2. 층수를 나타내는 말은 階(かい)인데, 3층과 몇 층은 각각 さんがい, なんがい와
　　같이 탁음이 되므로 주의.
3. どこ라고도 할 수 있다.
4. 명사의 부정형은 ～ではありません(～이 아닙니다).
5. '～이고'에 해당하는 표현이다. だ의 중지형.
6. ～でも ～でもありません (～도 ～도 아닙니다) 문형.
7. 명사와 명사 사이에는 の가 들어간다.
8. 내가 갖고 싶은 것은 컴퓨터입니다. 주격조사 が 대신 の가 쓰인 경우(뒤
　　의 명사를 수식하는 경우)
9. 어느 분이 사토 선생님입니까? 의문을 나타내는 말이 앞에 올 때 조사의
　　쓰임을 묻는 질문이다. 우리말로 번역해보면 쉽게 풀린다.
10. 사토 선생님은 어느 분입니까?

1. ソウルは 物価が _____です。

　　ⓐ たかい　　　ⓑ おおきい　　ⓒ おもい　　　ⓓ つよい

2. 鈴木さんより 森さんの ほうが 背が _____です。

　　ⓐ たかい　　　ⓑ おおきい　　ⓒ ながい　　　ⓓ ひろい

3. この かばんは ちょっと 大きいですね。

　　もう 少し _____のを 見せてください。

　　ⓐ ひくい　　　ⓑ すくない　　ⓒ ちいさい　　ⓓ せまい

4. 家から 学校までは _____ ありません。近い ほうです。

　　ⓐ とおい　　　ⓑ とおいく　　ⓒ おく　　　　ⓓ とおくて

5. もっと _____て 安いのは ありませんか。

　　ⓐ かるい　　　ⓑ かるかっ　　ⓒ かるく　　　ⓓ かるかろ

6. 「The more the better.」は _____ 多い ほど いいという 意味です。

　　ⓐ 多いと　　　ⓑ 多くて　　　ⓒ 多いし　　　ⓓ 多ければ

7. A : これ、味は どうですか。

B : う～む、＿＿＿＿＿て おいしいですね。

ⓐ 辛くなく　　ⓑ 辛くない　　ⓒ 辛くなけれ　ⓓ 辛くなかっ

8. 成績は ＿＿＿＿＿も 悪くも ありません。普通です。

ⓐ いい　　　　ⓑ いく　　　　ⓒ よい　　　　ⓓ よく

9. 急に ＿＿＿＿＿ なりましたね。今にも 雨が 降りそうですね。

ⓐ 暗い　　　　ⓑ 暗いに　　　ⓒ 暗く　　　　ⓓ 暗いく

10. A : 日本語の テストは どうでしたか。

B : いや、とても ＿＿＿＿＿。

ⓐ 難しいですよ　　　　　ⓑ 難しいでした

ⓒ 難しかったですよ　　　ⓓ 難しでしたよ

11. A : 色は これで いいですか。

B : そうですね、もっと ＿＿＿＿＿ してください。

ⓐ 赤い　　　ⓑ 赤いに　　ⓒ 赤く　　ⓓ 赤くに

12. 日本には ＿＿＿＿＿ 外国人が 住んでいます。

ⓐ 多い　　　ⓑ 多くて　　ⓒ 多くの　　ⓓ 多いの

1. ⓑ　　2. ⓑ　　3. ⓒ　　4. ⓒ　　5. ⓒ　　6. ⓓ

7. ⓐ　　8. ⓓ　　9. ⓒ　　10. ⓒ　　11. ⓒ　　12. ⓒ

풀이
1. 물가가 비싸다는 뜻.

2. 키가 크다는 背が高い.

3. 大きい의 반대말은 小さい.

4. とおい(멀다)의 부정형은?

5. かるい의 て형은 かるくて. 좀더 가볍고 싼 것은 없나요?

6. 가정형을 묻는 문제. 多ければ多いほど 많으면 많을수록.

7. 辛くない의 て형. 맵지 않고 맛있네요.

8. ～くも ～くも ありません문형. いい는 よい로 활용한다.

9. ～くなる(～해지다) 문형.

10. どうでしたか로 물었으므로 과거형으로 대답해야 한다.

11. ～くする(～게 하다) 문형.

12. 多い는 명사를 꾸밀 때는 多くの 형태로 꾸민다.

1. いつもは 静かですが、週末は _____ です。

   ⓐ にぎやか　　ⓑ ひま　　　　ⓒ 忙しい　　　ⓓ おだやか

2. 李さんは 日本語は 上手ですが、英語は _____ です。

   ⓐ 下手　　　　ⓑ 嫌い　　　　ⓒ 得意　　　　ⓓ 好き

3. これは ちょっと 派手すぎますね、もっと _____ のを 見せて
   ください。

   ⓐ 地味に　　　ⓑ 地味な　　　ⓒ 地味で　　　ⓓ 地味

4. 交通は あまり 便利_____ ありません。

   ⓐ くは　　　　ⓑ では　　　　ⓒ だ　　　　　ⓓ く

5. あの 店は あまり _____。それで 二度と 行きたくないです。

   ⓐ 立派ではありませんでした　　ⓑ 親切ではありませんでした

   ⓒ 得意ではありませんでした　　ⓓ 楽ではありませんでした

6. 新しい 部屋は _____ 静かです。とても 気に 入っています。

   ⓐ きれくて　　ⓑ きれいな　　ⓒ きれいで　　ⓓ きれいて

7. 部屋を 掃除したら、_____ なりました。

   ⓐ きれいく　　ⓑ きれいに　　ⓒ きれいな　　ⓓ きれいで

8. あの タレントは 誰でも 知っていますよ。本当に_____人です。

　　ⓐ ふしぎな　　　ⓑ 変な　　　　ⓒ 有名な　　　ⓓ 真面目な

9. 大手企業は_____だと 言われますが、最近 大きい 会社

　　も 倒れたりするので、安心できません。

　　ⓐ 経済的　　　　ⓑ 合理的　　　　ⓒ 安定的　　　ⓓ 具体的

10. 今週は _____ 忙しくも ありません。

　　ⓐ 暇で　　　　　ⓑ 暇では　　　　ⓒ 暇でも　　　ⓓ 暇も

11. 風邪なんか ひかない ように 体を _____ してください。

　　ⓐ 大変に　　　　ⓑ 大事に　　　ⓒ 重要に　　　ⓓ 貴重に

12. 文明の 発達で 昔と 比べ、家事は _____ なったと 言え

　　ますが、それでも 主婦は 大変です。

　　ⓐ 簡単に　　　　ⓑ 便利に　　　　ⓒ 上手に　　　ⓓ 楽に

정답 1. ⓐ   2. ⓐ   3. ⓑ   4. ⓑ   5. ⓑ   6. ⓒ

7. ⓑ   8. ⓒ   9. ⓒ   10. ⓒ   11. ⓑ   12. ⓓ

풀이 3. 뒤에 の가 왔으므로 명사수식형이 와야 한다.

5. 저 가게는 별로 친절하지 않았어요. 두 번다시 가고 싶지 않아요.

6. きれいだ의 중지형 きれいで 깨끗하고. 気に入(い)る 마음에 들다.

7. になる문형.

9. 대기업은 안정적이라고 하지만, 최근에 큰 회사도 넘어지곤 하므로 안심할 수 없습니다.

11. 体を大事にする 몸을 소중히 하다.

12. 문명의 발달로 옛날에 비해 가사는 편해졌다고 할 수 있지만, 그래도 주부는 힘듭니다.

1. _____ ビルは 韓国で 一番 高い ビルです。

   ⓐ あれ   ⓑ あの   ⓒ あんな   ⓓ あそこ

2. A : 田中さんは _____方ですか。B : とても 親切で 優しい 方です。

   ⓐ どの   ⓑ どれ   ⓒ なんの   ⓓ どんな

3. 車に ひかれたが、幸いにも _____ けがは なかったので、ほっとした。

   ⓐ いろんな   ⓑ あらゆる   ⓒ たいへんな   ⓓ たいした

4. 彼女が 結婚して いるなんて _____ しんじられない。それも 3年前に。

   ⓐ とても   ⓑ はっきり   ⓒ あまり   ⓓ そんなに

5. A : 田中さんも 来ますか。

   B : そうですね。_____来るでしょう。

   ⓐ だいたい   ⓑ ほとんど   ⓒ たぶん   ⓓ けっして

6. _____みんなに 反対されても、私は 彼と 結婚する。

   ⓐ まさか   ⓑ どうも   ⓒ ぜひ   ⓓ たとえ

7. わたしのうちにも _____ 遊びに 来てください。

 ⓐ きっと ⓑ はっきり ⓒ ぜひ ⓓ かならず

8. _____ わからなかったら、また 電話してね。

 ⓐ きっと ⓑ たぶん ⓒ おそらく ⓓ もし

9. バスが _____ 来ないので、タクシーで 行った。

 ⓐ なかなか ⓑ ぜんぜん ⓒ あまり ⓓ よく

10. A：彼とは 会っているの？ B：いや、_____ 会ってないの。

 ⓐ ときどき ⓑ たまには ⓒ ぜんぜん ⓓ すこし

11. このスカート 長くも 短くも ないですね。_____ いいです。

 ⓐ ちょうど ⓑ ちょっと ⓒ やっと ⓓ もっと

12. 会話のクラスは ３０人で 始まったが、最後（さいご）まで 残（のこ）ったのは _____ ５人でした。

 ⓐ やっと ⓑ ちょっと ⓒ もっと ⓓ たった

13. A：車の中に _____ いますか。

 B：いいえ、だれも いません。

 ⓐ なにが ⓑ なにか ⓒ だれが ⓓ だれか

14. A : 鈴木さん、_____ 飲みませんか。

B : ええ、いいですよ。何を 飲みましょうか。

ⓐ 何を　　　ⓑ 何か　　　ⓒ 何が　　　ⓓ 何

부사 총정리문제

1. 必ず 来ると 約束したのに、＿＿＿＿＿＿ 待っても 来ない。

   ⓐ とれぐらい　ⓑ いくら　　　ⓒ どうにか　　ⓓ なかなか

2. ＿＿＿＿＿＿ 苦しい ことが あっても、我慢しましょう。

   ⓐ どんなに　　ⓑ いくらか　　ⓒ どう　　　　ⓓ たいへん

3. ＿＿＿＿＿＿ 会社に 来ていただきまして、ありがとうございます。

   ⓐ わざわざ　　ⓑ わざと　　　ⓒ わりと　　　ⓓ わずかに

4. 鈴木さんは 英語が ＿＿＿＿＿＿で、本当に うらやましいですよ。

   ⓐ べこべこ　　ⓑ ひりひり　　ⓒ ぺらぺら　　ⓓ べろべろ

5. 疲れて ＿＿＿＿＿＿ 歩いて 帰った。

   ⓐ とぼとぼ　　ⓑ ぼさぼさ　　ⓒ よちよち　　ⓓ すんなり

6. 夜空に 星が ＿＿＿＿＿＿ 輝いている。

   ⓐ ひらりと　　ⓑ がちゃんと　ⓒ じろじろ　　ⓓ ぴかぴか

7. さっきから 雨が ＿＿＿＿＿＿ 降っていた。

   ⓐ おずおず　　ⓑ ぐるぐる　　ⓒ しとしと　　ⓓ はきはき

8. デートが ある日は 朝から _____ します。

    ⓐ いらいら   ⓑ わくわく   ⓒ はきはき   ⓓ ふらふら

9. 12時を 過ぎたので、家族を 起こさない ように _____ 部屋
に 入った。

    ⓐ ぎゅっと   ⓑ むっと   ⓒ ちらっと   ⓓ そっと

10. 「遅いな…」と 少し _____しながら、待っていた。約束時間
より もう 30分も 過ぎていたのだ。

    ⓐ いらいら   ⓑ せかせか   ⓒ どきどき   ⓓ わくわく

11. 彼女と 話を している うちに _____ 昔の恋人を 思い出した。

    ⓐ ぱんと   ⓑ ふと   ⓒ さっと   ⓓ さっさと

12. 日本料理は _____した 味で、特に 女性に 人気が あります。

    ⓐ ひりひり   ⓑ あっさり   ⓒ こってり   ⓓ ことこと

13. _____したものを 食べ過ぎると、胃にもたれます。

    ⓐ さっぱり   ⓑ こってり   ⓒ こんがり   ⓓ ことこと

정답 1. ⓑ　　2. ⓐ　　3. ⓐ　　4. ⓒ　　5. ⓐ　　6. ⓓ　　7. ⓒ

8. ⓑ　　9. ⓓ　　10. ⓐ　　11. ⓑ　　12. ⓑ　　13. ⓑ

풀이 2. どんなに 〜ても 아무리 〜해도.

3. 좋은 뜻의 '일부러'는 わざわざ, '고의로' 는 わざと.

4. べらべら는 유창하게 술술 잘한다는 뜻이다.

5. とぼとぼ는 터벅터벅. 우리말과 발음이 비슷하다.

6. ぴかぴか는 반짝반짝. 삐까번쩍으로 외우자.

7. しとしと는 비가 세차게 오는 것이 아니라 조용히 내리는 모양을 나타낸다.

8. わくわく는 기분이 좋아서 들뜨거나 기운이 솟아나는 느낌을 나타낸다.

9. そっと는 살짝, ちらっと는 자세히 보지 않고 흘깃 쳐다볼 때 쓰는 말.

10. いらいらする 기다려서 짜증스러울 때 쓰는 말.

11. ふと 思い出す 문득 떠올리다, 생각해내다.

13. こってりした 味 진한 맛 胃に もたれる 속이 거북하다

동사 총정리문제

1. じゃ、あした どこで ＿＿＿＿ましょうか。

　　ⓐ あう　　　　ⓑ あい　　　　ⓒ あって　　　ⓓ あわ

2. きのうは 友達を ＿＿＿＿に 空港に 行きました。

　　ⓐ むかえ　　　ⓑ むかえる　　ⓒ むかえた　　ⓓ むかえて

3. 私は 毎朝6時に ＿＿＿＿、散歩を します。

　　ⓐ 起きます　　ⓑ 起きた　　　ⓒ 起きて　　　ⓓ 起きる

4. 風邪を ＿＿＿＿寝ています。

　　ⓐ ひきます　　ⓑ ひいて　　　ⓒ ひきながら　ⓓ ひく

5. 駐車場に 車が たくさん ＿＿＿＿います。

　　ⓐ とまって　　ⓑ とめて　　　ⓒ とまり　　　ⓓ とめ

6. 田中さんは お母さんに よく ＿＿＿＿。そっくりだわ。

　　ⓐ 似ましたね　　　　　　　　ⓑ 似ますね

　　ⓒ 似ていますね　　　　　　　ⓓ 似たんですね

7. "乾杯"という 歌を _____。

   ⓐ 知りますか　　　　　　ⓑ 知っていますか

   ⓒ わかりますか　　　　　　ⓓ わかっていますか

8. まず、ズボンを _____ます。それから 靴下を _____ます。

   ⓐ き-き　　　ⓑ き-はき　　　ⓒ はき-き　　　ⓓ はき-はき

9. 部屋が きれいに _____ あります。

   ⓐ 片付けて　　ⓑ 片付いて　　ⓒ 片付きて　　ⓓ 片付かれて

10. きのう _____ ビ映画は とても おもしろかったです。

   ⓐ 見る　　　ⓑ 見て　　　ⓒ 見た　　　ⓓ 見

11. A：日本へ _____ ことが ありますか。

   B：いいえ、まだ 一回も _____ ことが ありません。

   ⓐ 行き　　　ⓑ 行って　　　ⓒ 行く　　　ⓓ 行った

12. 廊下では _____ないでください。

   ⓐ はしら　　ⓑ はしり　　　ⓒ はしる　　　ⓓ はしって

13. 今週中には 田中さんから 連絡が _____と 思います。

   ⓐ あり　　　ⓑ ある　　　ⓒ あって　　　ⓓ あるでしょう

14. うむ。風邪気味ですね。じゃ、すぐ 薬を _____ ほうが いいですよ。

    ⓐ 食べる   ⓑ 食べた   ⓒ 飲む   ⓓ 飲んだ

15. _____ 前に もう一度 やってみましょう。

    ⓐ あきらめた   ⓑ あきらめ

    ⓒ あきらめない   ⓓ あきらめる

16. 地下鉄で 知らない人が 私に 席を ゆずって _____。

    ⓐ あげました   ⓑ くれました

    ⓒ もらいました   ⓓ やりました

17. だれかから プレゼントを _____ 時は ありがとうと 言います。

    ⓐ あげた   ⓑ くれた   ⓒ もらった   ⓓ やった

18. 先生は 私に "広辞苑"という 辞書を 貸して _____。

    ⓐ いただきました   ⓑ くださいました

    ⓒ もらいました   ⓓ 差し上げました

19. A：アルバイトで お金を ためて 何を する つもりですか。

    B：夏休みに アメリカに _____ と 思います。

    ⓐ 行き   ⓑ 行く   ⓒ 行って   ⓓ 行こう

20. 英語は 少し できますが、ドイツ語は ぜんぜん ＿＿＿＿＿＿＿＿。

ⓐ 話します　　　　　　　　ⓑ 話しません

ⓒ 話せます　　　　　　　　ⓓ 話せません

21. すみません。テレビの 音が よく ＿＿＿＿＿＿＿＿。もう 少し 大き

くしてください。

ⓐ ききません　　　　　　　ⓑ きけません

ⓒ きこえません　　　　　　ⓓ きかれません

22. 電気を ＿＿＿＿＿＿＿＿、明るくなった。

ⓐ つけたら　　ⓑ つければ　　ⓒ つけても　　ⓓ つけるなら

23. A：コンピューターを 買おうと 思っていますが、どこの 店が

いいでしょうか。

B：コンピューターを ＿＿＿＿＿＿＿＿ Lマートが いいですよ。安

いし、種類も 多いですから。

ⓐ 買ったら　　ⓑ 買えば　　ⓒ 買うと　　ⓓ 買うなら

24. 医者から タバコを ＿＿＿＿＿＿＿＿と 言われた。

ⓐ やめます　　ⓑ やめる　　ⓒ やめろ　　ⓓ やめよう

25. お忘れ物の_____ように お確かめください。

ⓐ ない   ⓑ ある   ⓒ なる   ⓓ できる

정답

1. ⓑ	2. ⓐ	3. ⓒ	4. ⓑ	5. ⓐ	6. ⓒ	7. ⓑ
8. ⓓ	9. ⓐ	10. ⓒ	11. ⓓ	12. ⓐ	13. ⓑ	14. ⓓ
15. ⓓ	16. ⓑ	17. ⓒ	18. ⓑ	19. ⓓ	20. ⓓ	21. ⓒ
22. ⓐ	23. ⓓ	24. ⓒ	25. ⓐ			

풀이

1. 会う의 ます형.

2. に いく ～하러 가다.

4. 원인의 て.

5. とまる→とまっている(자동사).

6. 似ていますね는 항상 진행형으로 쓰는 말

8. 바지나 양말처럼 아래로 입는 것은 はく를 쓴다.

9. 타동사 + てある형.

11. ～た ことが ある ～한 적이 있다.

12. 동사의 ない형.

13. 동사의 기본형 +と 思う ～할 거라고 생각한다.

14. ～た ほうが いい

15. 포기하기 전에 한번 더 해봅시다.

16. '다른 사람'이 주어다.

18. 선생님이 빌려주셨으므로 てくださいました.

19. 의지형 + と 思う ～하려고 생각하다

21. 'TV 소리가 잘 안 들립니다'이므로 きこえません.

22. 불을 켰더니 밝아졌다.

23. 상대방의 말을 듣고 의견을 얘기할 때 흔히 쓰는 표현.

24. 의사한테서 담배를 끊으라는 말을 들었다.

조동사 총정리문제

1. みんなで 行くのも ＿＿＿＿＿そうですね。

    ⓐ いい　　　　　ⓑ よく　　　　　ⓒ いさ　　　　　ⓓ よさ

2. 林さんは まだ 結婚には 関心が ＿＿＿＿＿そうです。

    ⓐ なし　　　　　ⓑ なく　　　　　ⓒ な　　　　　　ⓓ なさ

3. 小さい 女の子が ＿＿＿＿＿そうに ケーキを 食べている。

    ⓐ おいしい　　　　　　　　　ⓑ おいし

    ⓒ おいしく　　　　　　　　　ⓓ おいしかった

4. 急に 暗くなりましたね。今にも 雨が ＿＿＿＿＿そうですね。

    ⓐ 降り　　　　　ⓑ 降ら　　　　　ⓒ 降る　　　　　ⓓ 降った

5. 今度の プロジェクトは どうも うまく ＿＿＿＿＿そうもない。

    景気も 悪いし。

    ⓐ いかない　　　ⓑ いける　　　　ⓒ いく　　　　　ⓓ いき

6. ニュースに よると、来週から 梅雨が ＿＿＿＿＿そうです。

    ⓐ 始まる　　　　ⓑ 始める　　　　ⓒ 始まり　　　　ⓓ 始め

7. さっきから ずっと 見ていたんですが、あの 二人は どうも 夫婦

の_____。

 ⓐ らしいです ⓑ みたいです ⓒ ようです ⓓ そうです

8. なにか 事故が _____ようですね。電車が だいぶ 遅れてい

ますよ。

 ⓐ あり   ⓑ あった   ⓒ ある   ⓓ あって

9. A：どうしましたか。B：どうも 風邪を _____ようです。

 ⓐ ひき   ⓑ ひく   ⓒ ひいた   ⓓ ひかれた

10. ここから 見ると 自動車が まるで おもちゃの _____ 。

 ⓐ みたいですね   ⓑ らしいですね

 ⓒ そうですね   ⓓ ようですね

11. 直美さんは まるで 魚_____ 上手に 泳げます。

 ⓐ みたいに ⓑ らしく ⓒ ように ⓓ そうに

12. 彼が そう 言ったんですか。彼_____ないですね。

 ⓐ みたく ⓑ らしく ⓒ ようで ⓓ そうも

13. 田中さんの 家に 電話を かけましたが、誰も 出ませんでした。

　　家に _____。

　　ⓐ いるらしいです　　　　　　ⓑ いないらしいです

　　ⓒ いるそうです　　　　　　　ⓓ いないそうです

14. 会社の 帰りに 雨に _____、びっしょり 濡れました。

　　ⓐ 降って　　　　ⓑ 降られて　　　ⓒ 降らせて　　　ⓓ 降らせられて

15. せっかく 勉強しようと 思っていたのに、友達に _____ 困

　　りました。

　　ⓐ 来てもらって　　　　　　　ⓑ 来て

　　ⓒ 来られて　　　　　　　　　ⓓ 来てくれて

16. いい 大学に 入って 親を _____。

　　ⓐ 喜んだ　　　　ⓑ 喜んであげた　　ⓒ 喜ばれた　　　ⓓ 喜ばせた

17. あのう、課長、今日は 早く _____くださいませんか。

　　ちょっと 体の 具合いが 悪くて。

　　ⓐ 帰って　　　　ⓑ 帰られて　　　ⓒ 帰らせて　　　ⓓ 帰されて

18. カラオケでは いやでも 人の 歌を _____。

　　ⓐ きける　　　　ⓑ きこえる　　　ⓒ きかれる　　　ⓓ きかされる

19. バスが 遅れて 30分も _____。

    ⓐ 待たせた　　ⓑ 待つだろう　　ⓒ 待たれた　　ⓓ 待たされた

20. ゆうべは 子供に_____、全然 眠れなかった。

    ⓐ 泣いて　　　ⓑ 泣いてもらって　ⓒ 泣かせて　　ⓓ 泣かれて

정답

1. ⓓ	2. ⓓ	3. ⓑ	4. ⓐ	5. ⓓ	6. ⓐ	7. ⓒ
8. ⓑ	9. ⓒ	10. ⓓ	11. ⓐ	12. ⓑ	13. ⓑ	14. ⓑ
15. ⓒ	16. ⓓ	17. ⓒ	18. ⓓ	19. ⓓ	20. ⓓ	

풀이

1. いい는 활용할 때는 よい로 하므로 **よさそうですね**.

2. **よさそうだ, なさそうだ**는 쌍으로 외워두자.

3. イ형용사에 양태의 そうだ가 붙은 형태.

4. 동사에 양태의 そうだ가 붙은 형태. 기본형에 そうだ가 붙으면 전문(伝聞)
이 되어 '〜라고 한다'는 뜻이 된다.

5. **行きそうだ → 行きそうもない**. 이번 프로젝트는 아무래도 잘 될 것 같지
않다. 경기도 안좋고.

6. 전문의 そうだ. 앞에 조사 が가 왔으므로 자동사가 와야 한다.

7. 앞에 の가 있으므로 ようだ가 와야 한다. の가 없다면 **夫婦みたい**도 OK.

11. 조사 の 없이 바로 명사에 붙어야 하므로 **みたい**가 와야 한다.

12. '답다'란 뜻의 らしい.

14. 降る의 수동형은 **降られる**.

15. **友達に**가 앞에 왔으므로 수동형으로 써야 한다.

16. 喜ぶ의 사역형은 **喜ばせる**.

17. 사역형 + てください는 〜하게 해 주세요.

18. **きく→きかせる**(사역)→**きかせられる**(사역수동)→**きかされる**(사역수동의 축약형)

20. 앞에 に가 왔으므로 수동형으로 표현해야 한다. 泣く→**泣かれる**

경어 총정리문제

1. A : さあ、どうぞ 召し上がって ください。

   B : はい、＿＿＿＿＿＿。

   ⓐ 食べます　　　　　　　ⓑ いただきます

   ⓒ 召し上がります　　　　ⓓ ごちそうさま

2. もしもし、私、谷と ＿＿＿＿＿＿が、先生は いらっしゃいますか。

   ⓐ 言います　　　　　　　ⓑ 話します

   ⓒ 申します　　　　　　　ⓓ おっしゃいます

3. この ノートブックは 卒業祝いに 母が ＿＿＿＿＿＿。

   ⓐ 買ってくれました　　　ⓑ 買ってくださいました

   ⓒ 買っていただきました　ⓓ お買いになってくださいました

4. 社長、さっき 清水という 方から 電話が ありましたが、＿＿＿＿
   方ですか。

   ⓐ ご存じの　　ⓑ 存じ上げているⓒ お知りする　ⓓ 存じる

5. 入場券を ＿＿＿＿＿＿ かた いらっしゃいますか。

   ⓐ 持たれる　　　　　　　ⓑ お持ちする

   ⓒ 持つ　　　　　　　　　ⓓ お持ちの

6. 現在の 大学入試制度について、先生は いかが _____。

    ⓐ 考えていますか   ⓑ お考えですか

    ⓒ お考えしますか   ⓓ 考えですか

7. ご主人が お帰りに なりましたら、よろしく _____ ください。

    ⓐ 伝えて   ⓑ お伝え

    ⓒ 伝えさせて   ⓓ お伝えして

8. 先生、その かばん 重そうですね、私が _____。

    ⓐ 持ってあげましょうか   ⓑ 持って差し上げましょうか

    ⓒ お持ちになりましょうか   ⓓ お持ちしましょうか

9. じゃ、私が 午後4時まで そちらに _____。

    ⓐ 行かれます   ⓑ まいります

    ⓒ いらっしゃいます   ⓓ お見えになります

10. 私に できる ことが _____ 何でも おっしゃってください。

    ⓐ いらっしゃいましたら   ⓑ おりましたら

    ⓒ ございましたら   ⓓ おられましたら

정답
1. ⓑ   2. ⓒ   3. ⓐ   4. ⓐ   5. ⓓ

6. ⓑ   7. ⓑ   8. ⓓ   9. ⓑ   10. ⓒ

풀이
1. 잘 먹겠습니다.

2. ⓐ로 해도 되지만, 뒷말이 경어이므로 겸양어를 쓰는 것이 자연스럽다.

3. 자기 가족에 대해서 남에게 말할 때는 높임말을 쓰면 안 된다.

4. '아시는 분'에 해당하는 말.

5. ⓐ는 보통표현이고, 여기서는 정중한 표현을 써야 하므로 **お持ちの**가 맞다.

7. **お + 동사 ます형 + ください** ~해 주세요. 정중한 의뢰표현.

8. **お + 동사 ます형 + する** ~해 드리다.

9. '내'가 가는 것이므로 겸양어를 써야 한다.

10. **ありましたら**의 겸양어는 **ございましたら**.

1. 大学を 卒業して、今は 貿易会社＿＿＿＿＿＿ 勤めています。

   ⓐ に 　　　　ⓑ へ 　　　　ⓒ で 　　　　ⓓ を

2. 渋谷で 偶然 大学時代の 友達＿＿＿＿＿＿ 会って びっくりしました。

   ⓐ を 　　　　ⓑ に 　　　　ⓒ で 　　　　ⓓ が

3. これは だれ＿＿＿＿＿＿ 傘ですか。

   ⓐ が 　　　　ⓑ に 　　　　ⓒ の 　　　　ⓓ を

4. 田中さんは 中国語 ＿＿＿＿＿ 話せますか。

   ⓐ の 　　　　ⓑ に 　　　　ⓒ が 　　　　ⓓ しか

5. ニュースでは 来年も 景気が よくないだろう＿＿＿＿＿＿言って いた。

   ⓐ が 　　　　ⓑ し 　　　　ⓒ と 　　　　ⓓ か

6. 広告を 見て 申込書は 出してあるんですが、合格できる＿＿＿＿＿ どうか よく わかりません。

   ⓐ と 　　　　ⓑ し 　　　　ⓒ か 　　　　ⓓ の

15. 小林さん＿＿＿＿＿＿ 英語の 上手な 人も いないと 思います。

   ⓐ だけ 　　　ⓑ こそ 　　　ⓒ ばかり 　　　ⓓ ほど

7. 駅から ここまで タクシー＿＿＿＿＿＿ 来ました。

　ⓐ に　　　　　ⓑ で　　　　　ⓒ を　　　　　ⓓ が

8. 鈴木さんは 本当に 歌＿＿＿＿＿＿ 上手ですね。

　ⓐ を　　　　　ⓑ だけ　　　　ⓒ が　　　　　ⓓ に

9. アメリカに 行って 2週間＿＿＿＿＿＿ 滞在する 予定です。

　ⓐ ごろ　　　　ⓑ ぐらい　　　ⓒ しか　　　　ⓓ だけ

10. 疲れはてて 歩くこと＿＿＿＿＿＿ できなかったんです。

　ⓐ だけ　　　　ⓑ ほど　　　　ⓒ しか　　　　ⓓ さえ

11. A：どうして 食べないんですか。 B：さっき 食べた＿＿＿＿＿＿。

　ⓐ のでです　　ⓑ からです　　ⓒ だけです　　ⓓ はずです

12. 今日は 休みな＿＿＿＿＿＿、会社へ 行きました。

　ⓐ ので　　　　ⓑ のだから　　ⓒ のに　　　　ⓓ だけに

13. 小さいもの＿＿＿＿＿＿ あれば、大きいもの＿＿＿＿＿＿ あり

ました。

　ⓐ が　　　　　ⓑ と　　　　　ⓒ に　　　　　ⓓ も

14. 会社には 入った ＿＿＿＿＿＿、まだ 何も わかりません。

　ⓐ ところで　　ⓑ くらいで　　ⓒ ばかりで　　ⓓ ほどで

16. 佐藤さんは 水野さん＿＿＿＿＿＿ ずっと 年上です。佐藤さん

    が 先輩です。

    ⓐ が 　　　　ⓑ ほど 　　　　ⓒ から 　　　　ⓓ より

17. 去年まで 社員は たった 一人＿＿＿＿＿＿いませんでしたが、

    今は 10人に 増えました。

    ⓐ ほど 　　　　ⓑ だけ 　　　　ⓒ しか 　　　　ⓓ ぐらい

18. 彼女は アルバイトを ＿＿＿＿＿＿ 大学に かよっています。そ

    れで いつも 忙しいです。

    ⓐ しているからⓑ すると 　　　　ⓒ しながら 　　　　ⓓ するため

19. インターネットは 情報を 探す＿＿＿＿＿＿ 便利です。

    ⓐ に 　　　　ⓑ ため 　　　　ⓒ ので 　　　　ⓓ のに

20. 結婚相手を 選ぶ ときは、能力＿＿＿＿＿＿ 性格も 大切な 条件の

    一つです。

    ⓐ ばかりではなく 　　　　ⓑ こそではなく

    ⓒ しかではなく 　　　　ⓓ どころではなく

21. あの レストランは 高い＿＿＿＿＿ おいしくない。それに 親切

でもない。

ⓐ から　　　ⓑ だけあって　ⓒ ばかりで　　ⓓ どころか

22. 日本は ＿＿＿＿＿ 行った ことが あります。しょっちゅう 行

きます。

ⓐ 何度も　　ⓑ 何でも　　　ⓒ 何も　　　　ⓓ 何か

23. 3番出口＿＿＿＿＿ 出ると、右側に 白い ビルが あります。そ

の ビルの 2階です。

ⓐ に　　　　ⓑ で　　　　　ⓒ へ　　　　　ⓓ を

24. 休みの 日には 掃除を ＿＿＿＿＿、洗濯を ＿＿＿＿＿します。

ⓐ するし　　ⓑ しながら　ⓒ して　　　ⓓ したり

25. 私は 季節の ＿＿＿＿＿ 春が 一番 好きです。

ⓐ なかで　　ⓑ なかに　　ⓒ うちで　　ⓓ うちに

1. ⓐ　　2. ⓑ　　3. ⓒ　　4. ⓒ　　5. ⓒ　　6. ⓒ　　7. ⓑ

　　　8. ⓒ　　9. ⓑ　　10. ⓓ　　11. ⓑ　　12. ⓒ　　13. ⓓ　　14. ⓒ

　　　15. ⓓ　　16. ⓓ　　17. ⓒ　　18. ⓒ　　19. ⓓ　　20. ⓐ　　21. ⓒ

　　　22. ⓐ　　23. ⓓ　　24. ⓓ　　25. ⓐ

1. ～に 勤める ～에(서) 근무하다.

　　　2. ～に 会う ～를 만나다.

　　　4. 가능동사가 왔으므로 조사는 が.

　　　6. ～か ～どうか ～지 어떨지.

　　　7. 교통수단을 나타낼 때는 で.

　　　8. 노래를 잘 한다는 歌が上手だ.

　　　9. '정도'에 해당하는 조사.

　　　10. 피곤해서 걸을 수조차 없었습니다.

　　　11. のでです로는 쓸 수 없다.

　　　13. ～も あれば ～も ある ～도 있는가 하면 ～도 있다. → ～도 있고, ～도 있
　　　　　다는 뜻의 문형.

　　　14. ～たばかり ～한 지 얼마되지 않았다.

　　　15. 고바야시 씨만큼 영어를 잘하는 사람도 없을 겁니다.

　　　17. 뒤에 부정이 왔으므로 しか.

　　　19. 인터넷은 정보는 찾는 데 편리합니다. 용도의 のに.

　　　20. ～뿐만 아니라 だけではなく로 바꿀 수도 있다.

　　　21. 비싸기만 하고.

　　　23. ～を 出る ～를 나오다. 통과의 を.

1. 日本語を 話す＿＿＿＿＿が できますか。

   ⓐ もの   ⓑ の   ⓒ こと   ⓓ わけ

2. その 話なら 母から 聞いた＿＿＿＿＿が ある。

   ⓐ もの   ⓑ はず   ⓒ こと   ⓓ わけ

3. 雨が 降らない＿＿＿＿＿ 帰りましょう。

   ⓐ ときに   ⓑ うちに   ⓒ ところに   ⓓ ばかりに

4. 自分も 知らない＿＿＿＿＿ 彼が 好きになった。

   ⓐ まま   ⓑ で   ⓒ ながら   ⓓ うちに

5. 申し込みの＿＿＿＿＿ 必要な 書類には 何が ありますか。

   ⓐ とおり   ⓑ ために   ⓒ ところ   ⓓ こと

6. 私なりに 一生懸命やった ＿＿＿＿＿です。

   ⓐ だけ   ⓑ ところ   ⓒ つもり   ⓓ はず

7. 急に 会社を やめて、これから どうする ＿＿＿＿＿ですか。

   ⓐ わけ   ⓑ もの   ⓒ はず   ⓓ つもり

8. 君を だます＿＿＿＿＿は なかった。ただ 言わなかっただけなのだ。

ⓐ わけ ⓑ こと ⓒ ところ ⓓ つもり

9. 先生の 言う＿＿＿＿＿に 言ってみてください。

ⓐ とおり ⓑ そう ⓒ まま ⓓ から

10. 高橋さんの 意見に 反対する＿＿＿＿＿ではないですが、もう 一度 考えてほしいです。

ⓐ ところ ⓑ こと ⓒ もの ⓓ わけ

11. 親も 姉の 離婚の ＿＿＿＿＿は、知っていた。

ⓐ ところ ⓑ こと ⓒ もの ⓓ つもり

정답
1. ⓒ 2. ⓒ 3. ⓑ 4. ⓓ 5. ⓑ 6. ⓒ 7. ⓓ
8. ⓓ 9. ⓐ 10. ⓓ 11. ⓑ

풀이
1. 동사 기본형 + ことが できる ～을 할 수 있다.
2. 동사 과거형 + た ことが ある ～한 적이 있다.
3. 비가 오기 전에 돌아갑시다. ～ないうちに
6. 제 나름대로는 열심히 했다고 생각합니다.
7. 갑자기 회사를 그만두고, 앞으로 어떻게 할 작정입니까?
8. 너를 속일 생각은 없었어. 단지 말을 안 한 거야.
9. 선생님이 말하는 대로 말해 보세요. とおりに ～하는 대로.
10. 다카하시 씨의 의견에 반대하는 건 아니지만, 한번 더 생각해줬으면 합니다.
11. 부모님도 언니의 이혼에 대해서는 알고 있었다. のこと ～에 관한 것. (참고) 사람 그 자체를 가리키기도 한다. 私の こと どう思う? 나(나에 대해) 어떻게 생각해?

접속사 총정리문제

1. お名前は 漢字＿＿＿＿＿ カタカナで 書いてください。

    ⓐ また   ⓑ または   ⓒ それから   ⓓ たとえば

2. 彼女は 生意気だ。＿＿＿＿＿ うそつきだ。だから みんなに 嫌われている。

    ⓐ でも   ⓑ だから   ⓒ そのうえ   ⓓ それとも

3. 雪で 道が とても こんでいました。＿＿＿＿＿ 一時間も 授業に 遅れてしまいました。

    ⓐ それから   ⓑ それに   ⓒ そして   ⓓ それで

4. 何度も 誤った。＿＿＿＿＿許してくれなかった。

    ⓐ それで   ⓑ それに   ⓒ しかし   ⓓ そしたら

5. ダイエットを 始めて 2週間目になる。＿＿＿＿＿ 体重は ちっとも 減ってない。

    ⓐ そしたら   ⓑ それで   ⓒ ところが   ⓓ ところで

1. ⓑ   **2.** ⓒ   **3.** ⓓ   **4.** ⓒ   **5.** ⓒ

1. 성명은 한자 또는 가타카나로 써 주세요.

2. 그녀는 건방지다. 게다가 거짓말장이다. 그래서 모든 사람들한테 미움받고 있다.

3. 눈으로 길이 매우 붐볐습니다. 그래서 한 시간이나 수업에 늦고 말았습니다.

4. 몇 번이나 사과했다. 하지만 용서해주지 않았다.

5. 다이어트를 시작한지 2주일째 된다. 하지만, 체중은 조금도 줄어들지 않았다.

1. りんご＿＿＿＿＿ みかんを 買いました。

   ⓐ が　　　　　ⓑ や　　　　　ⓒ は　　　　　ⓓ へ

2. 朝何時に いえ＿＿＿＿＿ 出ますか。

   ⓐ と　　　　　ⓑ が　　　　　ⓒ を　　　　　ⓓ に

3. 母と 電話＿＿＿＿＿ 話しました。

   ⓐ で　　　　　ⓑ に　　　　　ⓒ を　　　　　ⓓ と

4. パーティーに 山中さん＿＿＿＿＿ よびました。

   ⓐ へ　　　　　ⓑ で　　　　　ⓒ に　　　　　ⓓ を

5. 6時＿＿＿＿＿ えいがが はじまります。

   ⓐ まで　　　　ⓑ から　　　　ⓒ ぐらい　　　ⓓ など

6. あなたの いえは 駅＿＿＿＿＿ どのぐらいですか。

   ⓐ と　　　　　ⓑ が　　　　　ⓒ では　　　　ⓓ から

7. デパートで 友だち＿＿＿＿＿ 会いました。

   ⓐ に　　　　　ⓑ を　　　　　ⓒ へ　　　　　ⓓ で

8. きのう、テレビ＿＿＿＿＿ 見ませんでした。

ⓐ に　　　　　ⓑ を　　　　　ⓒ へ　　　　　ⓓ で

9. 小川さん_____ おさけを 飲みます。

ⓐ を　　　　　ⓑ しか　　　　ⓒ だけ　　　　ⓓ に

10. きょうは とても あついです_____。

ⓐ や　　　　　ⓑ は　　　　　ⓒ と　　　　　ⓓ ね

11. かぜ_____ まどが しまりました。

ⓐ と　　　　　ⓑ で　　　　　ⓒ に　　　　　ⓓ から

12. ここ_____ タクシーに のります。

ⓐ が　　　　　ⓑ へ　　　　　ⓒ に　　　　　ⓓ で

13. 1日_____ 3かい くすりを のみます。

ⓐ が　　　　　ⓑ に　　　　　ⓒ へ　　　　　ⓓ を

14. としょかんへ 本を かえし_____ 行きます。

ⓐ へ　　　　　ⓑ で　　　　　ⓒ に　　　　　ⓓ を

15. 雨が ふっている_____、きょうは 出かけません。

ⓐ から　　　　ⓑ など　　　　ⓒ では　　　　ⓓ まで

정답　1. ⓑ　　2. ⓒ　　3. ⓐ　　4. ⓓ　　5. ⓑ　　6. ⓓ　　7. ⓐ
　　　8. ⓒ　　9. ⓒ　　10. ⓓ　　11. ⓑ　　12. ⓓ　　13. ⓑ　　14. ⓒ
　　　15. ⓐ

1. わたしの ケーキを _____ ください。

   ⓐ 食べなくて　ⓑ 食べないで　ⓒ 食べません　ⓓ 食べない

2. くつを _____ そとに 出ます。

   ⓐ はく　　　　ⓑ はいて　　　ⓒ はかない　　ⓓ はきます

3. おかしは あまり 好き_____。

   ⓐ ではありませんⓑ です　　　ⓒ でした　　ⓓ くありません

4. わたしが きのう _____カメラは どこに ありますか。

   ⓐ 買って　　　ⓑ 買う　　　ⓒ 買った　　ⓓ 買わない

5. ここは とても しずか_____ いい ところです。

   ⓐ だ　　　　ⓑ で　　　　ⓒ に　　　　ⓓ と

6. おんがくを _____ ながら ごはんを つくります。

   ⓐ 聞き　　　　ⓑ 聞く　　　ⓒ 聞かない　　ⓓ 聞いて

7. わなしは いつも _____ 前に はを みがきます。

   ⓐ ねて　　　　ⓑ ねた　　　ⓒ ねる　　　ⓓ ねます

8. しゅくだいを _____ あとで、てがみを 書きます。

    ⓐ した   ⓑ する   ⓒ して   ⓓ しない

9. びょうきに _____ 時は、病院へ 行きます。

    ⓐ ならない   ⓑ なるの   ⓒ なって   ⓓ なった

10. くだものが _____ です。

    ⓐ 食べて   ⓑ 食べる   ⓒ 食べない   ⓓ 食べたい

11. へやを もっと _____ してください。

    ⓐ あかるい   ⓑ あかるく   ⓒ あかるくて ⓓ あかるいに

12. あの 人は たぶん _____ じしょう。

    ⓐ 学生   ⓑ 学生だ   ⓒ 学生な   ⓓ 学生で

13. すみませんが、すこし しずか_____ ください。

    ⓐ でする   ⓑ にする   ⓒ でして   ⓓ にして

14. 天気が_____なりました。

    ⓐ いいに   ⓑ よくに   ⓒ よく   ⓓ いい

15. きょうは _____ ねます。

    ⓐ はやいに   ⓑ はやい   ⓒ はやくない ⓓ はやく

정답 1. ⓑ   2. ⓑ   3. ⓐ   4. ⓒ   5. ⓑ   6. ⓐ   7. ⓒ

8. ⓐ   9. ⓓ   10. ⓓ   11. ⓑ   12. ⓐ   13. ⓓ   14. ⓒ

15. ⓓ

1. 鈴木さん_____いう 人は 知って いますか。

   ⓐ を   ⓑ で   ⓒ と   ⓓ か

2. 私は、きのう夜の 11時に 友だち_____来られて、こまって しまった。

   ⓐ に   ⓑ を   ⓒ は   ⓓ が

3. しゅくだいが あった_____を、すっかり わすれていた。

   ⓐ に   ⓑ が   ⓒ は   ⓓ の

4. 私は、キムさん_____本屋へ 行く 道を 教えてあげた。

   ⓐ は   ⓑ を   ⓒ で   ⓓ に

5. あそこのかどを 左へ まがる_____、こうえんが あります。

   ⓐ は   ⓑ と   ⓒ ので   ⓓ から

6. 私の かばんは、これ_____ 大きいです。

   ⓐ より   ⓑ まで   ⓒ とは   ⓓ では

7. 来週から、仕事で ホンコンに 行く こと_____ なりました。

   ⓐ を   ⓑ に   ⓒ の   ⓓ が

8. すみませんが、上田さんに 私の へやへ 来るよう_____、言って ください。

ⓐ と   ⓑ を   ⓒ に   ⓓ へ

9. 図書館へ 本を かえし＿＿＿＿ 行きます。

　　ⓐ を   ⓑ で   ⓒ へ   ⓓ に

10. 母と 電話＿＿＿＿ 話しました。

　　ⓐ で   ⓑ に   ⓒ を   ⓓ と

11. 外に 出る＿＿＿＿、雨が ふっていました。

　　ⓐ で   ⓑ は   ⓒ と   ⓓ に

12. 時間が なかったから、朝ごはんは、パンと ぎゅうにゅう＿＿＿＿しました。

　　ⓐ を   ⓑ に   ⓒ で   ⓓ が

13. 1日＿＿＿＿2回 この薬を のんでください。

　　ⓐ へ   ⓑ が   ⓒ に   ⓓ を

14. 4時＿＿＿＿、会社に もどらなければなりません。

　　ⓐ までに   ⓑ まで   ⓒ までは   ⓓ までしか

15. 私は、先生＿＿＿＿ 教えてくれた 歌を 歌いました。

　　ⓐ を   ⓑ が   ⓒ で   ⓓ か

1. まどを_____まま、出かけてしまいました。

   ⓐ あけた　　　ⓑ あける　　　ⓒ あく　　　ⓓ あいた

2. あの 人は、_____ようですね。

   ⓐ お医者さんだ　ⓑ お医者さんな　ⓒ お医者さんの　ⓓ お医者さんで

3. 私は、母に買い物に_____。

   ⓐ 行かられました　　　　　ⓑ 行かれさせました

   ⓒ 行かさられました　　　　ⓓ 行かせられました

4. 田中さんは、ごはんを_____と、すぐに 勉強を 始めました。

   ⓐ 食べたおわる　　　　　ⓑ 食べておわる

   ⓒ 食べおわる　　　　　　ⓓ 食べればおわる

5. ねつがあるから、早く_____ 方がいい。

   ⓐ 帰って　　　ⓑ 帰った　　　ⓒ 帰ると　　　ⓓ 帰れば

6. あしたは、いい_____らしい。

   ⓐ 天気　　　ⓑ 天気だ　　　ⓒ 天気の　　　ⓓ 天気で

7. 私は いつも_____前に はを みがきます。

   ⓐ ねた　　　ⓑ ねる　　　ⓒ ねて　　　ⓓ ねます

8. 父や 母が＿＿＿＿と いいんですが。

  ⓐ 元気な　　　ⓑ 元気で　　　ⓒ 元気　　　ⓓ 元気だ

9. このアパートに ＿＿＿＿たがっている 学生が 多い。

  ⓐ 住む　　　ⓑ 住んで　　　ⓒ 住み　　　ⓓ 住んだら

10. 早く ここに ＿＿＿＿なさい。

  ⓐ くる　　　ⓑ き　　　ⓒ く　　　ⓓ こ

11. けがが なおったので、もう 病院へ ＿＿＿＿もいい。

  ⓐ 行く　　　ⓑ 行った　　　ⓒ 行かなくて　　　ⓓ 行かない

12. 駅は ＿＿＿＿かも しれないね。

  ⓐ あっち　　　ⓑ あっちだ　　ⓒ あっちで　　ⓓ あっちな

13. ポケットから さいふが ＿＿＿＿そうだよ。

  ⓐ おち　　　ⓑ おちて　　　ⓒ おちなく　　　ⓓ おちないで

14. 上田さんは、つかれて ＿＿＿＿ようにねている。

  ⓐ 死に　　　ⓑ 死ぬ　　　ⓒ 死ねば　　　ⓓ 死んだ

15. あしたは、たぶん 雨が ＿＿＿＿だろう。

  ⓐ ふって　　　ⓑ ふる　　　ⓒ ふった　　　ⓓ ふれば

정답　1. ⓐ　2. ⓒ　3. ⓓ　4. ⓒ　5. ⓑ　6. ⓐ　7. ⓑ
　　　8. ⓓ　9. ⓒ　10. ⓑ　11. ⓒ　12. ⓐ　13. ⓐ　14. ⓓ
　　　15. ⓑ

1. 家を 建てる_____、お金を 借りました。

   ⓐ のでに　　　ⓑ からに　　　ⓒ そうに　　　ⓓ ために

2. _____ すれば、きれいに やさいが 切れるんです。

   ⓐ これ　　　ⓑ こんな　　　ⓒ この　　　ⓓ こう

3. 私は、先生の おたくで おいしい おさけを _____。

   ⓐ いただきました　　　　　ⓑ めしあがりました

   ⓒ お飲みしました　　　　　ⓓ お飲みに

4. きのう、おそくまで テレビを 見ていたから、本田さんは、きょうは とても ねむい_____。

   ⓐ からだ　　　ⓑ までだ　　　ⓒ はずだ　　　ⓓ ばかりだ

5. 本田さんは、私に 本を_____。

   ⓐ あげました　　　　　ⓑ くれました

   ⓒ もらいました　　　　　ⓓ やりました

6. 私は、1年前には、ぜんぜん 日本語が 話せませんでしたが、先生
   の おかげで ずいぶん 話せる＿＿＿＿＿。

   ⓐ ことにしました　　　　　ⓑ ようにしました

   ⓒ ことになりました　　　　ⓓ ようになりました

7. ＿＿＿＿＿勉強しても、なかなか 漢字が おぼえられない。

   ⓐ どのぐらい　　ⓑ どちら　　　ⓒ どれ　　　ⓓ どんなに

8. 妹は、私＿＿＿＿＿ 走るのが、はやくない。

   ⓐ ほど　　　　ⓑ ほう　　　ⓒ まで　　　ⓓ みたい

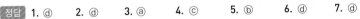

정답 1. ⓓ　　2. ⓓ　　3. ⓐ　　4. ⓒ　　5. ⓑ　　6. ⓓ　　7. ⓓ

8. ⓐ

1 형용사 활용표

	기본형	です형	て형	た형	たら형	~ない형
イ 형 용 사	大^{おお}きい	大きいです	大きくて	大きかった	大きかったら	大きくない
	美^{うつく}しい	美しいです	美しくて	美しかった	美しかったら	美しくない
	安^{やす}い	安いです	安くて	安かった	安かったら	安くない
	いい	いいです	よくて	よかった	よかったら	よくない
	よい	よいです	よくて	よかった	よかったら	よくない
	ない	ないです	なくて	なかった	なかったら	ある(なくはない)
ナ 형 용 사	きれいだ	きれいです	きれいで	きれいだった	きれいだったら	きれいで(は)ない
	まじめだ	まじめです	まじめで	まじめだった	まじめだったら	まじめで(は)ない
	静^{しず}かだ	静かです	静かで	静かだった	静かだったら	静かで(は)ない
	明^{あき}らかだ	明らかです	明らかで	明らかだった	明らかだったら	明らかで(は)ない
	おだやかだ	おだやかです	おだやかで	おだやかだった	おだやかだったら	おだやかで(は)ない
	親切^{しんせつ}だ	親切です	親切で	親切だった	親切だったら	親切で(は)ない
	上手^{じょうず}だ	上手です	上手で	上手だった	上手だったら	上手で(は)ない
	社会的^{しゃかいてき}だ	社会的です	社会的で	社会的だった	社会的だったら	社会的で(は)ない
	ハンサムだ	ハンサムです	ハンサムで	ハンサムだった	ハンサムだったら	ハンサムで(は)ない

	〜なかった형	だろう형	なら형	부사형	비 고
イ형용사	大きくなかった	大きいだろう	大きいなら	大きく	일반적인 イ형용사
	美しくなかった	美しいだろう	美しいなら	美しく	
	安くなかった	安いだろう	安いなら	安く	
	よくなかった	いいだろう	いいなら	よく	「いい」는 「よい」로 활용한다.
	よくなかった	よいだろう	よいなら	よく	
	あった(なくはなかった)	ないだろう	ないなら		'없다'는 뜻의 「ない」
ナ형용사	きれいで(は)なかった	きれいだろう	きれいなら	きれいに	きれいだったら
	まじめで(は)なかった	まじめだろう	まじめなら	まじめに	
	静かで(は)なかった	静かだろう	静かなら	静かに	
	明らかで(は)なかった	明らかだろう	明らかなら	明らかに	
	おだやかで(は)なかった	おだやかだろう	おだやかなら	おだやかに	
	親切で(は)なかった	親切だろう	親切なら	親切に	
	上手で(は)なかった	上手だろう	上手なら	上手に	
	社会的で(は)なかった	社会的だろう	社会的なら	社会的に	「〜的」로 끝나는 말
	ハンサムで(は)なかった	ハンサムだろう	ハンサムなら		외래어는 대개 ナ형용사 활용을 한다.

2 동사 활용표

	기본형	ます형	て형	た형	たら형	ば형
1류동사	書く	書きます	書いて	書いた	書いたら	書けば
	行く	行きます	行って	行った	行ったら	行けば
	脱ぐ	脱ぎます	脱いで	脱いだ	脱いだら	脱げば
	会う	会います	会って	会った	会ったら	会えば
	立つ	立ちます	立って	立った	立ったら	立てば
	乗る	乗ります	乗って	乗った	乗ったら	乗れば
	死ぬ	死にます	死んで	死んだ	死んだら	死ねば
	遊ぶ	遊びます	遊んで	遊んだ	遊んだら	遊べば
	飲む	飲みます	飲んで	飲んだ	飲んだら	飲めば
	話す	話します	話して	話した	話したら	話せば
2류동사	起きる	起きます	起きて	起きた	起きたら	起きれば
	食べる	食べます	食べて	食べた	食べたら	食べれば
3류동사	来る	来ます	来て	来た	来たら	来れば
	する	します	して	した	したら	すれば
	勉強する	勉強します	勉強して	勉強した	勉強したら	勉強すれば

れる형	せる형	가능형	ない형	なかった형	う형	명령형
書かれる	書かせる	書ける	書かない	書かなかった	書こう	書け
行かれる	行かせる	行ける	行かない	行かなかった	行こう	行け
脱がれる	脱がせる	脱げる	脱がない	脱がなかった	脱ごう	脱げ
会われる	会わせる	会える	会わない	会わなかった	会おう	会え
立たれる	立たせる	立てる	立たない	立たなかった	立とう	立て
乗られる	乗らせる	乗れる	乗らない	乗らなかった	乗ろう	乗れ
死なれる	死なせる	死ねる	死なない	死ななかった	死のう	死ね
遊ばれる	遊ばせる	遊べる	遊ばない	遊ばなかった	遊ぼう	遊べ
飲まれる	飲ませる	飲める	飲まない	飲まなかった	飲もう	飲め
話される	話させる	話せる	話さない	話さなかった	話そう	話せ
起きられる	起きさせる	起きられる	起きない	起きなかった	起きよう	起きろ
食べられる	食べさせる	食べられる	食べない	食べなかった	食べよう	食べろ
来られる	来させる	来られる	来ない	来なかった	来よう	来い
される	させる	できる	しない	しなかった	しよう	しろ
勉強される	勉強させる	勉強できる	勉強しない	勉強しなかった	勉強しよう	勉強しろ

3 조동사 활용표

기본형	ます형	て형	た형	たら형	ば형
れる	れます	れて	れた	れたら	れれば
られる	られます	られて	られた	られたら	られれば
せる	せます	せて	せた	せたら	せれば
させる	させます	させて	させた	させたら	させれば
ない	(ないです)	なくて	なかった	なかったら	なければ
たい	(たいです)	たくて	たかった	たかったら	たければ
らしい	(らしいです)	らしくて	らしかった	らしかったら	らしければ
だ	(です)	で	だった	だったら	なら
そうだ	(そうです)	そうで	そうだった	そうだったら	そうなら
ようだ	(ようです)	ようで	ようだった	ようだったら	ようなら
です	×	でして	でした	でしたら	×
ます	×	まして	ました	ましたら	×
た	×	×	×	たら	×

ない형	う형	명령형	비고
れない	れよう	れろ · れよ	
られない	られよう	られろ · られよ	
せない	せよう	せろ · せよ	
させない	させよう	させろ · させよ	
×	なかろう	×	
×	たかろう	×	
らしくない	×	×	
で(は)ない	×	だろう	
そうで(は)ない	そうだろう	そうで	
ようで(は)ない	ようだろう	×	
(ではないです)	でしょう	×	
×	ましょう	ませ	
×	たろう	×	

4 조수사 읽기

		~冊(권)	~軒(채)	~台(대)	~本(자루)
1	いち	いっさつ	いっけん	いちだい	いっぽん
2	に	にさつ	にけん	にだい	にほん
3	さん	さんさつ	さんげん	さんだい	さんぼん
4	し・よん	よんさつ	よんけん	よんだい	よんほん
5	ご	ごさつ	ごけん	ごだい	ごほん
6	ろく	ろくさつ	ろっけん	ろくだい	ろっぽん
7	しち・なな	ななさつ	ななけん	ななだい	ななほん
8	はち	はっさつ	はっけん(はちけん)	はちだい	はっぽん
9	きゅう・く	きゅうさつ	きゅうけん	きゅうだい	きゅうほん
10	じゅう	じゅっさつ (じっさつ)	じゅっけん (じっけん)	じゅうだい	じゅっぽん (じっぽん)
?		なんさつ	なんげん	なんだい	なんぼん
		책을 셀 때	집이나 건물을 셀 때	기계나 자동차를 셀 때	연필이나, 담배, 우산 등 긴 것을 셀 때

5 기간을 나타내는 말

		~泊(박)	~週間(주간)	~ヵ月(개월)	~年(년)
1	いち	いっぱく	いっしゅうかん	いっかげつ	いちねん
2	に	にはく	にしゅうかん	にかげつ	にねん
3	さん	さんぱく	さんしゅうかん	さんかげつ	さんねん
4	し・よん	よんぱく	よんしゅうかん	よんかげつ	よねん
5	ご	ごはく	ごしゅうかん	ごかげつ	ごねん
6	ろく	ろっぱく	ろくしゅうかん	ろっかげつ	ろくねん
7	しち・なな	ななはく	ななしゅうかん	ななかげつ	ななねん (しちねん)
8	はち	はっぱく (はちはく)	はっしゅうかん	はっかげつ (はちかげつ)	はちねん
9	きゅう・く	きゅうはく	きゅうしゅうかん	きゅうかげつ	きゅうねん
10	じゅう	じゅっぱく (じっぱく)	じゅっしゅうかん (じっしゅうかん)	じゅっかげつ (じっかげつ)	じゅうねん
?		なんぱく	なんしゅうかん	なんかげつ	なんねん

부
록

な

は

ま

감수 **박유자**

일본 교토 출생
한국외국어대학교 졸업
한국외국어대학교 일어일문과 박사과정 졸업(문학박사)
미국 ACTFL주관 O.P.I시험관 양성강좌 이수
前중앙대학교 일어학과 부교수

저서 「New 보고 듣고 따라하는 일본어 첫걸음」
　　「와쿠와쿠 일본어 초급」(제이플러스) 外
감수 「기본을 다져주는 핵심 일본어문법」
　　「시험에 강해지는 핵심 일본어문법」
　　「시험에 꼭 나오는 필수 일본어문형 352」(제이플러스)

핵심 일본어문법 50

개정2판2쇄 / 2024년 4월 25일
저자 / 제이플러스 기획편집부
발행인 / 이기선
발행처 / 제이플러스
주소 / 경기도 고양시 덕양구 향동로 217 KA1312
영업부 02-332-8320 편집부 070-4734-6248
홈페이지 / www.jplus114.com
등록번호 / 제10-1680호
등록일자 / 1998년 12월 9일
ISBN / 979-11-5601-197-2